台湾历史上的移民与社会研究

陈小冲 主编

九州出版社 JIUZHOUPRESS | 全国百佳图书出版单位

图书在版编目（CIP）数据

台湾历史上的移民与社会研究 /陈小冲主编.
—北京:九州出版社，2011.8

ISBN 978-7-5108-1119-7

Ⅰ. ①台… Ⅱ. ①陈… Ⅲ. ①移民－历史－研究
－台湾省②社会发展史－研究－台湾省 Ⅳ. ①D69②K295.8

中国版本图书馆CIP数据核字(2011)第176363号

台湾历史上的移民与社会研究

作　　者　陈小冲　主编
出版发行　九州出版社
出 版 人　徐尚定
地　　址　北京市西城区阜外大街甲35号（100037）
发行电话　（010）68992190/2/3/5/6
网　　址　www.jiuzhoupress.com
电子信箱　jiuzhou@jiuzhoupress.com
印　　刷　三河市东方印刷有限公司
开　　本　720毫米×1020毫米　16开
印　　张　15.75
字　　数　252千字
版　　次　2011年9月第1版
印　　次　2011年9月第1次印刷
书　　号　ISBN 978-7-5108-1119-7
定　　价　48.00元

目　录

台湾：流求之名的失落

——关于琉球与台湾历史的一种假说

徐晓望*

国际学术界对古代的琉球为何地一直争论不息。台湾著名教授中，方豪主张宋元以前的琉球即为台湾，而梁嘉彬却主张古代琉球从来不是台湾！①另有一些学者认为，古人所说的琉球，实际上包括台湾岛与冲绳群岛。对学术问题众说纷纭是正常的，笔者本着"大胆假设，小心求证"的精神提供一个新的思考角度：台湾古称流求（或作流球、瑠求、流虬），但在明朝建立后，琉球之名被冲绳群岛的中山诸国所占用，台湾反而被称为"小琉球"，后改鸡笼、东番、北港等地名，最后才被称为台湾。本文试图探讨流求之名在台湾失落的原因和过程。

一、古代闽人眼里的"流求"和"虾夷"

台湾距大陆的福建省最近，所以，古籍中的琉球是否是台湾，首先要看闽人的观点。在《隋书》、《元史》等古书中记载中国东南部有一大岛，名为流求（或作流球、瑠求、流虬），它距福建很近。隋代福建名为建安郡，《隋书》记载流求国的方位："流求国居海岛之中，当建安郡东，水行五日而至。""大业元年（606年），海师何蛮等，每春秋二时，天清风静，东望依希，似有烟雾之气，亦不知几千里。三年，炀帝令羽骑尉朱宽入海求访异俗，何蛮言之，遂与蛮俱往，因到流求国，言不相通，掠一人而返。明年，

---

* 作者简介：徐晓望，福建社会科学院历史研究所所长、教授、博士生导师。

① 梁嘉彬自1954年以来发表多篇论文，力主《隋书》的"流求"即为今日的琉球。其代表作有：《隋书流求传逐句考证》，台湾，《大陆杂志》第四十五卷，第六期，1972年12月，第1－38页。

帝复令宽慰抚之，流求不从，宽取其布甲而还。时倭国使来朝，见之曰：‘此夷邪久国人所用也。’帝遣武贲郎将陈稜、朝请大夫张镇州率兵自义安浮海击之。”隋军航海五日来到流求国，掳其民数千人而还。① 文中的“义安”即岭南的义安郡，其郡治在清代的潮州，位于台湾的西南侧。春夏之间，台湾海峡盛行南风，由义安出发，乘南风向东北航行，一日夜便可抵达台湾。隋代闽中与岭南以梁山为界，而梁山在今福建云霄县之南。所以说，福建的东山县和诏安县，在隋代都是属于义安郡管辖的。隋朝水师由义安郡港口出发，也有可能是从福建的东山岛港口出发。顺便说一句，清代施琅率福建水师远征台湾，也是从东山港出发的。

隋朝派兵到琉球掳掠人口，主要是想补充福建的人口。关于隋代从台湾进入福建的人口，在明代何乔远的《闽书》中尚留下记载：“福庐山……又三十里，为化南、化北二里，隋时掠琉球五千户居此。化里，则皇朝大学士叶向高之乡。”② 化北里与化南里的名字中都有一个“化”字，其意为：用中原习俗变化异乡人。台湾人在当时被当做夷人，所以要“化”之。《闽书》的记载也可得到宋代梁克家《三山志》的印证，据《三山志》，在福清县境内，宋代有：崇德乡的“归化北里”、“安夷北里”、“安夷南里”，孝义乡的“归化南里”。③ 从其名字来看，它的得名应是安置流求来的夷人。其地位于福清半岛，与台湾隔海相望，用以安置台湾移民，是很恰当的。④

以上史实表明，隋代水师发现琉球，与闽人有极大关系。从地理来看，隋代的流求即为今日的台湾。例如，19 世纪末荷兰学者施列格（Gustave Schlegel）在其《古流求国考证》一文中详证隋代的流求即为今日的台湾。日本学者村瓒次郎于大正七年发表《关于唐代以前之福建及台湾》，其观点与施列格相同。⑤ 这一观点曾经得到多数中国学者的认同。当然，对这一问

① 魏征等：《隋书》卷八一，东夷传，中华书局，1973 年版标点本，第 1824 – 1825 页。

② 何乔远：《闽书》卷六，方域志，福建人民出版社，1994 年版点校本，第 139 – 140 页。

③ 梁克家：《三山志》卷三，地理类三，陈叔侗校本，北京，方志出版社，2003 年版，第 29 – 30 页。

④ 徐晓望：《早期台湾海峡史研究》；海风出版社，2006 年版。

⑤［日］村瓒次郎：《唐以前の福建及び台湾に就いて》，日本《东洋学报》八卷一期（1932 年）。

题，台湾与冲绳学者也有自己的意见，他们之中有许多人都认为隋代的琉球即为今日的冲绳。国际学术界也有人赞同这一说法。[①] 实际上，冲绳群岛与台湾相比很小，不可能让海师何蛮等人感觉其地有“几千里”之长。所以，隋代的琉球不可能是冲绳岛。

在福建地方史籍中，最早记载琉球的是宋代的《三山志》，该书云：“昭灵庙下，光风霁日，穷目力而东，有碧拳然，乃琉球国也。每风暴作，钓船多为所漂，一日夜至其界。其水东流而不返，莎蔓错织，不容转柁。漂者必至而后已。其国人得之，以藤串其踵，令作山间，盖其国刳木为盂，乃能周旋莎蔓间。今海中大姨山，夜忌举火，虑其国望之而至也。”[②] 这条史料表明，琉球在昭灵庙之东，而且距“大姨山”不远。那么，昭灵庙与大姨山在何处？必须说明的是，《三山志》是宋代福州的州志，由曾任宰相的福州知州梁克家在淳熙年间编成。以上文字都是《三山志》记载福清县“山川”时留下的，而且，有关昭灵庙的记载，是附于“唐屿”之下。所以，“昭灵庙”与“大姨山”都在福清境内，而且，昭灵庙是在唐屿之上。《三山志》第九卷又载：“福清昭灵庙，县南六十里，号余坑。其山之阳有神降焉。古老相传，昔張仙师乘铁舟抵浮山，海旁古舟痕犹存。”[③]清初杜臻的《粤闽巡视纪略》第五卷记载：“余坑山，在光贤里之唐屿。下有昭灵庙。相传汉有赵昇者，事张道陵得仙，隐居鸣鹤山下，常乘铁船抵浮山。”清代的《福清县志》记载：“余坑山，在海边塘屿之上，下有昭灵庙。”[④]这些记载证明，昭灵庙在福清县光贤里的唐屿。唐屿是福清半岛东南海上的一座海岛，其地面对台湾海峡中部，今属平潭县。唐屿的余坑山较高，按照《三山志》的说法，站在山顶向东望去，天气好时，能看到海天之际有一块小小绿岛，福州民间传说这就是琉球。按，福清唐屿余坑山恰是福州市距离台湾最近的岛屿之一，所以，从唐屿余坑山上看到的琉球只可能是台湾，不可能是冲绳列岛。

---

① ［日］秋山谦藏：《隋书流求传再吟味》，日本，《历史地理》，第五十四卷第二号，昭和四年八月一日发行。

② 梁克家编：《三山志》卷六，地理类，第86页。

③ 梁克家编：《三山志》卷九，公廨类三，第161页。

④ 林昂等纂：乾隆《福清县志》卷二，地舆志，福清县志编纂委，1987年点校本，第26页。

元朝称台湾为“瑠求”，《元史·瑠求传》记载：

瑠求在南海之东，漳泉兴福四州界内，彭湖诸岛与瑠求相对。亦素不通。天气清明时，望之隐约若烟若雾，其远不知几千里也。西南北岸皆水至彭湖渐低近瑠求则谓之落漈，漈者水趋下而不回也。凡西岸渔舟到彭湖已下，遇飓风发作，漂流落漈，回者百一。瑠求在外夷最小而险者也。汉唐以来史所不载，近代诸番市舶不闻至其国。世祖至元二十八年九月海船副万户杨祥请以六千军往降之，不听命，则遂伐之。朝廷从其请。继有书生吴志斗者上言生长福建熟知海道利病，以为若欲收附，且就彭湖发船往谕，相水势地利，然后兴兵，未晚也。冬十月乃命杨祥充宣抚使，给金符；吴志斗礼部员外郎，阮坚，兵部员外郎，并给银符。往使瑠求。诏曰：“收抚江南已十七年，海外诸番罔不臣属。惟瑠求迩闽境，未曾归附”。

此文出现的杨祥是海船副万户，应在闽浙沿海行船，所以会对琉球有看法；而吴志斗自称长于福建，明显是一个福建人。《元史》中有关瑠求的知识，应是他们带给元朝官方的。在他们看来，瑠求即在福州、兴化、泉州、漳州海岸线的“界内”，与彭湖岛相对，而且与福建很近，这肯定是台湾岛了。

又如在泉州任职的汪大渊曾经到过瑠求。据汪大渊《岛夷志略》记载：瑠求“地势盘穹，林木合抱。山曰翠麓，曰重曼，曰斧头，曰大崎。其峙山极高峻，自彭湖望之甚近。余登此山则观海潮之消长，夜半则望暘谷之日出，红光烛天，山顶为之俱明。土润田沃，宜稼穑。气候渐暖。俗与彭湖差异。水无舟楫，以筏济之。男子妇人拳发，以花布为衫。”元代瑠求是商人的一个贸易点，“地产沙金、黄豆、黍子、硫黄、黄蜡、鹿、豹、麂皮。贸易之货，用土珠、玛瑙、金珠、粗碗、处州磁器之属。”① 汪大渊所说的瑠求距彭湖岛很近，又出产沙金，可以肯定是台湾了。因为，琉球从不出产黄金。

明代彭大翼也有类似观点：“琉球国有彭湖岛，在国西，水行五日。地近福州、泉州、兴化四郡界。天气晴明，望之隐然若烟雾中。水至彭湖渐

① 汪大渊：《岛夷志略》琉球，中华书局，1981年校释本，第16－17页。

低，近琉球，谓之落漈。漈者，水趋下不回也。凡两岸渔舟至彭湖，遇飓风作，漂流落漈，回者百无一二。”①

所以，从福建地方史料来看，古代福建人眼里的“流求”应为后日的台湾。那么，唐宋元时期的冲绳群岛在史册上是什么国家？我想应是“毛人国”，或是“毛民国”。唐代大文豪韩愈有一篇文章中提到了东海诸国：“其海外杂国若躭浮罗、流求、毛人、夷亶之州。”② 在其所列诸国中，流求国和毛人国并列。毛人国的特点在于：其居民身上的体毛较多。去琉球访问的人都会发现：冲绳本岛的男子体毛丰富，手臂上就有很长的汗毛，这是欧罗巴人种的一个特征。《闽书》评明代的琉球人“深目多须”③，所以，冲绳古居民应被称为“毛人”，或是“毛民”。《太平御览》记载：“毛民国，《山海经》曰：‘毛民国，为人身生毛。’今去临海郡东二千余里。毛人在大海中洲岛上。为人短小，面体有毛，如猪熊；穴居，无衣服。晋永嘉四年，吴都司盐都尉戴建云：‘在海边得一船，上有男女四人，状皆如此，言语不通。送诸丞相府，未至，路死。有一人在，上赐妇生子，出入市井中，渐晓人语，自说其所在，是此毛民。’”据说，毛民的发展水平较落后：“《土物志》曰：‘毛人之洲，乃在涨屿。身无衣服，凿地穴。虽云象人，不知言语。齐长五尺，毛如熊豕。众辈相随，逐捕鸟鼠。无五谷，惟捕鸟鼠鱼肉以为食耳。”④ 以上记载肯定会有一些夸张，不过，东海之上有一个传说中的毛人国，则是可以肯定的。

东海诸岛上为何会有毛人国？《旧唐书·日本传》介绍日本：“东界、北界有大山为限，山外即毛人之国”；《宋书·倭国传》又载：“自昔祖祢躬环甲胄跋涉山川，不遑宁处，东征毛人五十五国，西服众夷六十六国，渡平海北九十五国。”这里请注意毛人国的数量不少，竟有55国之多，可见，毛人曾经广泛存在于东北亚。其后，因毛人国被日本消灭，其种族发展受限制，越来越少。今日日本的北海道土著“阿伊努人”的体毛较丰富，被日

① 彭大翼：《山堂肆考》卷二百二十九，文渊阁四库全书本，第26页。

② 韩愈：《昌黎集》卷二十一，送郑尚书序。

③ 何乔远：《闽书》卷一四六，岛夷志，福建人民出版社，1995年版，第4349页。

④ 李昉等撰：《太平御览》卷七百九十，四夷部十一，南蛮六，文渊阁四库全书本，第10－11页。

本人称为“虾夷”，意其体毛较长，像虾的须毛一样。那么，古冲绳群岛会有“虾夷族”吗？日本最早研究琉球人种的鸟居龙藏认为，琉球今日的土著混有阿伊努人的血统。据当代人类学家研究，在绳纹文化时期生活于日本南北诸岛的民族大都是阿伊努人，而到了弥生文化时期，新一波的大陆人渡海到了日本诸岛，渐渐取代了原有的南方人种，而日本境内阿伊努人种的后裔，也就剩下了北海道的虾夷人及冲绳群岛的琉球人。所以，冲绳岛的琉球人被称为虾夷是没有问题的。

其实，“虾夷国”很早就出现在东亚的地图上。南宋景定年间的一幅“东震旦地理图”，其上即有“虾蛦”，也有“琉球”，见图一。

图一　东震旦地理图①（原出于南宋景定年间志磐所著《佛祖统纪》，其图东南海上有扶桑、日本、虾蛦、流求诸岛名）

在“东震旦地理图”的东南部海上有扶桑、日本、虾蛦、流求诸岛名。其中“虾蛦”在日本与流求之间，明显是古冲绳群岛。也就是说，今日的琉球在宋以前是被叫做“虾蛦”的。

在宋代的《古今华夷区域总要图》之上，东海之上的“流求”与“虾蛦”也是分开的两个岛，只是“流求”在上，“虾蛦”在下，与“东震旦地理图”二岛的位置刚好相反。

① 引自中国测绘研究院编纂：《中华古地图珍品选集》，第51图。哈尔滨地图出版社，1998年版。

图二　宋代的《古今华夷区域总要图》①

又，据日本学者青山定雄的《唐宋时代的交通和地志地图的研究》一书，日本僧人白云惠晓于宋代来到中国，宋亡后回到日本，带回一幅约刻于宋末咸淳年间（1265－1274年）的“舆地图”，该图在东亚海上绘着流求、毛人、虾蛦诸岛国，它说明流求不同于“毛人国”或是“虾蛦国”。

唐宋时期，中国人多数时间里不知道冲绳群岛之上民众的生活。按冲绳的史书记载，冲绳是在宋代末年才有了最初的国家，其国王是舜天。舜天的政权不太稳固，子孙后分为几个国家，相互作战。不过，他们较为重视商业。万历《温州府志·番航》记载了一条往事，约在元朝之时，有一条海船遭遇台风失控，飘到温州岸边：“元延祐四年六月十七日，黄昏时分，有无舵小船在永嘉县海岛中界山，地名燕宫飘流。内有一十四人，五人身穿青黄色服，九人并白衣。内一人携带小木刻字，长短不一，计三十五根，上刻圈画不成字样，提挈葫芦八枚，内俱有青黄白色成串硝珠。其人语言不辨，无通晓之人。本路彩画人形船只图，差官将各人起解江浙行省。当年十月中书省以事闻，奉旨寻访通晓语言之人，询问得系海外婆罗公管下密牙苦人氏，凡六十余人，乘大小船只二艘，欲往撒里即地面博易货物。中途遇风，大船已坏，惟十四人乘小船飘流至此。有旨命发往泉南，候有人往彼，便带

① 盛博：《宋元古地图集成》，星球地图出版社，2008年版，第116页。

图三　白云惠晓携至日本的《舆地图》局部

（上有“琉求”、“毛人”、“虾夷”诸岛。此图原出于青山定雄的《唐宋时代的交通和地志地图的研究》一书。此处所摄为深圳梁二平先生提供给泉州海交馆2010年7月11日的中国航海日“中外古代海图展”）

回本国云。”①

这条史料表明，当年飘到温州的这条船来自海外不知名的海岛，他们有初步的文字，但没有纸笔，文字刻在小木块上。唐宋时期的纸张是中国的特产，不要说冲绳，就是日本还保留的不少木简文字，著名的有平城宫木简等，大多是奈良时代的遗物。② 从当时东海各国的文化来看，日本与朝鲜都使用中国的文字，台湾的先住民没有文字，上述婆罗公手下却有一些“小木刻字，长短不一，计三十五根，上刻圈画不成字样”，可见，这是一种类似日文平假名之类的文字。因而，这些出外贸易的岛民，只能是建立政权不久的冲绳诸岛人。这条史料的发现，具有重要意义。因为，它证明了元朝所说的“瑠求”不是冲绳岛民。元朝在忽必烈至元年间就派人到“瑠求”去

① 刘芳誉等：万历《温州府志》卷十八，番航，中国书店《稀见中国地方志汇刊》，第18册，第528页。

② 奈良县文化财研究所编：《日本古代木简字典》，八木书店，2008年版。

招抚当地民众。元成祖继位后，大德元年（1297 年）十一月，“福建行省遣人觇瑠求国，俘其傍近百人以归”。[①] 次年，元朝廷“遣所俘瑠求人归谕其国，使之效顺”。[②] 可见，元朝对“瑠求”是很熟悉的。如果婆罗公的手下众人是“瑠求”人，《温州府志》会直接记载他们是“瑠求”人，所以，元代的“瑠求”实为台湾人。

从现有证据看，在宋以前，冲绳群岛并不叫流求，或其同音之名。它被称为“虾夷（虾蛦）”，是东亚毛人国的一种，而流求是台湾的专用名字。明初杨载带“虾夷”人到明朝以琉球之名进贡，是弄错了。

二、明初出使琉球的使者杨载

台湾古称琉球，然而，明初派使者杨载出使琉球，他没有带来台湾岛的贡臣，却到了冲绳群岛的中山诸国，将中山国王察度之弟带到明朝，从此，冲绳岛的中山国得以琉球之名向明朝进贡。杨载所携诏书载于严从简的《殊域周咨录》第四卷，后人将其收入《明太祖实录》第七十一卷及《明史》第二卷时，都作了节录，尤其是《明史》所载，凡有“夷”字，都删去了。以下选择严从简《殊域周咨录》的记载：

> 昔帝王之治天下，凡日月所临，无有远迩，一视同仁。故中国奠安，四夷得所，非有意于臣服之也。自元政不纲，天下争兵者十有七年。朕起布衣，开基江左，将兵四征不庭，西平汉主陈友谅，东缚吴王张士诚，南平闽越，勘定巴蜀，北清幽燕，奠安华夷，复我中国之旧疆。朕为臣民推戴，及皇帝位，定有天下之号曰‘大明’，建元洪武。是用遣使外夷，播告朕意，蛮夷酋长，称臣入贡。惟尔琉球，在中国东南，远据海外，未及报知，兹特遣使往谕，尔其知之。[③]

文中直称海外民族为“夷”，难怪清朝正式收入《明史》时删去了。看来当时的冲绳人不太懂中国文字，也许是使者杨载的外交技巧好，他将这么

① 《元史》卷十九，成宗纪，第 414 页。
② 《元史》卷十九，成宗纪，第 417 页。
③ 严从简：《殊域周咨录》卷四，东夷，余思黎点校本，中华书局，1993 年版，第 125 页。

无礼的外交书带到海外，竟然完成了外交，使冲绳的中山国自愿来进贡。因此，要研究台湾、琉球历史的错位，还得了解杨载此人。关于杨载的出使，明初胡翰有一篇名为《赠杨载序》的文章：

洪武二年，余客留京师。会杨载招谕日本，自海上至。未几，诏复往使其国。四年秋，日本奉表入贡。载以劳获被宠赉。即又遣使流球。五年秋，流球奉表从载入贡。道里所经，余复见于太末，窃壮其行。丈夫生不为将，得为使足矣。缓颊折冲之间，一言得之，足为中国重；一言失之，亦未尝不为夷狄侮笑。东南海中诸夷，国远而险者，惟日本；近而险者，则流球耳。由古以来常负固桀骜，以为中国不足制之。元入中国，所统土宇与汉唐相出入。至元中尝命省臣阿喽罕将兵讨日本，未及其国，而海舟多漂覆不利。其后又议取流球，用闽人吴志斗之言，不出师而遣使往谕其国。留泉南者虽久之，讫不能达而罢。岂二国果不可制乎？亦中国未有以服其心也。今载以一介行李，冒风涛之险，涉鱼龙不测之渊，往来数万里如行国中。不顿刃折镞而二国靡然。一旦臣服，奉表贡方物，稽首拜，舞阙下，此非人力，盖天威也。天威所加，穷日之所出入，有国者孰不震迭。因其震迭，而怀柔之，行人之事也。非有陆贾之辩、傅介子之勇，莫膺其任。而载慷慨许国，奋不顾身者，吾不知其何所负也。窃求其故，而于驸马王公见之。公在闽中，尝取汉太尉家法，书以遗载，欲其不失为清白吏子孙。意者夷人饶于货宝，恒以此啖中国之使。中国之使受其啖而甘之。鲜不衅于利者。使载不衅于利，则奉天威命，安往而不济。苟衅于利，则虽奇丈夫、检狎小子之不若耳。幸加勉焉。今国家委重，非特使事，盖将授之以政矣。①

如其所云，杨载为元末明初之人，明初在朝廷做官，曾被派至日本和琉球出使。他的出使相当成功，使长期没有外交的日本、琉球派出使者到中国来进贡。此处有关日本进贡问题，与《明史》的记载略有不同，因不是本文的主题，暂且不论。至于琉球的进贡，始于杨载，则是公认的。不过，关于杨载其人，却始终未能找到可靠的史料。这是因为，杨载之名太普通，而历史上有两个出名的杨载。其一为南宋初年的杨载，他曾奉南宋大臣张浚之

① 胡翰：《胡仲子集》卷五。文渊阁四库全书本，第9-10页。

名潜入刘豫部下，为南宋通消息。其二是元代中叶的杨载，他是福建浦城籍的杭州人，以诗文震撼京师，曾经在元朝的翰林院奉职。《元史》一百九十卷有传。他在大德年间已经有诗名，后入选元翰林院。与虞集、揭曼斯、范椁号称元诗四大名家。元仁宗延祐二年进士，曾在江西任官多年，仕至翰林院待制。杨载死于元代中叶，泰定帝致和元年（1328 年），其好友武夷山杜本为其刊刻诗集，另一好友范椁为其写序，所以，此前杨载已经过世很久了。

这样看来，明代初年为明朝出使日本和琉球的杨载，肯定不是元代中叶的杨载。据《明史》的记载，出使琉球的使者其职务为“行人”，这是礼部的职业外交官。明初曾聘用原元朝的许多官员，其中一些人被为出使外国，例如福建古田人张以宁便以出使安南出名，他原来也是元朝廷的官员。这样看来，明初的杨载，也有可能是元朝的旧官员，后被明朝接用，并让他出使远方。杨载两次出使成功，朝廷对他很看重，所以胡翰说：“今国家委重，非特使事，盖将授之以政矣。”看来此后杨载得到升迁。杨载与胡翰交往，看来也是一个文学家。

杨载与杨孟载，应为同一人。杨孟载，名杨基，他是元明之际著名的文学家，与高启、张羽、徐幼文等并称为吴中四杰。不过，不少史料称与高启等人并称的杨孟载，又名杨载。例如：王鏊的《姑苏志》记载陈则其人：

> 陈则，字文度，崐山人。洪武六年秀才，举任应天府治中。迁户部侍郎。左迁大同府同知，进知府。则文词清丽，与高启、杨载同称。①

又如《江南通志》记载：“张羽，字來仪，浔阳人。元季寓吴中，与高启、杨载、徐贲称吴中四杰。洪武初征为太常丞，兼翰林院，同掌文渊阁事。”②

更多的史料称杨孟载与高启、徐贲、张羽并称四杰。例如《四库全书总目》说：“臣等谨案，眉庵集十二卷，明杨基撰。基字孟载，其先嘉州人。祖官吴中，因家焉。始为张士诚记室，洪武初起为荥阳县知县，历官山西按察使。寻以事夺官输作。卒于工所。明史文苑传附载高启传中。史称基

① 王鏊：《姑苏志》卷五五，卓行。文渊阁四库全书本，第 27 页。

② 赵宏恩等：《江南通志》卷一百七十二，人物志，流寓。文渊阁四库全书本，第 14 页。

少以《铁笛歌》为杨维桢所称，与高启、张羽、徐贲号明初四杰。”又如江朝宗的《眉菴集序》：“先生读书日记数千言，尤工于诗，与高启、徐贲、张羽为诗友，故时有高、杨、张、徐之称云。”①

李东阳说：“国初称高、杨、张、徐，高季迪才力声调远过三人远甚。百余年来亦未见卓然有以过之者，但未见其止耳。张来仪、徐幼文，殊不多见，杨孟载春草诗最传。”②

高启的《大全集》中有一些和杨孟载的诗，如：第十卷的“次韵杨孟载早春见寄”，第十四卷的“次韵杨孟载署令雨中卧卧疾”。这都说明高启与杨孟载的关系极深。

《明史·姚广孝传》记载：“广孝少好学，工诗，与王宾、高启、杨孟载友善。宋濂、苏伯衡亦推奖之。”其中杨孟载作为著名文人与高启、王宾、姚广孝等人并列，应当就是同一人。

以上史料表明，与高、徐、张等人并称吴中四杰的杨载，即为杨孟载。那么，明初的杨载为何要改名杨基，字孟载？我想这是因为与名家同名的缘故。浦城杨载是元代诗人四大家之一，杨孟载与其同名，容易被后世之人误会，所以，明初的杨载一定要改名。

杨孟载一生二仕，原为张士诚的记室，入明以后，虽为明朝官员，又曾出使日本。他的历史复杂，虽有《眉菴集》传于后世，但集中有诗无文。据写《眉菴集后志》的张习说：“然先生平日之诗甚富，皆率意为之，累不存稿。尝见先生自序一秩云：因吾友方君不得见予全集为恨，故留此以示之尔。则是先生盛年，稿已散失。今流传人间者，十无二三。况皆抄本，又无序志，家异而人殊。后至天顺间，郡人郑教授尝刊行。”由此可见，杨孟载的诗文，在其壮年时就已经散佚。其原因应与其做过张志诚的记室有关。以他这一职务，早年肯定为张志诚写过许多文章，入明以后，这些文章是可作为他的“罪证”的。他有意不收集自己的诗文，应与这一点有关。由于杨孟载诗文散佚过多，在其《眉菴集》中很难找到出使日本、琉球的记载，仅有一些诗可以作为参考。例如，他写过《应制送安南使臣杜相之还国都》

① 江朝宗：《眉庵集序》，载杨基：《眉庵集》序。文渊阁四库全书本，第1页。

② 李东阳：《怀麓堂诗话》，文渊阁四库全书本，第10页。

的诗①，所谓“应制”，说明此诗是奉帝命而写的。他应在礼部做过官，才会有这类诗留下。他又有《送郑与权之官七闽》一诗：“七闽地暖不飞雪，山路早行仍衣绵。黄金结客记昔日，白发上官非壮年。荔子晓风人似玉，桄榔春雨树如烟。还家定跨扬州鹤，流水寒松绕墓田。”② 这首诗写福建的自然情况很对位，应有亲历福建的体会；而“黄金结客记昔日，白发上官非壮年”一联，也说明他确实到过福建，并与闽中的高官有交往。他还有《天妃宫赠道士沈雪溪》一诗：“帝遣神妃降紫芬，海波摇荡赤霞裙。月明贝阙金银气，日暖龙旗赑屃纹。青册简书天上锡，绀帷灵语夜深闻。方壇露冷三花绕，坐演琅函大篆文。”③ 明朝学者写到天妃的并不多，所以，这首诗反映了他对天妃信仰的兴趣，这在明代学者中是少有的。那些写天妃诗词的人，多乘过海船。而明代的习俗，出使日本、琉球的使者多会到天妃宫里祭祀。

对杨载历史的探讨，将会有助于我们理解杨载的琉球之行。由于其人原为张士诚的“记室”，而张士诚是朱元璋眼里的大敌。所以，朱元璋虽然没有杀杨载，还任命他做礼部的官，其实不一定安好心。因为，他将出使日本的使命交给了杨载。此前，出使日本的朱元璋使节，已经被日本杀了一个。杨载再次出使，命运不可知。他到了福建后，还被镇守福建的驸马王恭告诫：出使之后，不可贪财，以免被“夷人”看轻！这样，发财的路也没有了。可以说杨载到日本出使，完全是一桩苦差，而且危机四伏。看来日本方面也看破朱元璋的动机，不想当明太祖的杀人机器，便放过了杨载。这样，明朝与日本建立关系的努力就此成功。也许，这一切都在朱元璋的计算中。对杨载来说，出使日本，可以说是在死神之前转了一圈，通过这次冒险，杨载扭转了自己在明朝的命运。

三、明人长期以为“琉球人”来自台湾

《明史》上的杨载是一个成功的外交家，他出访日本两次，出访琉球一

① 杨基：《眉庵集》卷八，第21页。
② 杨基：《眉庵集》卷八，第20页。
③ 杨基：《眉庵集》卷八，第12页。

次，都成功地使日本和琉球向明朝进贡。他之所以会在洪武五年被派往琉球，是因为此前他两次访问日本取得很大成功。所以洪武四年他刚从日本回来，就被派到琉球去访问。可以想象，他的身上寄托着朝廷很大的希望，这种希望有时会成为很大的压力，就像屡次夺冠的体育明星，傍人以为他只要上场，就能得到胜利，其实未必如此。杨载到琉球访问，他所承受的压力和当代的体育明星一样，只许成功、不能失败。

然而，宋元时期的台湾以不愿和大陆人往来而出名。宋代的《三山志》对琉球（台湾岛）有所记载："每风暴作，钓船多为所漂，一日夜至其界。其水东流而不返，莎蔓错织，不容转柁。漂者必至而后已。其国人得之，以藤串其踵，令作山间，盖其国刳木为盂，乃能周旋莎蔓间。今海中大姨山，夜忌举火，虑其国望之而至也。"① 当时的台湾土著往往强迫外来人当奴隶耕地，"以藤串其踵，令作山间"。这类例子还可见于其他史料："宣和间，明州昌国人有为海商，至巨岛泊舟，数人登岸伐薪，为岛人所觉，遽归。一人方溷，不及下，遭执以往，缚以铁绠，令耕田。后一二年，稍熟，乃不复絷。"② 其实也有人漂至台湾得到善待，"其一男子，本福州人也，家于南台。向入海，失舟，偶值一木浮行，得至大岛上。素喜吹笛，常置腰间。岛人引见其主。主夙好音乐，见笛大喜，留而饮食之，与屋以居，后又妻以女，在彼十三年。"③ 从总体而言，台湾奴隶制盛行，是闽人少去台湾的主要原因。宋元时代的台湾南部生活着剽悍的毗舍耶人，他们经常袭击福建沿海岛屿。导致彭湖、唐屿一带的民众，至夜不敢举火，怕的是海上的毗舍耶人看到火光后，便来侵扰。在这种环境下，两岸关系很难大发展。

元朝的统治者兵威及于海外，很想琉球人也来朝廷进贡。大德元年(1297年)，元朝再一次经营台湾。《元史·成宗纪》记载："改福建省为福建平海等处行中书省，徙治泉州。平章政事高兴言泉州与瑠求相近，或招或取，易得其情，故徙之。"④ 该年十一月，"福建行省遣人觇瑠求国，俘其傍

① 梁克家编：《三山志》卷六，地理类，第86页。

② 洪迈：《夷坚志》，《夷坚甲志》卷十，昌国商人，中华书局，1981年标点本，第86页。

③ 洪迈：《夷坚志》，《夷坚乙志》卷八，无缝船，第251页。

④ 宋濂等：《元史》卷十九，成宗纪，中华书局，1976年标点本，第409页。

近百人以归”。[①] 次年，元朝廷“遣所俘瑠求人归谕其国，使之效顺”。[②] 但是，当时的台湾人始终不愿到大陆来进贡。

在杨载之后到台湾招谕的台湾招抚的郑和、王景弘一样碰钉子。《闽游偶记》记载：“澎湖为台湾门户……曾闻明永乐丁亥命太监郑和、王景弘、侯显三人往东南诸国赏赐宣谕，郑和旧名三保，故云三保太监下西洋；因风过此。”[③] 然而，台湾的土著仍然不愿到明朝来进贡！陈第的《东番记》：“永乐初，郑内监航海谕诸夷，东番独远窜，不听约。于是家贻一铜铃，使颈之，盖狗之也。至今犹传为宝。”这段话的内容后被采入《明史·鸡笼传》：“虽居海中，酷畏海，不善操舟，老死不与邻国往来。永乐时，郑和遍历东西洋，靡不献琛恐后，独东番远避不至。和恶之，家贻一铜铃，俾挂诸项，盖拟之狗国也。其后人反宝之，富者至掇数枚。曰：此祖宗所遗。”很显然，郑和与王景弘等人到过台湾，但其招抚其人的使命未获成功，因此，相关史载都不记载，以免授人以柄。

从元使及郑和在台湾碰壁一事来看，杨载于明初出使名为“琉球”的台湾，肯定也遇到了麻烦。因为台湾土著从来不愿到大陆进贡！台湾土著的固执，肯定让杨载很难堪，而且会让杨载有前途之忧。他本是一个“叛臣”，因出使日本成功，才保住自己一命，他对明朝的价值就在于他是个成功的外交家。如果这次他不能带琉球人前来进贡，朝廷对他的评价就会改变。他这时有两种选择，其一是无功而返，其二是选择其附近岛屿的民众到大陆进贡，以顶替“琉球”之名。看来，他作了第二种选择。由于当时的官员对海外情况十分茫然，杨载的冒险被揭穿的可能性很小。实际上，当时出使海外的官员，为了达到目的，时常欺蒙朝廷及进贡者，反正双方语言不通，只要掌握了“通事”，便可上下其手了。所谓“胆大有官做”，就是这种情况。陶宗仪生活于元明之际，他在《书史会要》会要中记载了前来进贡的外国情况。“流求国，职贡中华所上表，用木为简，高八寸许，厚三分，阔五分，饰以髹，扣以锡，贯以革，而横行刻字于其上。其字体类科斗

① 宋濂等：《元史》卷十九，成宗纪，第414页。
② 宋濂等：《元史》卷十九，成宗纪，第417页。
③ 吴振臣：《闽游偶记》，《台湾文献丛刊》第216种，第14页。

书。”①可见，这个流求国已经使用文字，而且，其文字类似《温州府志·番航》所载元代漂流至温州的婆罗公手下众人的文字。可见，明初被带到明朝进贡的应为冲绳岛上的人。

由于冲绳之中山国顶替琉球之名进贡，明政府官员长期以为来朝廷进贡的就是琉球人。所以，明代早期的地图一直只绘琉球，一般没有冲绳列岛。例如洪武二十二年的《大明混一图》，又如明英宗天顺五年的《大明一统之图》②，嘉靖五年重刊的杨子器跋《舆地图》，被认为是明代地图中较好的一幅，该图在福州东南的海上绘有琉球，其位置也是在台湾。

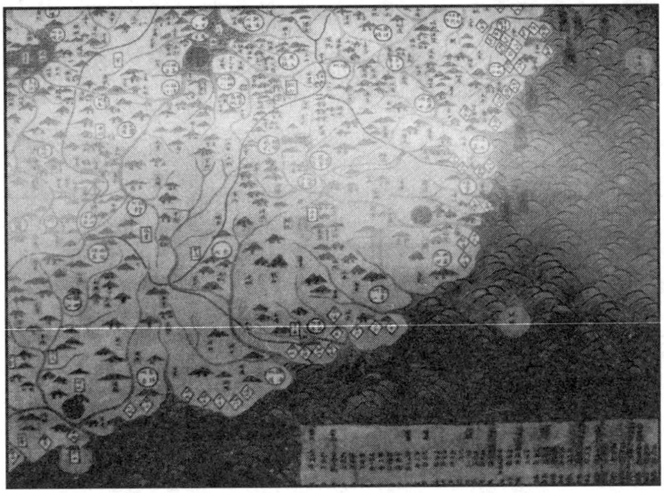

图四　嘉靖五年重刊的杨子器跋《舆地图》

（录自《中华古地图珍品选集》第68图）

一直到明嘉靖三十四年林希元在龙溪金沙书院重刊的俞时《古今形胜之图》，其图中也只有琉球而没有“虾夷”，而且，琉球的位置是画在福建的东南，面积不小，其位置与台湾相符。

俞时在《古今形胜之图》中介绍琉球“囗囗在泉州东海岛中，朝贡由福建来。自汉魏以来不通中华。元使招抚不从。国初其地分为三，今并为一国。”这段话实出于《明一统志》，《明一统志》记载：“琉球国，其地在福

① 陶宗仪《书史会要》卷八。文渊阁四库全书本。

② 夏黎明总论，王存立、胡文青编著：《台湾的古地图——明清时期》，台湾远足文化有限公司，2005年版，第3页。

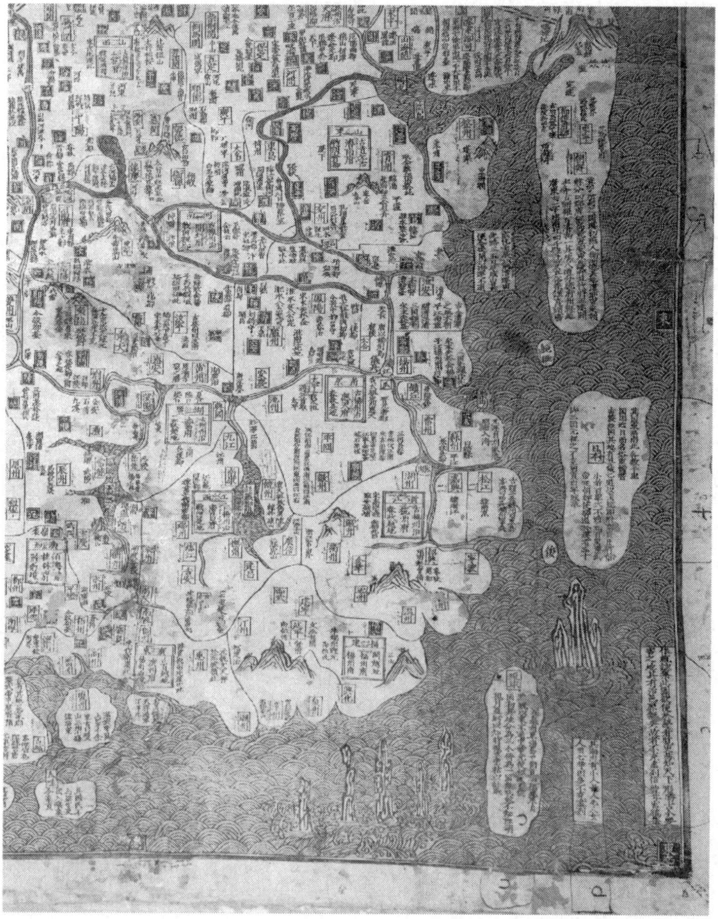

图五 俞时的《古今形胜之图》（据孙果清的介绍，该图现今仍收藏在西班牙 Sevilla 市的印度总档案馆。此图由旅居葡萄牙的金国平先生提供）

建泉州东海岛中，其朝贡由福建以达于京师。沿革。古未详何国，汉魏以來不通中华。……唐宋时未尝朝贡。元遣使招谕之，竟不从。本朝洪武中，其国分为三，曰中山王，曰山南王，曰山北王。皆遣使朝贡。永乐初，其国王嗣立，皆受朝廷冊封。自后惟中山來朝，至今不绝。其山南、山北二王，盖为所并。”① 二者相比，可知俞时有关琉球的简短介绍节选自《明一统志》。

《明一统志》是官方编纂的政书，代表着官府对琉球的看法。该书提到

① 李贤等：《明一统志》卷八九，外夷。文渊阁四库全书本，第 8 页。

琉球的“山川”时说：“鼊鼊屿，在国西水行一日；高华屿，在国西，水行三日；二屿俱隋陈稜率兵过此。彭湖岛，落漈在国西，水行五日。地近福州、泉州、兴化、漳州四郡界。天气晴明，望之隐然若烟雾中。《元史》，水至彭湖渐低，近琉球谓之落漈，漈者，水趋下不回也。凡西岸渔舟到彭湖，遇飓风作，漂流落漈，回者百一二。”①

从《明一统志》中琉球的地理方位来讲，作者眼中的琉球地理位置就是台湾，因为，它离彭湖岛很近，离福建沿海四府州也很近。但《明一统志》记载琉球国的中山及山南、山北诸国的历史，却是属于冲绳的。冲绳最早的政权是建立于南宋后期的“舜天”政权，在明初冲绳一分为三，由三个“按司”统辖。杨载来到冲绳，中部的浦添按司首先向明朝进贡，得封为中山国。其后，冲绳南部的大里按司及北部的羽地按司分别向明朝进贡，被封为山南国和山北国，三国都在冲绳主岛之上，后被中山国统一。从其进贡过程来看，明初使者杨载蒙了明朝廷。他无法将琉球（台湾）的民众带到朝廷来进贡，便跑到冲绳，将当地冲绳之人带到大陆，以琉球之名朝贡。当时的明朝廷不了解情况也就被杨载蒙蔽了。明初的冲绳其实很落后，地方又小，应当不是琉球，或者只是元以前史册上“琉球”之名的一部分。是杨载带其以琉球之名进贡之后，冲绳才以琉球之名闻名东方。

四、台湾“小琉球”之名的出现

冲绳群岛占有“琉球”之名后，对福建沿海民众来说，有一个怎样称呼台湾的问题。一开始，人们仍称台湾为琉球，例如，明初闽县诗人王恭在其《送人游鼓山》一诗中咏及琉球：“灵源洞口白云飞，君去凭高入翠微。闽越故城关外小，琉球孤屿岛边微。天花寂寂逢僧宇，林吹飘飘飏客衣。若对凤凰池上月，顿令心地亦忘机。”② 鼓山是福州东部的名山，鼓山顶上可以看到台湾，是福建民间流传已久的传说。王恭是明初福州名诗人，他引用“鼓山望琉球”之谚，诗中的琉球显然是指台湾。直到明中叶弘治年间黄仲

① 李贤等：《明一统志》卷八九，外夷，第9页。

② 王恭：《草泽狂歌》卷四，文渊阁四库全书本，第27页。

昭编纂《八闽通志》，仍然承袭《三山志》的说法，言福清县的大姨山，“每风色晴定，日未出之先，于山上东望，见一山如空青，微出海面，乃琉球国也。”① 其中在福建沿海可以望见的琉球国，肯定是台湾。

杨载引中山国人以琉球之名到明朝进贡，福建民众一开始不明真相，时间久了，亲历冲绳的人多了，肯定就知道此“琉球”不是彼“琉球”，尤其是琉球船只经常到达的福州港的民众。于是有了一个怎样称呼古代琉球的问题。明代正德十五年，福州太守叶溥和福州籍的名士共同编纂《福州府志》，就其所列参考书而言，本书参考了明朝弘治年间编纂的《一统志》，但对琉球国的解释有所变动。正德《福州府志》在介绍了大琉球国之后，又有对“小琉球国”的记载：“不通往来，不曾朝贡。”② 这段解释虽然简短，其功绩是将冲绳群岛和台湾岛分开来，让人知道这不是一个地方。而后，台湾的“小琉球”之名开始流行起来。正德嘉靖年间的大儒、晋江人蔡清在注释《论语》时说：“小邾，小邾国也。与邾子益來朝之邾不同，故言小，以别之。犹言小琉球之类。”③ 蔡清讲课的对象是泉州一带的书生，他们应对小琉球很熟悉，所以，蔡清引用了“小琉球”之名来解释历史上的“小邾国”。至此，小琉球成了台湾的正式称呼。而且，这一称呼在明朝延续很长的时间。明代后期郑晓的《吾学编》说：“正南偏东，大琉球，朝贡不时，王子及陪臣之子皆入大学读书，礼待甚厚。小琉球，不通往来。”④。其中大小琉球区分很清楚。何乔远《名山藏》记载：“高帝既平定天下，诏谕诸夷诸夷君长，或使或身悉随使者来朝贡，则高丽、日本、大小琉球、安南、真腊、暹罗、占城、苏门答剌、西洋、爪哇、彭亨、百花、三佛齐、浡泥凡十五国臣服最先而最恭顺，高祖作祖训，列诸不征。”⑤ 文中的“大小琉球”，将“大琉球”与“小琉球”并列。在相关史籍中，福建沿海可以看到琉球的传说，也改成了可以看到“小琉球”，郑晓的《吾学编》说：“又有小琉球，近泉州，闽人言霁日登鼓山可望而见。入国朝未尝

① 黄仲昭：弘治《八闽通志》卷五，地理志，福建人民出版社，1990 年版，第 85 页。
② 叶溥等：正德《福州府志》卷三，地理志，福州海风出版社，2001 年版，第 67 页。
③ 蔡清：《四书蒙引》卷七，颜渊第十二。文渊阁四库全书本，第 61 页。
④ 郑晓：《吾学编》卷六七，皇明四夷考，第 1 页。
⑤ 何乔远：《名山藏》不分卷，王享记，续修四库全书本，第 1 页。

朝贡。”①

嘉靖三十四年（1555 年）经台湾、冲绳赴日本的郑舜功在其《日本一鉴·桴海图经》一图中记载了台湾和冲绳群岛，他称冲绳群岛为大琉球国，台湾为“小东岛”，其解说是：“小东岛，即小琉球，彼云大惠国。”在其图上，大琉球与小琉球都是群岛，不分大小。②

嘉靖四十年（1561 年）郑若曾绘《万里海防图》上的海上诸岛中，“大琉球”的面积比“小琉球”略大一些。③

嘉靖四十一年，胡宗宪的幕僚郑开阳编纂《筹海图编》，搜集了大量史料，并绘制了海疆地图。这幅地图明确地将大小琉球分开，但令人好笑的是，他将位置于冲绳的“大琉球”画得很大，位置于台湾的“小琉球”画得较小。实际上情况刚好相反。

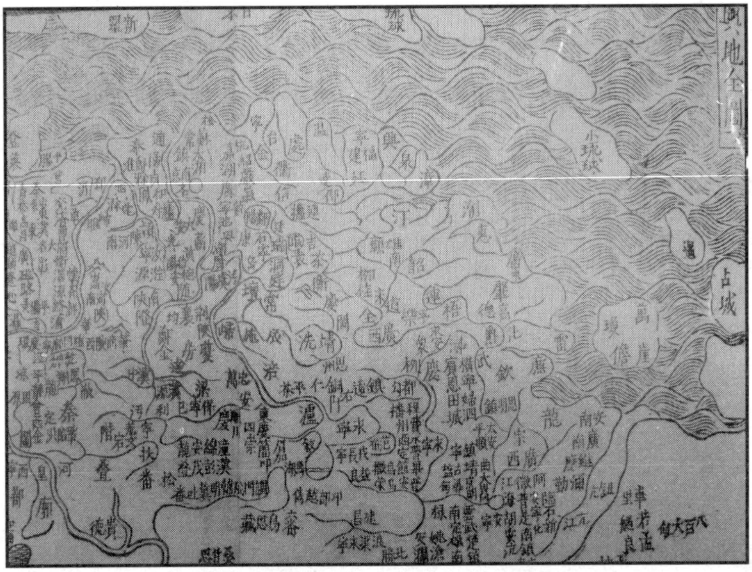

图六　郑开阳《筹海图编》中的《舆地全图》

元代的朱思本《广舆图》是中国地图中较为杰出的一部，后在明代多次重刻，不过，重刻者往往加上自己对地理的理解，因而反映了明朝学者的

① 郑晓：《吾学编》卷六七，皇明四夷考，第 26 页。

② 转引自鞠德源：《钓鱼岛正名》，昆仑出版社，第 108 页。

③ 转引自鞠德源：《钓鱼岛正名》，第 114 – 115 页。

地理观念。钱岱重绘的朱思本《广舆图》，刊刻于万历七年。图上有大琉球、小琉球及彭湖岛。反映了明代后期明人的观点。此图上的大小琉球一样大，也和日本列岛一样大，看来只是起一个示意作用。

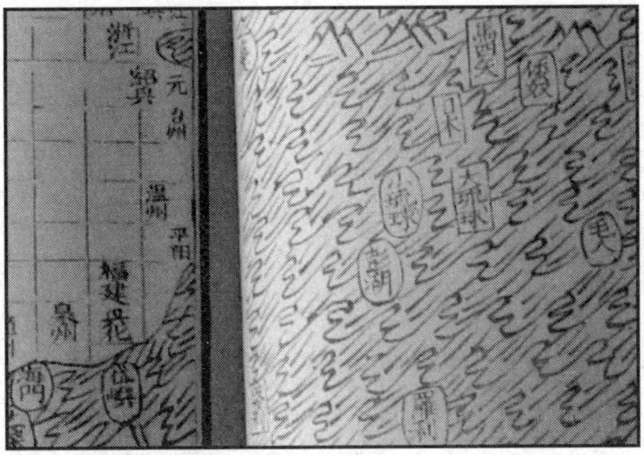

图七　明代钱岱重绘朱思本《广舆图》

（此图刊刻于万历七年。上海图书馆藏）

台湾之“小琉球”的称呼也在江南民间流行，《江南通志》上记载了这样一条史料：“李遇文，字克显，世袭宣州卫指挥，升刘河游击。时小琉球三十六人风潮漂至，把总陈嘉谟欲指為倭，斩首报功。遇文召通事讯实，遂遣归。”①《异域志》云：“大琉球国，在建安之东，去海五百里。其国多山洞，各部落酋长皆称小王，至生分，彼此不和。常入中国贡。王子及陪臣皆入太学读书。”“小琉球国，与大琉球国同，其人粗俗，少入中国。风俗与倭夷相似。”② 可见，到了明末，人们慢慢知道，小琉球与大琉球不是一回事。

万历年间，西方传教士进入中国，他们带来了欧洲的绘图知识与技巧，中国最早的全球图开始绘制，利玛窦《方舆胜略》一书中出现“西半球图”上有大小琉球的绘制，但将大小琉球弄反了。福建对面的“小琉球”位于北方，而“大琉球”位于南方。这一错误一直延续到王在晋《海防纂要》中的“周天各国图四分之一”中，大小琉球也是相反的。利玛窦的《坤舆万国全图》绘成于万历三十年，其图中只有“大琉球”，北回归线从“大琉

① 赵宏恩等：《江南通志》卷一百五十二，人物志，武功，第9页。

② 佚名：《异域志》上卷，万历丁酉嘉禾梅墟上人刻本，第26页。

球”中部穿过，此处的大琉球应是台湾岛。受利玛窦的影响，于万历三十一年刊刻的《两仪玄览图》中的大琉球，也应是台湾。①

图八　利玛窦的世界地图（台湾本岛被标为“大琉球”）②

在这一系列地图中，台湾有时被称为“小琉球”，有时被称为“大琉球”；冲绳同样是无所适从，有时被称为大琉球，有时又被称为“小琉球”。由杨载造成的历史错位导致东亚地图一片混乱，已经很难收拾。

欧洲人来到东方之后，开始绘制东方的地图。大小琉球之名都出现在西方人的地图上。亚伯拉罕·奥地利斯（Abraham Ortelius）绘制于1570年（或1584年）的东亚及东南亚的地图上，中国东南的海上有一系列岛屿，其中最南部的岛有 Lcquio mincr 之地名，而中上部的一个岛上有 Lcquio maior的地名，这显然是“琉球”的译音。见图九。

又，亚伯拉罕·奥地利斯绘制于1584年（或1595年）的中国地图上，

---

① 夏黎明总论，王存立、胡文青编著：《台湾的古地图——明清时期》，第64－67页。

② 这是公示于日本一个网站的利玛窦《坤舆万国全图》。此图为日本人所藏，所以有许多日文注释。图中不仅有大、小琉球，而且还有一个注明为“东宁”岛屿。按，东宁为郑经时代对台湾的称呼，所以，此图虽是利玛窦原图，但后人在图上填了新字。当时地图对琉球之名的混乱，由此可知。

图九　亚伯拉汉·奥地利斯（Abraham Ortelius）：东亚及东南亚地图
（大约绘制于1570年或1584年，此图上中国东南海域上，
有两个“Lcquio”，这显然是“琉球”的译音）

位于东南的海岛有：“Lequeio Parur”之名；杰拉德·梅加度（Gerand Mercator）及祖迪士·汉调斯（Jodicus Hondius）绘制于1606年的中国地图上，其东南部有Lcquio minor的岛名。① 这些名字中都有大小琉球的音译。同样，他们也很难分清楚哪个是大琉球，哪个是小琉球？可见，当时的欧洲地理学家受中国地图的影响，也搞不清楚为何会出现两个琉球？见图十。

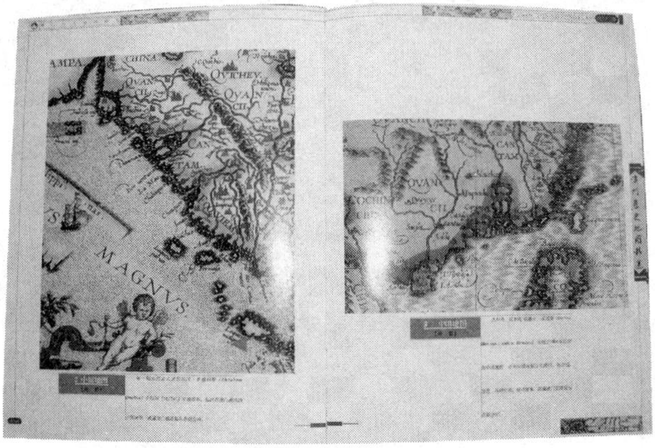

图十　1584年及1606年欧洲人绘制的东亚地图（以上两幅地图摘自中国第一历史档案馆、澳门一国两制研究中心的《澳门历史地图精选》）

① 中国第一历史档案馆、澳门一国两制研究中心：《澳门历史地图精选》，华文出版社，2000年版，第12－15页。

图十一　意大利耶稣会士毕方济绘制于1639年的中华地图①

（图中有两个琉球，而冲绳群岛被标明为大琉球）

图十二　意大利圣方济会士温贞左·克罗内立

绘制于1691年的中国南部地图②（此图上的台湾被

称为“福尔摩沙”，文中注明“福尔摩沙”又称大琉球）

① 本图转录于许雪姬、吴密察：《先民的足迹——古地图话台湾沧桑史》，台湾南天书局有限公司，第40－41页。

② 本图录自许雪姬、吴密察：《先民的足迹——古地图话台湾沧桑史》，第86－87页。

五、台湾其他名字的出现

大小琉球之名的混乱，带来很多的不便。台湾岛上的民众开始以台湾岛的具体港口名称来称呼台湾。陈第于万历三十年抵达台湾，便将台湾称为“东番”。而张燮撰写《东西洋考》，在“东番考”之下，有北港、鸡笼、淡水之名。唯是张燮未能亲历台湾，对北港的位置不是很清楚。但其人对淡水、鸡笼的描写是清楚的。文中提到有大陆商人前去贸易。这一时期的台湾地图十分有意思。

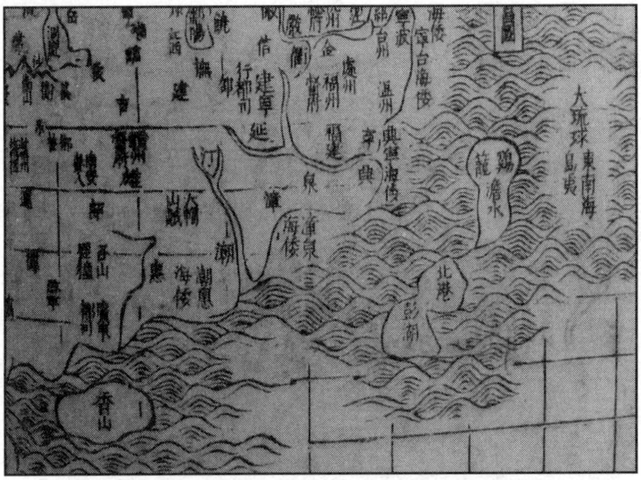

图十三　陈祖绶《皇明职方地图表》中的台湾

（它被分为三个部分：澎湖、北港、鸡笼和淡水。在这幅图上，小琉球之名已经不见了，台湾岛的东北方出现了“大琉球”之名。其时，琉球之名应都属于冲绳了）

在晚明的史籍中，出现“北港”一名的古籍有：《东西洋考》、《敬和堂集》、《顺风相送》、《止止斋集》、《露书》等书。这些书籍多发表于荷兰人占据台湾之前，例如，万历年间任福建巡抚的黄承玄曾说，“至于濒海之民，以渔为业；其采捕于彭湖、北港之间者，岁无虑数十百艘。”①荷兰人是在天启年间才进入台湾，很显然，北港之称在荷兰人占据台湾之前就已经

① 黄承玄：《条议海防事宜书》，《明经世文编》卷四七九。

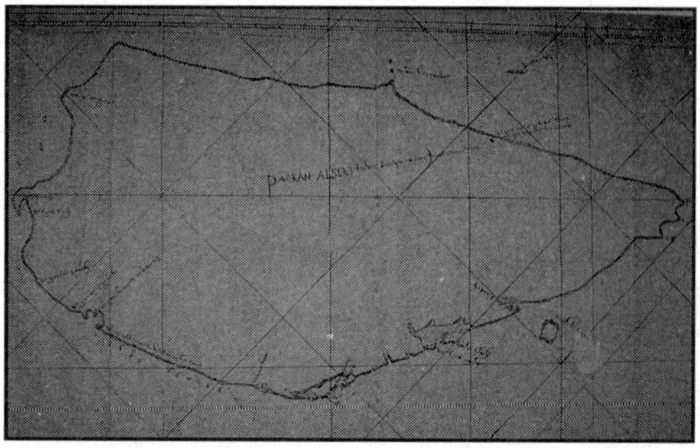

图十四　北港图①（雅各·埃斯布兰·诺得洛斯，约1625年绘制。本图原藏荷兰海牙国家档案馆。文中的台湾岛被标为Packan）

存在。② 崇祯年间陈祖绶说："近时民多走北港、彭湖、淡水、鸡笼四屿。四屿之大，足以敌四府，收之以为外屏，又足以翼四府。"③

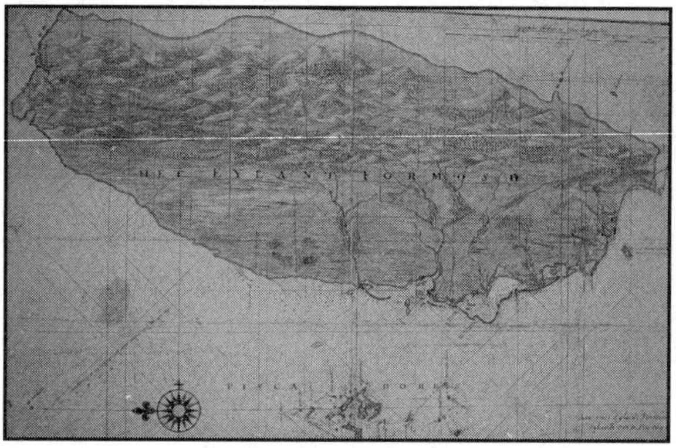

图十五　1640年约翰·芬伯翁绘制的澎湖列岛及台湾岛图

（本图原藏荷兰海牙国家档案馆）

荷兰人入台之后，最初也称台湾为"北港"。即Pacan，又作：Packan；这是大约1625年前后的事。其后，荷兰人知道了葡萄牙人曾经称台湾为Formosa，便采用了葡萄牙人的命名。将台湾称之为福摩莎（Formosa）。所

① 转引自石守谦等：《福尔摩沙——十七世纪的台湾·荷兰与东亚》，台北故宫博物院，2003年版，第39页。

② 徐晓望：《论明代北港的崛起》，《台湾研究》2006年2期。

③ 陈祖绶：《皇明职方地图表》卷上，玄览堂丛书三集，第十一册，影印道光刻本，第88页。

以，在1640年约翰·芬伯翁绘制的澎湖列岛及台湾岛图上，台湾已经被称为Formosa了。

总的来说，琉球原为台湾的专用名。杨载出使琉球，为了完成不可能完成的使命，将琉球之北冲绳岛上的酋长拉到明朝来进贡，从而蒙蔽了明朝廷，获得大功。然而，琉球与冲绳从此混淆，弄得明代地图一片混乱。台湾有时被称为小琉球，有时被称为大琉球。这一错误同样出现于西方人的地图中。明末福建民间出现称台湾为“东番”、“北港”之类的说法，新名字的出现，使台湾不易和其他地区混淆。北港之称还影响了荷兰人的地图。不过，占据台湾的荷兰人最终采用福尔摩沙之名称呼台湾，福建民间也出现了“台湾”之名，从而结束了这一历史地理的混乱。琉球作为台湾的正名，逐渐湮没于历史的尘埃中。

荷据时期汉族移民与台湾少数民族关系

林仁川*

荷据时期汉族移民除一部分集中居住在热兰遮城附近之外，许多人散居于各少数民族地区，与当地居民朝夕相处，共同开发台湾，反对荷兰殖民统治。本文主要探索当时汉族移民的移动、分布及与当地少数民族的关系。

一、大陆汉族人民向台湾的移动

早在荷据时期以前，大陆汉族移民已到达澎湖、台湾。宋元时期，汉族人民移居台澎已经有了较明确的记载。如楼钥《汪大猷行状》云："乾道七年四月起知泉州，到郡……郡实濒海，中有沙洲数万亩，号平湖，忽为岛夷号毗舍耶奄至，尽刈所种，他日又登海岸杀略，禽四百余人，歼其渠魁，余分配诸郡。"① 又如周必大的《汪大猷神道碑》也有同样的记载："乾道七年……四月起知泉州，海中大洲号平湖，邦人就植粟、麦、麻。"② 此外，我们从地下出土文物也可以证明宋代汉族人民已迁居澎湖、台湾。早在康熙五十六年（公元1717年）由周钟瑄主修，陈梦林编纂的《诸罗县志》记载："郑氏时，目加溜湾开井，得瓦瓶，识者云是唐宋以前古窑，惜其物不传，亦不知此瓶瘞自何时。"虽然瓦瓶没有保存下来，③ 但目加溜湾，即今台南县安定乡一带，靠近古大员港附近，此地发现古瓷是极可能的事。乾隆

---

* 作者简介：林仁川，厦门大学台湾研究院教授、博士生导师。

① 楼钥：《攻媿集》卷八十八，第15册，商务印书馆，1936年版，第1199页。

② 周必大：《文忠集》卷六十七，《文渊阁四库全书》1147册，台湾商务印书馆，1983年版，第771页。

③ 周钟瑄：《诸罗县志》卷十二，《台湾文献丛刊本》，第290页。

三十七年（公元 1772 年）曾任台湾海防同知的朱景英在《海东札记》中说："台地多用宋钱，如太平、元祐、天禧、至道等年号钱，钱质小薄，千钱贯之，长不盈尺，重不逾二斤，相传初辟时，土中有掘出古钱千百瓮者。"① 所谓宋钱的"太平"即为"太平兴国"年号，"天禧"为宋真宗年号，"元祐"为宋哲宗年号，"至道"为宋太宗年号，都属北宋时期，说不定在北宋末年已有汉族人民移居台湾了。元代汉族人民迁居台澎的情况已经有更明确的记载，元顺帝时，江西南昌人汪大渊，附搭海船，从泉州出海，远游南洋各国，回国后，他根据耳闻目睹的情况写成了著名的《岛夷志略》一书，该书抛弃了《隋书·流求传》的陈套，真实地记载了澎湖、台湾的情况。

《岛夷志略》彭湖条云："岛分三十有六，巨细相间，坡陇相望，乃有七澳居其间，各得其名，自泉州，顺风二昼夜可至，有草无木，土瘠不宜禾稻，泉人结茅为屋居之，气候常暖，风俗朴野，人多眉寿，男女穿长布衫，系以土布。煮海为盐，酿秫为酒，采鱼、虾、螺、蛤以佐食，爇牛粪以爨，鱼膏为油，地产胡麻、绿豆，山羊之孳生，数万为群，家以烙毛刻角为记，昼夜不收，各遂其生育，工商兴贩，以乐其利。"②

从汪大渊记载的"自泉州，顺风二昼夜可至，有草无木，土瘠不宜禾稻，泉人结茅为屋居之"看来，当时迁居澎湖的主要是福建泉州人，因泉州离澎湖最近，当地居民又有漂洋出海的习惯，故泉州人迁居澎湖的记载是完全可信。再从"风俗朴野，人多眉寿，男女穿长布衫，系以土布，煮海为盐，酿秫为酒"的记载可以看出，泉州人迁居澎湖并不是暂时居住，而是定居下来，才能织造土布，酿造土酒，过着男耕女织的生活，以至于出现"山羊之孳生，数万为群"的情景，表明当时的居民一定不少。《岛夷志略》除了记载澎湖外，还记载了当时台湾的情况，书中写道："地势盘穹，林木合抱，山曰翠麓，曰重曼，曰斧头，曰大崎。其峙山极高峻，自澎湖望之甚近，余登此山则观海潮之消长，夜半则望旸谷之日出，红光烛天，山顶为之俱明，土润田沃，宜稼穑，气候渐暖，俗与彭湖差异，水无舟楫，以筏济

① 朱景英：《海东札记》卷四，《台湾文献丛刊本》，第 52 页。
② 汪大渊：《岛夷志略》，彭湖条，中华书局，1981 年版，13 页。

之，男子妇人拳发，以花布为衫。煮海水为盐，酿蔗浆为酒，知番主酋长之尊，有父子骨肉之义，他国之人倘有所犯，则生割其肉以啖之，取其头悬木竿，地产沙金，黄豆，黍子，硫黄，黄蜡，鹿、豹、麂皮。"① 从"余登此山则观海潮之消长，夜半则望旸谷之日出，山顶为之俱明"看来，汪大渊曾亲历其地，并不是道听途说，此记载是比较真实可靠的，因此，郭廷以认为，我们可以推知在他之前必有内地民人来过台湾，或迁往台湾，澎湖既有民户，进而入居台湾，是很自然的，汪大渊之登山观览可能即系由当地汉人引导，至于内地商人之早已到台贩卖，似更无可疑。② 曹永和也认为，汉人开拓澎湖，成为渔业根据地以后，其捕捞的范围自不限于福建、澎湖间的海域，越此界而拓展至澎湖、台湾间的海面，嗣后顺次扩张至台湾西南部的沿岸乃为极自然之事。③ 我们从汪大渊初到台湾就能登临极为高峻的大峙山，日观海潮之消长，夜看日出之壮观的情形看来，只有经当地汉人的指引才能做到，因此郭廷以等人关于元代已有汉人迁居台湾西南部之推测是可信的。

到元末明初，澎湖的人口已有相当的数量，明代泉州府志云："东出海门，舟行二日程曰澎湖屿，在巨浸中，环岛三十六，如排衙然，昔人多侨寓其上，苫茅为庐，推年大者为长，不蓄妻女，耕渔为业，牧牛羊，散食山谷间。"④ 由此可见，已出现聚族而居的现象。至明代中叶，台澎地区不仅成为大陆海盗商人的根据地，而且大陆渔民也常常到台湾海峡捕鱼，其中一部分人定居于此，成为当地的居民，如澎湖，万历四十五年（公元 1617 年）"倭流劫大金，所余船突犯泊此，迁延至十余日始徙去，渔寮中人云，每倭足迹所到，举网辄多得鱼，亦时从渔民索酒，持杯向笑，摩手若胥庆，渔黠者欲麻而醉之，而擒以献官，然竟不果，既去住东番竹篸港"。⑤ 可见当时大陆到澎湖捕鱼的渔民已在岛上搭寮居住了。所以顾祖禹的《读史方舆纪要》也说："龙门有原泉，旧为居民聚落，万历三十五年（疑为四十五年之

① 汪大渊：《岛夷志略》琉球条，中华书局，1981 年版，第 16 页。

② 郭廷以：《台湾史事概说》，台湾正中书局，1954 年版，第 11 页。

③ 曹永和：《早期台湾的开发与经营》，《台湾早期历史研究》，台湾联经出版社，2003 年版，第 118 页。

④ 引自陈懋仁：《泉南杂志》（据曹永和考证，此府志应为隆庆或嘉靖府志。）卷上，商务印书馆，1936 年版，第 17 页。

⑤ 陈仁锡：《皇明世法录》卷七十五，《四库全书丛刊》，北京出版社，1998 年版，第 223 页。

误）倭流劫大金，所余船突犯泊此屿。”① 此外，澎湖族谱也有记载，如沙港时蒔里陈氏，“明万历年，金门水头乡九世陈振遥开基沙港，其后族人陆续来澎”，又如岐头陈氏“开澎始祖陈雅，自漳州府岛屿桥围仔头乡徙来，雅生于明万历十二年，卒于天启三年”，再如湖西龙门陈氏“明天启金门下坑十三世，陈弘标开基湖西，弘标系单身来澎”②。同时，在外国史料中也可以找到同样的记载，天启二年（公元1622年）荷兰长官Cornelis Reijersz率领舰队到达澎湖，他在日记中写道：“七月十一日，星期一上午，诸船驶向海滨，正午三桅帆船吉里克海号（Zierickkzee）停靠在深约八寻的地方，并用小船划向小堂（Kercken），发现有三个汉人看守小堂，又在该处发现有数只山羊和猪，牛四只，据说在岛的北面还有许多渔夫居住。”③ 这时澎湖不仅已有众多渔夫，而且还饲养山羊、猪和牛，可见他们是比较固定地居住在岛上了。再如台湾也有定居的大陆渔民，《春明梦余录》云：“台湾在澎湖岛外，水路距漳泉约两日夜，其地广衍高腴，可比一大县……，初，穷民至其处，不过规鱼猎之利已耳，其后见内地兵威不及，往往聚而为盗。”④ Cornelis Reyersen继续写道：“七月二十一日，星期四，晨，有一个在福尔摩沙岛（Formosa，葡萄牙航海对台湾岛的称呼，意为美丽）上捕鱼二年的中国人来到我们船上，他说对福尔摩沙岛的情形很熟悉，在大员（Teyoan）湾有很好的停船的地方，而且还有淡水，如果我们愿意，他可以带我们去观察。”⑤ 后来，他们到达台窝湾（安平）港附近时，果然发现有许多大陆移民与当地土著居民住在一起，如安平港附近有一条街，“在此村男子所住家中，有中国人一、三人或五、六人同居”。不仅南部安平，北部基隆也有许多大陆移民，伊能嘉矩《日本地名辞书续编》基隆堡条云：“西历1626年（天启六年）西班牙人初据基隆港时，港岸已有汉族移民部落”⑥。再如台东卑南地区也有汉族移民。可见当时汉族已遍布台湾各地了。

① 顾祖禹：《读史方舆纪要》卷99，第4096页。

② 李绍章等：《澎湖县志》卷三，第3节，成文出版社，1960年版，第13页。

③ 村上直次郎译：《ベタウイア 城日记序说》第10－12页。

④ 孙承泽《春明梦余录》卷四十二，北京古籍出版社，1992年版，第822页。

⑤

⑥ 伊能嘉矩：《日本地名辞书续编》，中华书局，1974年版，第7285页。

除了民间移民外，明朝政府也有募民到澎湖垦荒的措施。万历二十年（公元1592年）福建巡抚许孚远“募民垦海坛地八万三千有奇，筑城，建营舍，聚兵以守，因请推行于日南、澎湖，及浙中陈钱，金塘，玉环，南麂诸岛，皆报可”。① 虽然，我们还未找到募民到澎湖垦荒的具体资料，不清楚当时的详细情况，但许孚远这个建议已得到明朝中央政府的批准，他本人在福建任职三年，在此期间，一定会有一部分福建农民被许孚远招募到澎湖垦荒的。

由于民间的迁移和政府的招募，在荷兰人到达台湾以前，已有许多汉族人民定居台澎了。所以，日本学者中村孝志肯定地指出：“中国之知有台湾，已是很早的事情，在荷兰人到台湾时，已有相当多数的中国人定居于台南附近，例如Comelis Reijersz舰队的船员，在1623年（天启三年）3月，从一个中国官员那里，已经听到在台湾有许多中国人和当地的妇女结婚，又在萧垅则有通中国话的土人，皆可为证。”②

天启二年（公元1622年）荷兰东印度公司派遣舰队入侵澎湖，在红木埕登陆，筑城据守，引起明朝政府的强烈反对，天启四年（公元1624年）被迫退往台湾，在大员湾建立热兰遮城，从此进入荷据时期，直至1662年被郑成功驱逐出台湾为止，荷兰在台湾整整统治三十八年。

在荷兰占领时期，大陆移民不仅没有停顿，而且出现了更大规模的移民运动，这是由于明末清初大陆战火连绵，沿海丧失土地的破产农民冒险横越海峡到台湾谋生，如崇祯十三年（公元1640年）吏部都给事中王家彦所云：“闽省海（土需），地如巾帨，民耕无所，且沙砾相薄，耕亦弗收，加以年荒赋急，穷民缘是走海如鹜，长子孙于唐市，指窟穴于台湾。”③ C. E. S. 在《被遗误的台湾》也记载说：“有许多中国人为战争逐出大陆而移住台湾，在台湾设立一个殖民区，除了妇孺以外，人数有二万五千之多，他们从事于商业和农业，种植了大量的稻子和甘蔗，不但足以共给全岛人民的需要，而且每年用许多船装运到其他印度诸国去。”④ 这里特别需要指出

① 《明史》卷二八三，许孚远传。

② 中村孝志：《荷领时代之台湾农业及其奖励》，《台湾经济史初集》，台湾中华书局。

③ 孙承泽：《春明梦余录》卷四十二，北京古籍出版社，1992年版，第823页。

④ C. E. S. 《被遗误的台湾》，《台湾经济史》第三集，台湾中华书局，第44页。

的是郑芝龙在协助大陆饥民移往台湾中起了很大的推动作用。“崇祯间，熊文灿抚闽，值大旱，民饥，上下无策，文灿向芝龙谋之，芝龙曰‘公第听某所为’，文灿曰‘诺’，乃招饥民数万人，人给银三两，三人给牛一头，用船舶载至台湾，令其发舍，开垦荒土为田，厥田惟上上，秋成所获，倍于中土，其人以食之余，纳租郑氏。”① 魏源的《圣武记》也说：“郑芝龙者，泉州人，初附倭，家于台湾，倭败去，芝龙以其人众，舟楫横行于海，崇祯中，巡抚沈犹龙招降之，屡平剧盗，积官至都督同知，会闽大旱，芝龙言于巡抚熊文灿，以舶徙饥民数万至台湾，人给三金一牛，使垦岛荒，渐成邑聚，时郑氏已去台湾，惟荷兰夷2千踞城中，流民数万，散屯城外，荷兰专治市舶，……鸿荒甫辟，土膏愤盈，一岁三熟，厥田惟上上，漳泉之人，赴之如归市。”② 尽管有人否定这条记载。③ 但我们认为即使移民人数不一定那么多，但郑芝龙运送大批饥民到台湾垦荒应该是肯定的。

现将《热兰遮城日志》中有关汉族移民比较多的年份整理列表如下④

表1　一六三七年～一六三八年　　单位：人数

月份	去台湾	回大陆	留台湾	去台湾	回大陆	留台湾
一月份				452	1716	-1264
二月份				360	1138	-778
三月份				469	440	29
四月份				690	369	321
五月份				799	697	102
六月份	484	251	233	1369	895	474
七月份	523	164	359	350	331	19
八月份	1017	127	890	28		28
九月份	621	1285	-664	35	105	-70
十月份	701	499	202	856	567	289
十一月	340	132	208	914	240	674
十二月	1260	190	1070	13		13
合　计	4946	2648	2298	6335		-163

① 黄宗羲：《赐姓始末》，台湾文献从刊本，第6页。

② 魏源：《圣武记》卷8，中华书局，1984年版，下册，第336页。

③ 《重修台湾省通志》卷3，《住民志·人口篇》，台湾省文献委员会，第67页。

④ 根据江树生译注：《热兰遮城日志》第一、二、三册有关资料整理。台湾台南市政府发行，2000年、2002年、2003年版。

表2　一六三九年～一六四三年　　单位：人数

月份	去台湾	回大陆	留台湾	去台湾	回大陆	留台湾
一月份						
二月份						
三月份	264	166	98	571	514	57
四月份	480	417	63	258	884	-626
五月份	514	263	251	332	1028	-696
六月份	79	295	-216	246	278	-32
七月份	289	145	144	43	966	-923
八月份	500	309	191	366	350	16
九月份		34	-34	190	675	-485
十月份	101	142	-41	593	301	292
十一月				826	238	588
十二月				3498	145	3353
合 计	2227	1771	456	6923	5379	1544

表3　一九四四年～一九四五年　　单位：人数

月份	去台湾	回大陆	留台湾	去台湾	回大陆	留台湾
一月份	457	412	45			
二月份	229	305	-76			
三月份	671	530	141	1578	479	1099
四月份	431	667	-236	886	998	-112
五月份	354	254	100	820	286	534
六月份	51	527	-476	1006	638	368
七月份	376	251	125	214	607	-393
八月份	338	590	-252	432	745	-313
九月份	346	589	-243	604	726	-122
十月份	746	254	492	1033	301	732
十一月	939	260	679	243	74	169
十二月						
合 计	4938	4639	299	6816	4854	1962

表4　一六四六年～一六四七年　　单位：人数

月份	去台湾	回大陆	留台湾	去台湾	回台湾	留台湾
一月份						
二月份		336	-336			
三月份	365	261	104	97	126	-29
四月份	1285	351	934	614	495	119
五月份	900	624	276	995	956	39
六月份	341	722	-381	709	550	159
七月份	1128	486	642	701	817	-116
八月份	441	548	-107	353	413	-60
九月份	680	676	4	713	278	435
十月份	1204	407	797	476	273	194
十一月	23	25	-2	670	273	397
十二月				2178	180	1998
合 计	6367	4436	1931	7497	4361	3136

表5　一六四八年～一六五零年　　单位：人数

月份	去台湾	回台湾	留台湾	去台湾	回台湾	留台湾
一月份		75	-75			
二月份	299	56	243			
三月份	1101	467	634	157	632	-475
四月份	1545	1008	537	924	742	182
五月份	2585	986	1599	656	639	17
六月份	1053	1160	-107	311	521	-210
七月份	1495	1201	294	879	790	89
八月份	1802	1854	-52	773	914	-141
九月份	994	1495	-501	237	329	-92
十月份	620	474	146	710	597	113
十一月						
十二月						
合 计	11494	8776	2718	4647	5164	517

表6　一六五一年～一六五四年　　单位：人数

月份	去台湾	回台湾	留台湾	去台湾	回台湾	留台湾
一月份						
二月份	117	592	-475			
三月份	695	391	304	239	417	-178
四月份	969	724	245	777	791	-14
五月份	285	172	113	687	655	32
六月份	635	994	-359	39	816	-777
七月份	1310	877	433	959	487	472
八月份	421	944	-523	565	375	190
九月份	474		474	1303	980	323
十月份	318		318	792	447	345
十一月	1393		1393	690	187	503
十二月						
合 计	6617	4694	1923	6051	5155	896

表7　一六五五年　　单位：人数

月份	去台湾	回大陆	留台湾			
一月份						
二月份						
三月份	766	403	363			
四月份	1235	378	857			
五月份	1102	1019	83			
六月份	450	777	-327			
七月份	970	222	748			
八月份	676	633	43			
九月份	1345	373	972			
十月份	326	595	-269			
十一月	163	76	87			
十二月						
合 计	7033	4476	2557			

根据上表统计数字，从一六三七年、一六三八年、一六三九年、一六四零年、一六四二年、一六四四年、一六四五年、一六四六年、一六四七年、一六四八年、一六五零年、一六五一年、一六五四年、一六五五年等有比较详细记载的十四年中，汉族人共去台湾人数八万一千八百九十一人，平均每年约去台湾五千八百四十九人。其中每年去台湾人数超过六千人的有五年，超过七千人的有二年，而一六四八年人数最多，高达一万一千余人。从月份来看，每月一千人以上有十五个月，一六四七年十二月去台湾二千一百七十八人，而一六四三年十二月去台湾达三千四百九十八人。

荷据时期汉族移民第一个特点是绝大部分是漳泉的闽南人，移出地集中在厦门、金门、烈屿、漳州海澄、泉州安海等地，同时还有福州和广东沿海，甚至还有从马尼拉，巴达维亚移居台湾的汉族移民，如一六四零年“8月15日有一艘中国人的戎克船载着21个中国难民从马尼拉逃来魍港”① 一六五一年“6月3日有一艘属于安海几个中国商人的戎克船从马尼拉来此入港（指大员港），搭103个中国人”②。同年“7月3日又有一艘戎克船从马尼拉来此地靠岸，搭78个中国人”③。同年“7月8日又有一艘很大的戎克船从马尼拉来此入港，搭有126个中国人。……7月15日又有一艘相当大的安海商人派出的戎克船从马尼拉来此入港，搭有80个中国人”④。仅七月份一个月就有二百八十四人从马尼拉到达台湾。此外还有从巴达维亚过来的中国移民，一六五一年“6月24日有一艘戎克船从巴达维亚来到此地，是由几个中国商人从那里派来此地的，搭19个中国人”⑤。6月26日“又有一艘大戎克船持总督阁下的通行证从巴达维亚来到此地，……搭有59个中国人”⑥。一六五四年八月十七日“今天也有一艘戎克船从巴达维亚来到此地，搭40个男人”⑦。

其次，在台湾移民史中首次出现大陆汉族移民妇女和儿童的记载。当时

---

① 江树生译注：《热兰遮城日志》第一册。台湾台南市政府发行，2000年版，第474页。
② 江树生译注：《热兰遮城日志》第三册。台湾台南市政府发行，2003年版，第218页。
③ 江树生译注：《热兰遮城日志》第三册。台湾台南市政府发行，2003年版，第227页。
④ 江树生译注：《热兰遮城日志》第三册。台湾台南市政府发行，2003年版，第229、230页。
⑤ 江树生译注：《热兰遮城日志》第三册。台湾台南市政府发行，2003年版，第223页。
⑥ 江树生译注：《热兰遮城日志》第三册。台湾台南市政府发行，2003年版，第224页。
⑦ 江树生译注：《热兰遮城日志》第三册。台湾台南市政府发行，2003年版，第382页。

除了男子移民台湾外，还有妇女和儿童一起乘船去台湾，说明有一些移民已是整家迁居台湾。大陆妇女最早移民台湾见于一六四六年到一六四七年已出现居住台湾的记载，当年六月二十日“有一艘戎克船从中国沿海来到沿海来到此地，搭75个人……上述戎克船也载3个中国妇女要来此地居住”①。到一六四八年来台的汉族移民中的妇女和儿童已越来越多，几乎每个月都可见到记载。如二月二十五日有两个妇女随船来到台湾，三月二日有一个妇女来台，四至九日有六个妇女来台，十一日又有一个妇女来台，二十四日有五个妇女来台，二十八日有十一个妇女和三个小孩来台，仅三月份已有二十六个妇女移民台湾②。其中妇女、儿童移民人数比较多的有一六四八年“5月15日有9艘戎克船从中国沿海来此入港，合计搭419个男人、31个女人和29个小孩”③。同年8月4日、5日两天“有一艘戎克船从中国沿海来此入港，搭45个男人、14个女人和26个小孩”④。同年9月2日、3日两天“有13艘戎克船从中国沿海来此入港，合计搭440个男人，其中有16个女人和7个小孩”⑤。从大陆来的妇女和小孩绝大部分居住在台湾岛内，只有极少数返回大陆，从《热兰遮城日志》中只找到一、二条妇女移民返回大陆的记载，如一六五零年的6月10日、11日“有3艘戎克船出航前往中国，合计搭180个男人和2个女人”⑥，这也说明她们中的大多数人是跟随男人移民台湾并定居台湾的。

第三个特点是台湾汉族移民的流动性大，在台湾永久定居的比例

并不高，大部分移民在台湾居住一段时间后又返回大陆，因此在《热兰遮城日志》中既有移民台湾的记载，同时也有许多返回大陆的记载，据以上表格统计，十四年间从台湾返回大陆的移民有五万一千九百三十四人，平均每年返回三千七百一十人左右，约占去台湾人数的百分之六十三。特别是大陆渔民，他们在台湾作短暂停留以后，又返回大陆，在下一年捕鱼季

---

① 江树生译注：《热兰遮城日志》第二册。台湾台南市政府发行，2002年版，第649页。
② 江树生译注：《热兰遮城日志》第三册。台湾台南市政府发行，2003年版，第1－26页。
③ 江树生译注：《热兰遮城日志》第三册。台湾台南市政府发行，2003年版，第43页。
④ 江树生译注：《热兰遮城日志》第三册。台湾台南市政府发行，2003年版，第69页。
⑤ 江树生译注：《热兰遮城日志》第三册。台湾台南市政府发行，2003年版，第83页。
⑥ 江树生译注：《热兰遮城日志》第三册。台湾台南市政府发行，2003年版，第138页。

节，再次赶回台湾捕鱼，这部分人从严格意义上讲不属于移民，但又确实有部分汉族渔民定居台湾或较长期在台湾居住。因此我们也把他们列入移民的统计数字。

二、分布在少数民族地区的汉族移民

移居台湾的汉族移民除部分居住在热兰遮城附近外，大部分散居岛内各少数民族生活的地区内。我们以热兰遮城为基点，分成热兰遮城周边各社和热兰遮城以南、以北、以东四个地区的汉族移民进行论述。

热兰遮城周边各社的汉族移民。热兰遮城周边各社主要是指新港、麻豆、萧垅、目加溜湾等各少数民族部落。早在荷兰人侵占台湾以前，已有大陆汉族移民定居此地，与当地少数民族共同相处，1623 年 9 月驻在澎湖的荷兰舰队司令雷约兹（Cornelis Reyersen）写给巴达维亚荷兰总督彼得·德·卡本特（Pieter de Carpentier）的信中说："有许多中国人住在大员"①。荷兰人还注意到"中国人每天都用 Wancan 船从大陆运盐卖给当地人"②。据荷兰人从萧垅村得到的消息，"此地中国移民超过一千甚至一千五百人。因当地人没有船只，这些中国移民就乘船沿台湾海岸到台湾各地做生意以获利"③。1624 年 9 月荷兰人占领台湾，在鲲身岛北端的高地上建筑城堡，不久，荷兰驻台湾长官宋克（Martinus Sonck）访问萧珑、新港、目加溜湾各社，了解各少数民族村社的情况，同年 12 月 12 日他写信给巴达维亚荷兰总督彼得·德·卡本特，提出统治这些村社的对策，"为了让我们能与当地土人及中国移民相处，我们一定要叫公司的年轻人学习当地语言及汉语，让青

---

① 1623 年 9 月 26 日，澎湖，司令官 Cornelis Reyersen 致总督 Pirter de Carpentier 函。包乐史等编：《台湾人的遭遇：台湾原住民社会的纪录（选自荷兰档案馆文件资料）》第一册，顺益台湾原住民博物馆出版社，1999 年版，第 4 页。

② 1623 年位于 Liaqueo Pequeno 岛上 Soulang 村子的详细情况。包乐史等编：《台湾人的遭遇：台湾原住民社会的纪录（选自荷兰档案馆文件资料）》第一册，顺益台湾原住民博物馆出版社，1999 年版，第 14 页。

③ 1623 年位于 Liaqueo Pequeno 岛上 Soulang 村子的详细情况。包乐史等编：《台湾人的遭遇：台湾原住民社会的纪录（选自荷兰档案馆文件资料）》第一册，顺益台湾原住民博物馆出版社，1999 年版，第 21 页。

年人尽快学起来"① 从宋克要求荷兰的年轻人学习少数民族的语言和汉语，可以看出萧垅、新港、目加溜社已有相当多的汉族移民。同时，宋克还在这些村社看到"大约有一百艘渔船在这里捕鱼，许多中国人随船到这里，他们已深入到岛的内陆地区购买鹿皮和鹿肉，以便运到中国去"②。1625 年 9 月有三艘中国商船停泊在麻豆社的河口，这些到麻豆社经商的中国海商"甚至住在当地人的房子里"③。据第二任荷兰驻台湾长官韦特（With）向巴达维亚荷兰总督彼得·德·卡本特报告，1626 年初又有三个中国商人在麻豆社，"这三个人一直住在他们的房子里，我们告诉他们我们不愿看到这种情况，他们应把中国人赶出去，同时我们派 Orangie 号船及 20 名船员到河上巡逻。如有机会的话，对中国海盗发动攻击，但海盗作战英勇，我们只好撤退，这样就使我们与村民的关系淡化"④。由此可见，这三个中国商人已在麻豆社居住比较长时间，与麻豆社民建立比较深的感情，因此当荷兰人要赶走中国商人时，才会引起当地居民的不满，从而淡化与麻豆社少数民族的关系。除了从事渔业、商业活动的中国人外，还有一批移民在萧垅、新港、麻豆、目加溜湾等村社附近开垦土地，从事农业生产，由于汉族移民侵犯了当地社民的利益，引起他们的不满，如 1643 年新港社等少数民族"抱怨中国人开垦的土地太接近他们的村社"⑤ 荷兰人不得不作出决议，从 1644 年开始，在一年内不允许汉族移民继续开垦土地，这一规定通过张贴布告让汉族移民和当地少数民族知道，但是荷兰人又不愿意放弃从汉族移民开垦土地中获取利益，口头指示商人 Cornelis Caesar 去了解当地少数民族的看法，这

① 1624 年 大员 Martinus Sonck 长官致致总督 Pirter de Carpentier 函。包乐史等编：《台湾人的遭遇：台湾原住民社会的纪录（选自荷兰档案馆文件资料）》第一册，顺益台湾原住民博物馆出版社，1999 年版，第 36 页。

② 1624 年大员 Martinus Sonck 长官致致总督 Pirter de Carpentier 函。包乐史等编：《台湾人的遭遇：台湾原住民社会的纪录（选自荷兰档案馆文件资料）》第一册，顺益台湾原住民博物馆出版社，1999 年版，第 36 页。

③ 1623 年 2 月 3 月 福尔摩萨 一般信件。包乐史等编：《台湾人的遭遇：台湾原住民社会的纪录（选自荷兰档案馆文件资料）》第一册，顺益台湾原住民博物馆出版社，1999 年版，第 47 页。

④ 1626 年 大员 Gerrit Frederricksz de Witt 长官致总督 Pirter de Carpentier 函。包乐史等编：《台湾人的遭遇：台湾原住民社会的纪录（选自荷兰档案馆文件资料）》第一册，顺益台湾原住民博物馆出版社，1999 年版，第 48 页。

⑤ 1644 年 10 月 31 日 大员 会议决议。包乐史等编：《台湾人的遭遇：台湾原住民社会的纪录（选自荷兰档案馆文件资料）》第二册，顺益台湾原住民博物馆出版社，2000 年版，第 493 页。

个商人召集新港等各社的首领听取意见，然后报告说："新港人和 Tavocan 人因他们土地很少，要求中国人被完全禁止在他们村社附近进行开垦。而其它三个村社拥有比较多的土地，可以允许中国人继续在那里开垦，条件是中国人要从他们自己耕种的土地中后退，并且永远不再侵占他们的土地"。根据少数民族的意见，议会作出决议通知汉族移民不要在新港和 Tavocan 社附近开垦，只允许他们收获以前地里的作物，但时间最长只能到明年四月，在此之后还想从事耕种的移民必须迁到 Saccam 去，"其它移民可以暂时留在村子里用其它方式谋生"①。从这些材料反映出有许多汉族移民在热兰遮城周边的各社从事农耕生产。

热兰遮城南部各社的汉族移民。琅乔（Lonckjouw）是台湾南部较大的少数民族部落，包括十六个村社，西部与 Pangzoya 相领，东部与 Pimaba 社相连，是进入台东地区的主要通道之一，当时一些汉族移民通过此地到台东与各少数民族部落进行商品交易活动，为了能顺利进入台湾东南部地区，"在（台岛）东边山地进行贸易的中国人要向 Lonckjouw 的头人送礼，一方面是因为需要淡水，另一方面他们还可以在发生事情时得到当地人的保护"②。其中有一部分汉族移民居住在 Lonckjouw 各社从事捕鱼或商贸活动，1642 年一些汉族渔民住在 Pangsoya 附近捕鱼，因与当地居民发生矛盾，引起争议，"使 Lonckjouw 头人带领族人杀死四名中国渔民"③。1643 年 6 月 4 日荷兰人 Caiiocalle 从 Lonckjouw 返回大员，他报告说："当他 6 月 1 日到达 Lonckjouw 附近的海湾时，遇到了所有在 Lonckjouw 的奴隶和两名带着两筐 cangans 的中国人在附近的村社进行鹿皮的交易"④。在热兰遮城东南方向的海上有一个小岛，称为小琉球岛，岛上居住小琉球人，他们在此地生生息

① 1644 年 10 月 31 日 大员 会议决议。包乐史等编：《台湾人的遭遇：台湾原住民社会的纪录（选自荷兰档案馆文件资料）》第二册，顺益台湾原住民博物馆出版社，2000 年版，第 493 页。

② 1636 年 4 月 22 日 尤纽斯（Robertus Junius）给荷兰长官汉斯 . 普特曼斯（Hans Putmans）的信。包乐史等编：《台湾人的遭遇：台湾原住民社会的纪录（选自荷兰档案馆文件资料）》第二册，顺益台湾原住民博物馆出版社，2000 年版，第 62 页。

③ 1643 年 1 月 8 日 大员 议会的决定 包乐史等编：《台湾人的遭遇：台湾原住民社会的纪录（选自荷兰档案馆文件资料）》第二册，顺益台湾原住民博物馆出版社，2000 年版，第 335 页。

④ 1643 年 6 月 13 日 中士 Christiaen Smalach 给议长 Maximiliaen Lemaire 的信 包乐史等编：《台湾人的遭遇：台湾原住民社会的纪录（选自荷兰档案馆文件资料）》第二册，顺益台湾原住民博物馆出版社，2000 年版，第 335 页。

息，过着简单而和平的生活，自从荷兰人占领台湾以后，对居住在岛上的少数民族多次进行讨伐，他们大肆杀人放火，抢夺财物，给小琉球人造成很大的灾难，但是，租赁小琉球土地的汉族移民与当地人和平相处，据一位到过小琉球的商人说“租下小琉球并在那里居住的中国人经常与残留的小琉球人对话”，甚至有的还与小琉球女孩结婚生子，“在一个中国人的房子内，发现一个小琉球的女孩，她在那里住了两年，并和一个中国人结婚”①，当荷兰人入侵时，他们为小琉球人通风报信，如1643年6月2日荷兰军官少尉Jurriaen Smith由两名士兵带路上小琉球岛，在岛上遇到三名勇敢的琉球人，他们说：“已从中国人那里得知我们到达的消息”②，大部分人已躲藏起来。因此，当荷兰军官少尉与小琉球人Pieter进入树林，却没有遇到一个人。除了琅乔、小琉球岛之外，南部各社均散布着一些汉族移民，我们从荷兰驻台湾长官法兰科斯．卡郎（Francois Caron）给商人Antony B0ey的指示中可以看到在南方村社从事各种职业的汉族移民。这位荷兰商人Antony Boey是作为行政管理者到南方各村社巡视的，当他到达南方JacKam、Tancoya村社时，在Tamsuy河岸及出海口附近发现有“沿着海边捕鱼的中国人，在那里伐木的中国人和约30名在Swatalauw等田野上捕鹿的中国人，在南部从事耕种的25名中国农民和被允许在这一地区从事贸易活动的中国人”③。这位荷兰商人兼任行政管理者，荷兰长官要求他在北部季风时期，道路比较干燥好走，每个月要去各社巡视二次，而在南部季风时至少每个月要去巡视一次，“这样才能对当地居民有及时监管”④。由于荷兰商人每月要去南部各社

① 1642年12月28日1643年2月11日 热兰遮城日志节选 关于小琉球 包乐史等编：《台湾人的遭遇：台湾原住民社会的纪录（选自荷兰档案馆文件资料）》第二册，顺益台湾原住民博物馆出版社，2000年版，第342、348页。

② 1642年12月28日1643年2月11日 热兰遮城日志节选 关于小琉球 包乐史等编：《台湾人的遭遇：台湾原住民社会的纪录（选自荷兰档案馆文件资料）》第二册，顺益台湾原住民博物馆出版社，2000年版，第342、348页。

③ 1644年12月13日 长官Francois Caron给商人Antony Boey的指示 包乐史等编：《台湾人的遭遇：台湾原住民社会的纪录（选自荷兰档案馆文件资料）》第二册，顺益台湾原住民博物馆出版社，2000年版，第510页。

④ 1644年12月13日 长官Francois Caron给商人Antony Boey的指示 包乐史等编：《台湾人的遭遇：台湾原住民社会的纪录（选自荷兰档案馆文件资料）》第二册，顺益台湾原住民博物馆出版社，2000年版，第510页。

巡视一至二次，因此他看到的汉族移民的情况是比较可信的。

热兰遮城北部各社的汉族移民。住在北部各社的汉族移民除了与南部汉族移民从事相同的职业如捕鱼、狩猎、经商以外，还有一些人从事烧石灰的简单矿物加工业，1635 年 11 月 18 日荷兰人与麻豆人订立条约时，对住在麻豆社以北的 Wancan 社的汉族移民有条文规定，即“所有住在 Wancan 或其它地方烧石灰的中国人以及为了进行鹿皮交易而需要穿过低地的中国人，我们都要在任何方向给予通行，任何隐藏在附近的中国海盗、荷兰逃亡者、逃跑的奴隶，我们不能提供帮助，并应在要求下把他们送往城堡”① 尽管这是荷兰人与麻豆社订立的条约，但从条文中透露出有烧石灰的工人、捕鹿的猎人以及经商的海盗等各类汉族移民生活在麻豆社北边的 Wancan 社及其他各社。Wancan 是靠近海边的地方，因此还有一些汉族移民在此地以捕鱼为生，1634 年 11 月 9 日荷兰议会作出决议“因为在 Wancan 烧石灰与捕鱼的中国人，以及在赤嵌农地耕种的中国人，遭受麻豆人与萧垅人很大的骚扰，决定要发准照给他们，使他们不受妨碍地从事他们的工作”②。1636 年 10 月 2 日荷兰人又有记载“因为一些 Vavorolangh 的居民对在 Wancan 捕鱼的中国人有敌意，同时还有谣言说他们计划反对我们在 Wancan 的防御工事，议会觉得有必要给他们一点教训”③ 从荷兰议会的决议文中，我们看到的确有一些汉族移民在 Wancan 从事捕鱼活动。在 Wancan 附近的 Vavorolangh 也是汉族移民比较集中的地区，1637 年 6 月 13 日据荷兰人 Eynden 报告：Vavorolangh 村社尽管表示服从荷兰人的统治，但最近又“攻击在当地生活的中国渔民、猎人和烧石灰者，这些汉人都有公司的执照”④。1640 年 1 月 28 日荷兰海军少尉 Thomas Pedel 从 Wancan 发来的信说“了解到 Davolee（一个离 Vavorolangh 约 15 英里的小村）的住民把在 Vavorolangh 田野上捕鹿的中国人

① 1635 年 11 月 18 日 台湾长官与麻豆社头人订立的条约 包乐史等编：《台湾人的遭遇：台湾原住民社会的纪录（选自荷兰档案馆文件资料）》第二册，顺益台湾原住民博物馆出版社，2000 年版，第 16 页。

② 江树生译注：《热兰遮城日志》第一册。台湾台南市政府发行，2002 年版，第 189 页。

③ 1636 年 10 月 2 日 议会决议 包乐史等编：《台湾人的遭遇：台湾原住民社会的纪录（选自荷兰档案馆文件资料）》第二册，顺益台湾原住民博物馆出版社，2000 年版，第 102 页。

④ 1637 年 6 月 13 日 热兰遮城日志 包乐史等编：《台湾人的遭遇：台湾原住民社会的纪录（选自荷兰档案馆文件资料）》第二册，顺益台湾原住民博物馆出版社，2000 年版，第 153 页。

都赶跑了"①。从上可见，在 Vavorolangh 社生活着一批渔民、捕鹿的猎人和烧石灰的汉族移民。从 Vavorolangh 再往北一直到台北地区各少数民族村社均有汉族移民在活动。据西班牙人的记载，在淡水 Tamsui 附近"汉人正在建立一个他们自己的小村庄（八联 parian）汉人会陆续前来垦地，种甘蔗，人数肯定会继续增加。汉人甚至表示今年他们会多给日本佃农土地耕种，而不向他们收取额外租金，对日本农夫来说，他们在日本收获的稻米和水果，需要付六成税给皇帝，他们在日本受到迫害，但是在此地受到欢迎"②。从西班牙史料反映出台北淡水一带已有相当多的汉族移民在开垦土地种植甘蔗，才能把多余的土地出租给日本人耕种。此外还有一部分汉族移民到台北从事贸易活动，1631 年"通常有 20、25 或 30 艘中国船载运丝、cangan 布匹、面粉和其他货品到鸡笼交易"③。

热兰遮城东部各社的汉族移民。指分布在热兰庶城以东及台东的大陆汉族移民，他们要到台湾岛东部山地各少数民族村落，一般要经过琅乔地区才能绕道到东部，为此要先向琅桥部落头人送礼，这样做"一方面是因为需要淡水，另一方面他们（指汉人）还可以在发生事情时得到当地人的保护，要和当地人议和的原因是可以使通往找到金子的地方的路（指到台东的路）可以畅通"④。除从琅乔进入台东之外，还有一部分汉族移民从台湾中部翻越高山进入东部，荷兰人在途经此路时遇到这些汉族移民，1639 年 5 月 11 至 21 日荷兰下级商人 Maerten Wesselingh 经由台湾中部山脉，去探险台湾东部海边的日记中写道：14 日我们离开 Duckeduck 前往小 Taccareyang，我们又很迟到达此地。我们休息后问一个中国人是否知道绕过山的道路，他给我们肯定的答复。我请求他为我们带路并付给他钱，"他表示明天会陪我们去

① 1640 年 1 月 28 日 Joan van der Burch 给巴城总督 Anthonio van 包乐史等编：《台湾人的遭遇：台湾原住民社会的纪录（选自荷兰档案馆文件资料）》第二册，顺益台湾原住民博物馆出版社，2000 年版，第 153 页。

② 1632 年福尔摩莎岛传教综合报告。伯饶尔编：《西班牙人在台湾 1582－1641》第一册，台湾南天书局有限公司，2001 年版，第 185 页。

③ 1631 年荷兰人有关西班牙人在台湾岛北部的资讯。伯饶尔编：《西班牙人在台湾 1582－1641》第一册，台湾南天书局有限公司，2001 年版，第 148 页。

④ 1636 年 4 月 22 日尤纽斯给普特曼斯的信 包乐史等编：《台湾人的遭遇：台湾原住民社会的纪录（选自荷兰档案馆文件资料）》第二册，顺益台湾原住民博物馆出版社，2000 年版，第 63 页。

Tarroquan，在那里有更多的中国人，那个村社距离我们向上走的路很近，我们对前景很满意，并在中国人住的地方过夜”①。由于汉族移民比较长期住在台东各社，对各地的物产尤其是东部产金的情况比较了解，当荷兰人要到台东去寻找金子时不得不从当地的移民那里了解情况，1641 年 2 月 1 日荷兰商人 Maerten Wesselingh 前往东部 Pimaba 和产金的村社，他曾一度到距离 Quelang 有半天路程的地方去探险，但没有发现金矿的确切位置，只遇到一些佩戴着薄金片的人，并拿出一些样品，他询问这些金子的来源，他们指着一座山说在那里居住一个人，是这个人为他们打制佩戴的薄金片，但他们说没有路通向那个地方，也没有人去过，后来这位荷兰商人从一名叫 Thosin 的中国人那里得到证实，“此中国人告诉我们 Quelang 的 Castilian 人每年都用约值四里尔的银子交换约一里尔的纯金子，金子是由 Cauwelangh 山里的居民拿到 Quelang 的”②。同年 6 月份这个中国人再次报告说，Cauwelangh 山地住民确实一年两次下山到 Quelang，目的是卖他们的金子，此位中国人还报告说每次这些人来，都带来大约重 3000 里尔的金子，“据此中国人说从这些人身上还能得到银子，而且据说小额数量的金子可以在 Takelis 或者 Lilauw 附近流入大海的河口沙滩上找到。在那个地方，被河流冲刷下来的金子可以在沙滩上发现，当地人用小篮子和木盘收集到一些”③，如果这位汉族移民不是长期居住在此地，没有长期与当地少数民族打交道，是不可能那么详细地了解台东出产金子及金银交换的情况，由此可知，确实有一部汉族移民已到达台东各少数民族村社，并长期在那里生产生活。

---

① 1639 年 5 月 11 日至 21 日 下级高商人 Maerten Wesselingh 前往东部海边的日记 包乐史等编：《台湾人的遭遇：台湾原住民社会的纪录（选自荷兰档案馆文件资料）》第二册，顺益台湾原住民博物馆出版社，2000 年版，第 233 页。

② 1641 年 10 月 30 日 长官 Paulus Traudenius 给阿姆斯特丹议院的信 包乐史等编：《台湾人的遭遇：台湾原住民社会的纪录（选自荷兰档案馆文件资料）》第二册，顺益台湾原住民博物馆出版，2000 年，第 272 页。

③ 1642 年 6 月 28 日 巴城总督 Anthonio van Diemen 给长官 Paulus Traudenius 的信 包乐史等编：《台湾人的遭遇：台湾原住民社会的纪录（选自荷兰档案馆文件资料）》第二册，顺益台湾原住民博物馆出版社，2000 年版，第 297 页。

三、汉族移民与少数民族的和谐与矛盾

汉族移民与少数民族关系比较复杂，既相互帮助，互相支持，共同开发台湾，反抗荷兰人的殖民统治。又相互猜疑，争夺生产生活资源的斗争，甚至受荷兰殖民者挑拨离间而相互残杀。

汉族移民与少数民族的和睦相处。早在荷兰人占领台湾以前，汉族移民已经到达台湾从事商业贸易、农业开垦、捕获野鹿和捕鱼等活动，他们与当地少数民族和睦共处，共同开发台湾。当荷兰人踏上台湾岛时，发现“中国移民种植他们带来的水果树种，如橙、桔子、西瓜、香蕉等”①。在劳动中他们与少数民族建立良好的关系，以至于引起荷兰人的妒忌，“我们希望经过一段时间后，能把他们（指台湾少数民族）对中国移民的好感移到我们这边来”②“其目的在于适当时机，把他们与中国人做的鹿皮交易转到我们这边来”，从此挑拨他们之间关系。

由于荷兰人侵犯了汉族移民和少数民族的利益，破坏了他们原来和睦共处的生活，激起他们的共同抗击，原来的情况是“当地土人如女人耕田、播种、纺线，男人则从事打仗”，中国商人向他们收购鹿皮、鹿肉干等，而卖给他们盐、布匹、农具等生活生产用品，荷兰人的入侵打破这种交易方式，引起中国商人的强烈不满，“他们试图挑动土人与我们作对，因为他们怕我们也做鹿皮、鹿肉、鱼贸易，从而抢了他们的生意，我们知道，这里每年产有二十万张鹿皮，数量极多的鹿肉干和鱼干，这些东西能为我们提供许多物质供应”③。汉族移民的反抗得到少数民族的同情和支持，1625 年 12 月

---

① 1624 年 11 月 4 日 Pieter Jansz. Muyser 致总督 Pieter de Carpentier 的函 包乐史等编：《台湾人的遭遇：台湾原住民社会的纪录（选自荷兰档案馆文件资料）》第一册，顺益台湾原住民博物馆出版社，2000 年版，第 32 页。

② 1624 年 11 月 5 日 Martinus Sonck 长官致总督 Pieter de Carpentier 的函 包乐史等编：《台湾人的遭遇：台湾原住民社会的纪录（选自荷兰档案馆文件资料）》第一册，顺益台湾原住民博物馆出版社，2000 年版，第 34 页。

③ 1625 年 4 月 9 日 Martinus Sonck 长官的有关情况 包乐史等编：《台湾人的遭遇：台湾原住民社会的纪录（选自荷兰档案馆文件资料）》第一册，顺益台湾原住民博物馆出版社，2000 年版，第 42 页。

20日荷兰指挥官Gerrit Fredericksz de Witt写给住在Wancan村的Packan号和Orangie号船长的信中提醒道："今日收到你们19日信，我知道你们在麻豆村和中国海盗船发生冲突，但你们不能靠近他们的船，因为中国人在河流的狭窄处打上木桩，并且我们担心麻豆村民会帮助中国人"①。后来的事实也确实证明麻豆村村民掩护了汉族移民，1630年3月份荷兰长官Putmans带领一批最擅长打仗的士兵赶到麻豆村，"目的是搜查住在Baccaluan村的叫Hoytche Cabessa的中国人（我们怀疑此人是杀死我们63名士兵的策划者，此谋杀是不久前麻豆村和Baccaluan村的村民干的）"，并寻找一名最近住在麻豆村的Bandanese逃亡者，长官很希望能抓到这两个人，但当长官一行人赶到Baccaluan村叫Hoytche Cabessa的中国人住的房子时，假装要请此中国人做饭，房主人回答说Hoytche Cabessa已到麻豆村去了，当他们赶到麻豆村打听此人的去向时，有人说他现在住在一所新建的房子里，新房子距离旧房子不到一英里路，于是长官一行人又赶到新房子那里去，命令把此人交出来，否则要放火烧掉新房子，就如以前把村子里烧掉旧房子一样，"房主人说此人早已跑掉了"②，使荷兰长官又扑一个空，在少数民族的掩护下荷兰人始终没有抓到这个汉族移民，可见他与当地少数民族的关系是何等的密切。除了这个例子之外，最典型的例子是新港村和麻豆村的少数民族多次掩护汉族商人。1634年4月11日荷兰人接到情报说：海盗（指中国海商）已在Jockan附近的河岸乘坐平底船上岸了，麻豆村的人已跟海盗联系，他们要和海盗联合起来，攻占我们的城堡，把新港人和荷兰人赶走。其实，不仅麻豆村的人要与中国海商联合起来，实际上新港人也并不与荷兰人站在一起，4月12日Junius牧师写给Putmans长官的信中说本来要动员新港村和Baccaluan村的村民与荷兰一起攻打中国海商，"我们对这些村子的人已做了许多工作，我们也高兴地看到这些村民已有了与我们和好的迹象，但我们白等了他们的和好"，最终的结果使荷兰人不得不承认"我们（指荷兰人）尽

① 1625年12月20日指挥官Gerrit Fredericksz de Witt写给住在Wancan村的Packan号和Orangie号船长的信，包乐史等编：《台湾人的遭遇：台湾原住民社会的纪录（选自荷兰档案馆文件资料）》第一册，顺益台湾原住民博物馆出版，2000年版，第46页。

② 1630年4月17日热兰遮城日志，包乐史等编：《台湾人的遭遇：台湾原住民社会的纪录（选自荷兰档案馆文件资料）》第一册，顺益台湾原住民博物馆出版社，2000年版，第175－176页。

力说服原住民与海盗对抗，我们无法说服麻豆村打击海盗，因为当地人都说他们同情海盗”①。新港村的村民也同样对荷兰人采取消极应付的态度，尽管荷兰人每天要新港人出去寻找中国海商的下落，但“我们认为新港人找海盗不卖力”。在麻豆村和新港村村民的掩护和帮忙下，中国海商安全地在热兰遮城附近的几个少数民族村庄活动。

由于汉族移民与台湾少数民族长期和睦相处，逐步取得他们的信任，在少数民族与荷兰人的谈判中不仅充当翻译，还代表他们与荷兰人进行交涉，1641 年 12 月 10 日尤纽斯给长官 Paulus Traudenius 的信中说“晚上一名中国人作为 Dovalee 的所有村社的代表出现在萧珑，他说 Dovalee 人打算缔结和平条件，所以他们愿意前来与公司谈判，并郑重要求一根公司的权杖作为提供他们保护的象征”。信件接着写道“昨天是星期一，两名中国人再次前来，拿着我前次寄给你的两只箭（安全的标志）。他们是作为 Zamkin 和 Kalakiou 两社的使者前来的。这两个村社位于 Gielim 的北部，和前面提到的 Dovalee 社一样，这两社的居民也要求公司的权杖并愿意签订和平条约”②。这几位汉族移民既然能作为 Dovalee、Zamkin 和 Kalakiou 三社的使者与荷兰人谈判，说明他们与当地少数民族的关系相当密切，同时在少数民族中已有了一定的威望。

汉族移民与少数民族的矛盾与冲突。台湾的少数民族与大部分汉族移民是和睦相处的，但在争夺生产和生活资源中难免发生一些矛盾和争夺，有时这种争夺还相当激烈。1633 年 11 月一批汉族渔民在 Wancan 村附近捕鱼时，Wancan 部分村民“扰乱中国渔民，抢走他们的东西，更为严重的是剪掉其中一个中国渔民的头发，把头发作为胜利的象征”③。1635 年 2 月在 Wancan

---

① 1634 年 4 月 12、14 日 Reverend Robertus Junius 牧师致 Putmans 长官信，包乐史等编：《台湾人的遭遇：台湾原住民社会的纪录（选自荷兰档案馆文件资料）》第一册，顺益台湾原住民博物馆出版社，2000 年版，第 235 至 237 页。

② 1641 年 12 月 10 日尤纽斯给长官 Paulus Traudenius 的信，包乐史等编：《台湾人的遭遇：台湾原住民社会的纪录（选自荷兰档案馆文件资料）》第一册，顺益台湾原住民博物馆出版社，2000 年版，第 275 页。

③ 1633 年 11 月 25 日尤纽斯给至 Putmans 长官的信，包乐史等编：《台湾人的遭遇：台湾原住民社会的纪录（选自荷兰档案馆文件资料）》第一册，顺益台湾原住民博物馆出版社，2000 年版，第 223 页。

村再次发生麻豆村民攻击汉族移民的事件，“几个中国移民在 Wancan 村为我们公司烧石灰时，麻豆村民把我们发给中国移民的许可证抢去，把许可证撕成碎片后扔掉”① 尤其是麻豆村的头领 Taccaran 还勒索中国商人的钱财，“他为了商品许可证和某些商品，对住在 Wancan 村从事渔业和贸易业生意的中国商人勒索钱财，对那些经常到岸上做生意的人也不放过，他还对那些看来无钱财的人进行威胁和殴打”②，Taccaran 的这种威胁和殴打的勒索行为，给当地汉族移民造成很大的不安和困扰。更为严重的还出现打死汉族移民的事件，1638 年 10 月 25 日大员议会收到从 Vavorolangh 寄来的信件，信中说“他从村民处得知一些土著人诱抓了 10 名正在 Vavorolangh 的土地上捕猎的中国人，其中七名中国人受伤，三人被箭射死，后来我们从受伤的中国人处进一步证实了这一消息，但他们只知道此暴力行为是由当地土著所为，但不知道这些罪犯是从海上来的，还是 Vavorolangh 的武士所为，我们还得知所有的捕猎者都离开了 Vavorolangh 的土地而跑到了 Wancan”③。1640 年 1 月份在 Davolee 村也发生打死汉族移民的命案，“他们打死了两名中国人，并把其余的中国人从 Vavorolangh 的田野上赶跑”，到此年三月份 Davolee 村的人“还继续在 Vavorolangh 的田野上殴打和驱赶中国猎人”④。1642 年在台湾南部的 Lonckjouw 村同样也发生少数民族杀害汉移族移民的事情，“Lonckjouw统治者的一些属民杀死了四名中国人（这些中国人得到公司的许多在 Pangsoya 附近捕鱼）”⑤。由于汉族移民屡遭少数民族的杀害，激起了汉

① 1635 年 2 月 20 日 Putmans 长官致总督 Hendrick Brouwer 的信，包乐史等编：《台湾人的遭遇：台湾原住民社会的纪录（选自荷兰档案馆文件资料）》第一册，顺益台湾原住民博物馆出版社，2000 年版，第 268 页。

② 1633 年 3 月 10 日至 7 月 23 日 Nicolaes Couckebacker 所做的决议，包乐史等编：《台湾人的遭遇：台湾原住民社会的纪录（选自荷兰档案馆文件资料）》第一册，顺益台湾原住民博物馆出版社，2000 年版，第 207 页。

③ 1638 年 10 月 25 日大员议会决议，包乐史等编：《台湾人的遭遇：台湾原住民社会的纪录（选自荷兰档案馆文件资料）》第二册，顺益台湾原住民博物馆出版社，2000 年版，第 216 页。

④ 1640 年 3 月 20 日 Paulus Traudenius 给巴城总督 Anthonio van Diemen 的信，包乐史等编：《台湾人的遭遇：台湾原住民社会的纪录（选自荷兰档案馆文件资料）》第二册，顺益台湾原住民博物馆出版社，2000 年版，第 216 页。

⑤ 1642 年 12 月 15 日至 1643 年 1 月 8 日议会的决定，包乐史等编：《台湾人的遭遇：台湾原住民社会的纪录（选自荷兰档案馆文件资料）》第二册，顺益台湾原住民博物馆出版社，2000 年版，第 333 页。

族移民和少数民族之间的矛盾，在荷兰人的挑泼和唆使下有一部分汉族移民参加对少数民族的围剿。1641 年 11 月 20 日荷兰军队讨伐 Vavorolangh 村和 Davolee 村，出动 280 名士兵、100 名水手和工匠，还有一批军官，“总共约有 400 名荷兰人乘坐超过 300 名中国船员驾驶的 74 艘中国舢板向 Wancan 进军”，第二天到 Poncan 河，再向上航行约二英里后，在岸边建立桥头堡，拖上舢板和部分弹药，留下 20 名强壮的士兵作为守卫，“随后让 150 名中国人帮助扛着供给品和弹药，与我们一起前进，剩余的中国人则与留守的士兵和舢板在一起”，11 月 24 日开始进攻 Davolee 村，杀死了 30 多人，烧毁了村社，砍倒所有的果树，接着又进攻 Vavorolangh 村“几乎完全烧毁了此社”①，在这次荷兰人围剿 Vavorolangh 村和 Davolee 村的战斗中，部分汉族移民充当了荷兰人的帮手。第二年 1 月荷兰长官 Paulus Traudenius 率领 353 名的军士前往台湾东部讨伐 Tammalaccauw 村，1 月 11 日从大员出发，24 日遭遇 laccauw 武士的伏击，经过激烈的战斗，荷兰人杀死 27 名村民，“第二天，尽管敌人们进行了顽固的抵抗，他们位于高山上的整个村社被毁掉了”②。在这次攻打台湾东部 Tammalaccauw 村时，又有 110 名汉族移民参加，扮演了不光彩的角色。汉族移民为什么会与少数民族发生矛盾和冲突，这是多方面原因造成的，首先，是汉族移民的开垦或捕猎等活动侵犯了少数民族的属地，引起他们的不满，造成了矛盾冲突，如新港村民的“女人如没有在田里干活或没有酿酒时，他们就划舢板船下海去抓鱼、虾、牡蛎、螃蟹等，他们认为这些水产品是仅次于稻米的食物”③，可见鱼虾等水产品是他们主要食物来源，汉族移民捕捞技术又比少数民族好，大量捕获水产品必然会冲击少数民族的生活，1636 年 10 月在新港的 Junius 牧师与两名村社长

① 1641 年 12 月 22 日 Paulus Traudenius 给巴城总督 Anthonio van Diemen 的信，包乐史等编：《台湾人的遭遇：台湾原住民社会的纪录（选自荷兰档案馆文件资料）》第二册，顺益台湾原住民博物馆出版社，2000 年版，第 279 页。

② 1642 年 3 月 16 日 Paulus Traudenius 给巴城总督 Anthonio van Diemen 的信，包乐史等编：《台湾人的遭遇：台湾原住民社会的纪录（选自荷兰档案馆文件资料）》第二册，顺益台湾原住民博物馆出版社，2000 年版，第 281 页。

③ 1628 年 12 月 27 日 Candidius 牧师的谈话摘要，包乐史等编：《台湾人的遭遇：台湾原住民社会的纪录（选自荷兰档案馆文件资料）》第一册，顺益台湾原住民博物馆出版社，2000 年版，第 115 页。

老开船出去时，遇到一名中国人正在离该村不远的河里捕鱼，当他们乘小船回来时，又遇到另一名汉族渔民，问他为什么不在该村河里捕鱼，他说“新港人不高兴，因为认为此河是属于他们捕鱼的地方”，“新港人希望中国人能被禁止在此河捕鱼”①。少数民族不仅反对汉族移民在他们属地内捕鱼，更反对在他们村落或周围开垦，因稻米已成为他们更主要的食物，特别是热兰庶城周边的村落，1644 年荷兰议会决定，“由于萧垅、新港、Bacaluan、麻豆、Tavocan 等社住民抱怨中国人开垦的土地太接近他们的村社，我们决定从现在起一年内不允许中国人开垦土地”，后来经过调查，“主要是新港人和 Tavocan 人（因为他们的土地很少）要求中国人被完全禁止在他们村社附近开垦，但是其它三个村社可以允许中国人继续在那里开垦，条件是中国人要从他们自己耕种的田地中后退，并且永远不再侵占他们的土地”② 由此可见，土地资源的争夺已成为汉族移民和当地少数民族的主要冲突根源。其次，汉族移民与少数民族的矛盾和冲突的另一个主要原因是荷兰人实行分而治之政策所引起的。荷兰人为了巩固在台湾的殖民统治既需要汉族移民从大陆运来各种生活用品和与日本、东南亚交易的商品，需要汉族移民捕获鹿的鹿皮、鹿肉和水产品，需要汉族移民开垦荒地，种植稻米和甘蔗，供其食用和出口贸易，因此不反对汉族移民，甚至鼓励汉族移民台湾。但同时又担心汉族移民与少数民族联合起来反抗他们的殖民统治，这种担心在他们还未踏上台湾本岛就存在着，1623 年 9 月 26 日司令官 Cornelis Reyersen 从澎湖写给 Pieter Carpentier 总督的信中说“许多人住在大员，他们会煽动土人与我们作对，这对我们很不利”③。1624 年荷兰人刚踏上台湾本岛，遇到少数民族的激烈抵抗，“他们用镖枪、弓箭猛烈攻击我们，我们只好拿起武器还击，后来我们只好撤回船上，上船时我们有 3 人被打死，其中两人是士兵，

① 1636 年 10 月 22 日 Junius 牧师从新港给 Putmans 长官的信，包乐史等编：《台湾人的遭遇：台湾原住民社会的纪录（选自荷兰档案馆文件资料）》第二册，顺益台湾原住民博物馆出版社，2000 年版，第 129 页。

② 1644 年 10 月 31 日 议会决议，包乐史等编：《台湾人的遭遇：台湾原住民社会的纪录（选自荷兰档案馆文件资料）》第二册，顺益台湾原住民博物馆出版社，2000 年版，第 493 页。

③ 1623 年 9 月 26 日 澎湖 Cornelis Reyersen 写给 Pieter Carpentier 总督的信，包乐史等编：《台湾人的遭遇：台湾原住民社会的纪录（选自荷兰档案馆文件资料）》第一册，顺益台湾原住民博物馆出版社，2000 年版，第 4 页。

一个是助手，在战场另一边，我们有 4 人被打死，7 人严重受伤”，对于这次少数民族的抵抗，“我们（指荷兰人）认为是中国人挑拨引起的…今后无论我们到那里，只要那里有中国人做生意，我们就得小心”①。因此，荷兰人占领台湾以后处处防止汉族移民与少数民族的亲密接触，实行分而治之的两种统治政策②，甚至挑拨他们之间的关系。1642 年荷兰长官 Paulus Traudenius 向议会报告说“过去几年住在大员北部和南部较偏远的台湾原住民村社中的很多中国人对公司有破坏行为，目前中国人几乎每天都会带来不愉快的结果，中国人不仅知道如何利用土著，还知道如何离间荷兰人与土著之间的关系，…现在情况已清楚了，中国人变成对公司在台湾统治有害，他们很多人与土著妇女结婚生子，而且他们很容易在村社中获得权力，以实现他们的愿望”③ 为了离间汉族移民与少数民族的亲密关系，荷兰议会做出四条决议：第一条，任何中国人，不论是何身份，出于何种原因，都不得在麻豆和 Tirosen 以北的村社居住和获取他们的物品，和当地土著进行贸易的人必须得到公司的许可证，如果没有许可证进行贸易，第一次没收舢板及上面所有物品，还要罚 50 里尔，第二次将受到体罚。第二条，任何中国人都不许住在南部的村社，但如果他们还想继续在当地贸易，他们可以在舢板上或陆地上进行交易，但必须遵守前面条件，并按上面的解释进行罚款。第三条，任何帆船不论大小，没有我们的特别执照（每张 10 里尔），不许到东部和西部任何港湾和港口进行贸易，违者第一次罚款 100 里尔的现金和没收所有船只及所有财物，第二次则会受到议会认为最合适的体罚。第四条，住在萧垅、目加溜湾、麻豆、Tavocan、新港、Tirson、Tevorang 的中国人必须等候总督和议员们进一步通知，那些不允许住在前面提到其他北部和南部村社的中国人，可以住到 Saccam、大员及其他附

① 1624 年 1 月 25 日澎湖 Cornelis Reyersen 写给 Pieter Carpentier 总督的信，包乐史等编：《台湾人的遭遇：台湾原住民社会的纪录（选自荷兰档案馆文件资料）》第一册，顺益台湾原住民博物馆出版社，2000 年版，第 25 页。

② 参见杨彦杰《荷据时期台湾史》第三章第三节“对原住民和汉族人民的统治”，江西人民出版社，1992 年版，第 85 页。

③ 1642 年 12 月 12 日长官 Paulus Traudenius 的信和议会决定，包乐史等编：《台湾人的遭遇：台湾原住民社会的纪录（选自荷兰档案馆文件资料）》第二册，顺益台湾原住民博物馆出版社，2000 年版，第 337、338 页。

近的村庄，条件是要付固定的费用，这个规定在公布后一个月生效。① 荷兰人想凭这一纸决议完全隔开汉族移民与少数民族当然是办不到的，汉族移民与原住民仍然会一起携手开发台湾。

① 1642 年 12 月 12 日长官 Paulus Traudenius 的信和议会决定，包乐史等编：《台湾人的遭遇：台湾原住民社会的纪录（选自荷兰档案馆文件资料）》第二册，顺益台湾原住民博物馆出版社，2000 年版，第 337、338 页。

清代大陆向台湾移民中的女性移民

邓孔昭[*]

在台湾移民史的研究中，由于资料的限制，有关女性移民的研究一直是一个比较薄弱的环节。尽管人们在一些研究中时常都会提到清政府曾经奉行的禁止赴台者携眷的政策、清代台湾在某一时期某一地区出现的妇女稀少的状况，但是，对于女性移民较为深入的研究却十分少见。近年来，台湾岛内更是流行着一种极端的说法，即所谓台湾“有唐山公无唐山妈”,① 表示台湾历史上只有大陆男性的移民，而没有女性的移民，大陆男性移民只能娶土著族妇女为妻。这种说法的流行，固然是特定政治生态的产物,② 但也与台湾女性移民研究成果的缺失有关。本文抛砖引玉，希望能够引起对清代台湾女性移民的更多的研究和讨论。

一、清代实行禁止赴台者携眷政策的概况

诚如一些研究者所指出的，清政府在相当长的一段时间里实行了禁止赴台者携眷的政策。这一政策实行的具体情况，有如下述：

禁止赴台者携眷的政策始于何时？并没有明确的记载。目前所能见到的最早的记录，是修于康熙五十六年（1717 年）的《诸罗县志》。其中的说法是：诸罗县“男多于女，有村庄数百人而无一眷口者。盖内地各津渡妇

* 作者简介：邓孔昭，厦门大学台湾研究院副院长、教授。

① 在 Google 关闭在中国大陆的搜索引擎之前，点击 Google 的搜索引擎，就会显示有两三百万条有关“有唐山公，无唐山妈”的内容，由此可见这种说法在台湾岛内流行的程度。

② 有关这方面的问题，作者将有专文论述。

女之禁既严，娶一妇动费百金”。① 也就是说，当时诸罗“男多于女”的状况是内地严禁妇女渡台造成的。从社会后果来看，这个政策应当已经实行一定的时间。但这里所指的禁止妇女渡台针对的只是一般的民众。康熙六十年（1721 年），台湾发生朱一贵起义，一些文武官员首先带领家口逃到澎湖，引起清廷的不满。当年决定：“嗣后文武大小各官，不许携带眷属”。② 并且奉上谕：“兵之妻子无令带往”。③

雍正五年（1727 年），福建总督高其倬奏请：“台湾府所属四县，查得台湾一县之人，原有家眷，其凤山、诸罗、彰化三县之人系新经迁处，全无妻室，是以户口不滋，地多旷土。就臣浅昧之见，若令全不搬眷，固非民愿；若一概搬眷，岁增日益，又将有人满之患，均非长策。请嗣后往台人民，其贸易、雇工及无业之人，全无田地，一概不准搬眷往台；若实在耕食之人，令呈明地方官，查有垦种之田，并有房庐者，即行给照，令其搬往安插；至佃户之中有往台湾五年而业主又肯具结保留者，准其给照搬眷，其余一概不准”。户部等衙门议复：“查台湾远隔重洋，实称要地，旧例闽、粤人民往台垦种者所有妻眷一概不许携带，止许只身在台，而全家仍住本籍。盖在台虽为游民，而在本籍则皆土著。今若令其搬眷成家，是使伊等弃内地现在之田庐，营台地新迁之产业，在民间徒滋烦扰，非国家向来立法之初意，应将高其倬所请毋庸议”。得旨：“九卿所议是。台湾人民携带家口应行与否？历来众论不一，朕令高其倬到闽后详慎酌量定议具奏。今高其倬所奏，亦胸无定见，而为此游移迁就之词。古人云：利不什不变法，害不什不变制。著仍照旧例行，待朕再加酌量”。④

雍正十年（1732 年），经广东督臣鄂弥达条奏，部议准令在台流寓之民，搬取家眷团聚。次年（1733），福建总督郝玉麟等奏请：“今既准其搬眷，……若不指出许搬眷口，则奸民必有乘机携带亲族人等之弊。臣等悉心

① 周钟瑄：《诸罗县志》，台湾文献丛刊本，第 292 页。

② 余文仪：《续修台湾府志》，台湾文献丛刊本，第 121 页。

③ 张本政主编：《清实录台湾史资料专辑》，福建人民出版社，1993 年，第 88 页。

④ 张本政主编：《清实录台湾史资料专辑》，福建人民出版社，1993 年，第 102 页。

斟酌，凡在台客民止许搬取内地妻子，以系其身心，其余概不准携带”。①准部议行。

十二年（1734年），经福建总督郝玉麟奏准：“调台官员年逾四十无子者，准其携眷过台”。②

乾隆四年（1739），闽浙总督郝玉麟奏：准许搬眷“定例以来，将及八载，乃善政所在，即有奸民从而滋弊，或捏称妻媳姓氏，或多报子女诡名，或通同奸棍，领出执照，贿顶渡台，弊且百出。臣以为应请再定一年之限，出示通晓，如有业良民未搬家眷过台者，务于限内搬取，逾限不准给照，若有偷渡，照例治罪”。“得旨：如所请行”。五年（1740），停止搬眷。③

九年（1744），巡视台湾给事中六十七等奏：内地民人“有祖父母、父母在台，而子孙欲来侍奉，或子孙在台置有产业，而祖父母、父母、内地别无依靠，欲来就养，或本身在台置有产业而妻子欲来完聚者，请准呈明内地原籍地方官查取地邻甘结，给予印照来台，仍报明台籍厅、县，俟到台之日，查取确实，令伊祖父母、父母及子孙认令编入家甲安插”。④经户部和福建督、抚反复磋商，十一年（1746）议准：“在台人民，果有祖父母、父母在籍，准其赴台就养；如祖父母、父母在台，准其子孙赴台侍奉；若本人在台，而内地妻少子幼，并无嫡亲可托者，亦准其搬移聚处；即赴台侍奉祖父母、父母之子孙，果有幼少妻子，亦准一体赴台。仍照从前搬养成例，令台防、厦防各同知，于登簿换文时，留心稽察，验明人照相符，方准配船渡台，并令内地地方官先行关查明确，方准给照。如有藉称伯叔兄弟及妻之兄弟族戚，一概不准滥给照引。倘蒙混影射越渡，立即解回，并将滥给照引之地方官严参议处，徇隐具结之地邻族保一并严究。其荒僻口岸，严饬各员弁常川巡察，如有游旷之徒，作弊偷渡，擒拿重究。倘有疏纵，照徇纵偷渡例参处”。⑤

---

① 台湾史料集成编辑委员会：《明清台湾档案汇编》，第2辑，第15册，远流出版事业股份有限公司，2006年，第176页。

② 余文仪：《续修台湾府志》，台湾文献丛刊本，第122页。

③ 张本政主编：《清实录台湾史资料专辑》，第127页。

④ 台湾史料集成编辑委员会：《明清台湾档案汇编》，第2辑，第18册，第465－466页。

⑤ 张本政主编：《清实录台湾史资料专辑》，第147－148页。

十二年（1747）正月，闽浙总督喀尔吉善以前奏未定期限，恐滋弊端，请定限一年之后不准给照携眷。① 十三年（1748），携眷给照停止。

二十五年（1760），福建巡抚吴士功奏请："在台有业良民，果有祖父母、父母、妻妾、子女、（子）妇孙男女、及同胞兄弟在内地者，许其先赴台地该管县报明，将本籍住处暨眷口姓氏、年岁，开造清册，移明内地原籍，查对相符，覆到之日，准报明该管道府，给与路照回各原籍搬接过台。其内地居住之祖父母、父母、妻妾、子女、子妇孙男女、及同胞兄弟等如欲过台探亲、相依完聚者，即先由内地该管州县报明造册，移明台地查确覆到，再行督抚给照过台"。② 但闽浙总督杨廷璋"因虑及全台大势不便，聚集匪类，奏请定限一年停止"。这次搬眷，从乾隆二十五年五月二十六日至二十六年五月二十五日止。③

四十一年（1776），上谕："台湾文职官员，知县以上年过四十无子者，方准携眷前往，此例未知始自何时，殊可不必。该处虽远隔重洋，自设立府县以来，地方宁谧，与闽省内地无异。且各员携眷赴任，不致内顾分心，与办公亦甚有益。……王道本乎人情，旧例尚未为允协。嗣后台湾文武各官，无论年岁若干，有无子嗣，如有愿带眷口者，俱准其携带，其不愿带者，亦听其便。著为令"。④

五十三年（1788），钦差大学士福康安等在平定林爽文起义之后，上"清查台湾积弊酌筹善后事宜疏"，其中说，"至禁止携眷之例，自雍正十年至二十五年，屡开屡禁，经前任总督杨廷璋酌请定限一年，永行停止。而挈眷来台湾者，至今未绝。总因内地生齿日繁，闽、粤民人渡海耕种，谋食居住，日久置有房产，自不肯将其父母妻子仍置原籍，搬取同来亦属人情之常。若一概严行禁绝，转易启私渡情弊，前经臣福康安据实奏明，毋庸禁止。嗣后安分良民，情愿携眷来台湾者，该地方官查实给照，准其渡海，一面移咨台湾地方官，将眷口编入民籍。其只身民人，亦由地方官一体查明给

① 《台案汇录丙集》，台湾文献丛刊本，第237－238页。
② 《台案汇录丙集》，台湾文献丛刊本，第240页。
③ 《台案汇录丙集》，台湾文献丛刊本，第241页。
④ 张本政主编：《清实录台湾史资料专辑》，第255页。

照，移咨入籍。如此则既可便民，而外内稽查，匪徒亦无从混冒”①。此疏“奏入，上从之”②。至此，禁止赴台民人携眷的禁令彻底废除，当然，无照携眷仍在禁止之中。

根据上述的资料，我们将台湾在清政府治理期间是否实行禁止赴台民众携眷政策的情况，列表作一个比较：

起止年代	是否实行禁止赴台者携眷	年数
康熙二十二年至五十六年（1683－1717）	禁止携眷无法确定始于何年，权当自康熙二十二年即已开始。	35
康熙五十七年至雍正九年（1718－1731）	禁止携眷	14
雍正十年至乾隆四年（1732－1739）	允许搬眷	8
乾隆五年至十年（1740－1745）	禁止携眷	6
乾隆十一年至十二年（1746－1747）	允许搬眷	2
乾隆十三年至二十四年（1748－1759）	禁止携眷	11
乾隆二十五年（1760）	允许搬眷	1
乾隆二十六年至五十三年（1761－1788）	禁止携眷	28
乾隆五十四年至光绪二十一年（1789－1895）	不再禁止携眷	107

可见，在清政府治理台湾的212年间，没有禁止赴台民众携眷和允许赴台民众搬眷的年份有118年，而禁止携眷的年份，明确记载的只有59年，即使将康熙五十六年之前的35年全部算在禁止携眷的时间里，也只有94年。这就说明，在清代大部分的时间里，清政府是没有禁止赴台民人携眷或允许赴台民众搬眷的，禁止携眷的时间少于允许携眷的时间。即使在禁止携眷的年份，按大学士福康安上述的话说，“挈眷来台湾者，至今未绝”，说明也是无法将赴台民众携眷完全禁绝的。这将从下文清政府查获的“偷渡”台湾的民众携眷的案例中得到更好的验证。

① 中国人民大学清史研究所、中国第一历史档案馆：《天地会》（5），中国人民大学出版社，1986年，第99页。

② 中国人民大学清史研究所、中国第一历史档案馆：《天地会》（5），中国人民大学出版社，1986年，第104页。

二、官方查获“偷渡”案中的女性移民

由于清政府在相当长的一段时间里奉行禁止大陆民众无照“偷渡”台湾和禁止赴台者携眷的政策，并对“偷渡”和赴台者携眷的现象进行严厉的查缉，因此，清代官方档案中留下了一些闽粤地方官员查获“偷渡”案的记载。在这些查获的“偷渡”案例中，尽管“偷渡”者大多为男性移民，但其中也有一些女性的移民。请看下表：

时间	“偷渡”案中的女性移民资料	资料出处
雍正六年（1728）	厦门鼓浪屿郑合兄弟，“用小船载妇女数口，如探亲者，送上大船，竟往台湾”，在鹿耳门被查获。	国学文献馆主编；《台湾研究资料汇编》,① 第9册，第3332页。
雍正八年（1730）	同安、诏安、龙溪民人“男妇总共一百二十四名口”，由船户陈荣等5人载运“偷渡”台湾，在澎湖遇风，飘至广东碣石，船破，被拿获。	国学文献馆主编；《台湾研究资料汇编》，第10册，第3811－3814页。
雍正九年（1731）	在漳浦县云霄地方“拿获偷渡妇女三十八名”，又“拿获妇女九名”。	国学文献馆主编；《台湾研究资料汇编》，第10册，第4055页。
雍正十三年（1735）	在漳州海澄县港尾拿获“偷渡”无照客民“江佑等男妇幼童四十八名”。	国学文献馆主编；《台湾研究资料汇编》，第16册，第6575页。
乾隆十二年（1747）	在澎湖“拿获粤省偷渡客犯一百四十二名，女眷三名”；在诸罗拿获“偷渡男妇二口”。	国学文献馆主编；《台湾研究资料汇编》，第26册，第10911－10912页。
乾隆十三年（1748）	仅从四月至七月，沿海文武拿获“偷渡”过台人犯共15起，“每起男妇有至七八十人者”，最少也有一、二十人。	国学文献馆主编；《台湾研究资料汇编》，第26册，第11362－11363页。
乾隆十四年（1749）	在厦门附近浯屿外洋，“拿获偷渡男妇一百八十一名口”。	国学文献馆主编；《台湾研究资料汇编》，第28册，第11989页。

① 国学文献馆主编：《台湾研究资料汇编》，联经出版事业公司，1993年版。

续表

时间	"偷渡"案中的女性移民资料	资料出处
乾隆二十三年十二月至二十四年十月	"共盘获偷渡民人二十五案，老幼男妇九百九十九名口，内溺毙男妇三十四名口"。	中研院史语所：《明清史料》戊编，① 上册，第282页。
乾隆三十五年（1770）	广东澄海盘获"偷渡"民人"李生贵等男妇十八名口"、"赖廷文等男妇二十八名口"、"彭阿安等男妇九名口"。	中国第一历史档案馆、海峡两岸出版交流中心：《明清宫藏台湾档案汇编》，② 第57册，第410－411页。
乾隆三十五年（1770）	福建厦门拿获林春、刘桂等"偷渡"案，其中"民人、眷口共一百十三名"；漳浦县拿获蔡振成等"偷渡"案，其中"民人、眷口共十名"；彰化县拿获洪佛赐等"偷渡"案，其中"民人、眷口共八十四名"。	台湾史料集成编辑委员会：《明清台湾档案汇编》，③ 第2辑，第26册，第317－318页。
乾隆三十七年（1772）	广东盘获张拜南等"偷渡"案6起，人犯共97名，其中"随行家属"24人。福建泉州、台湾二府盘获陈镒裕等"偷渡"案5起，其中有"客民、女眷"共249人。	《明清宫藏台湾档案汇编》，第60册，第138－143、160－167页。
乾隆四十一年（1776）	本年二月，在广东洋面和地界盘获福建晋江县黄德裕组织的"偷渡"案，其中有"无照偷渡男妇"共327名，内籍隶广东22名、籍隶福建305名。	《明清宫藏台湾档案汇编》，第63册，第333－336页。
乾隆四十一年（1776）	全年广东各属盘获黄阿便等"偷渡"案5起，拿获人犯425名，其中"随行家属免议者"63名口。	《明清宫藏台湾档案汇编》，第64册，第86－89页。
乾隆五十二年（1787）	福建先后拿获"船户李淡揽载偷渡民人张桃等男妇二百四十四名，又拿获谢胡船只偷渡民人康节等男妇一十九名"。	《明清史料》戊编，下册，第1779页。

① "中研院"史语所：《明清史料》戊编，中华书局影印本，1987年版。

② 中国第一历史档案馆、海峡两岸出版交流中心：《明清宫藏台湾档案汇编》，九州出版社，2008年版。

③ 台湾史料集成编辑委员会：《明清台湾档案汇编》，远流（香港）出版公司，2006年版。

续表

时间	“偷渡”案中的女性移民资料	资料出处
乾隆五十六年（1791）	在台湾淡水拿获福建晋江县“偷渡”民人“男妇一十四名”，其中包括“许贵带妻吴氏、弟妇颜氏、婶母老吴氏、堂弟许用，又蔡东同母洪氏，吴远同妻林氏，又陈老同妻施氏，又庄宽同婶母吴氏，又耿助一人”。	《明清史料》戊编，上册，第359页。
乾隆五十七年（1792）	拿获吴好、陈烈“偷渡”案1起，船上“共载男妇客民二十七名”，其中女性有“郑黄氏、郑卢氏”。同上，第374页。乾隆六十年（1795）四月，在澎湖拿获陈烈等揽客“偷渡”案1起，“统计男妇大小共234名口”。	《明清宫藏台湾档案汇编》，第93册，第214－224页。

从以上这些查获的明确载有女性移民的“偷渡”案例中，我们可以了解到：尽管清政府在一段时间里实行了禁止赴台者携眷的政策，尽管女性移民进行“偷渡”要比男性有更多的困难，但女性移民进行“偷渡”的例子还是比比皆是。上述这些被查获的女性“偷渡客”是没有“成功”的女性移民，她们只占当时要“偷渡”到台湾去的女性移民的一个很小的比例。康熙五十年（1711），台湾知府周元文曾说，“偷渡”“间有拿获通报者，亦不过千百中之十一耳”。① 雍正十一年（1733），总督郝玉麟也指出，“冒险偷渡者，例禁虽严，终难禁绝”。“经拿获者十之一，到台者十之二、三，其没于孤岛、沙洲，葬于鱼腹者十之四、五”。② 乾隆二十五年（1760），福建巡抚吴士功也说过，“例禁虽严，而偷渡接踵”。“自乾隆二十三年十二月起至二十四年十月止，一载之中，共盘获偷渡民人二十五案，老幼男妇九百九十九名口，内溺毙男妇三十四名口”。“其已经发觉者如此，其私自过台、在海洋被害者，恐不知凡几”。③ 不论是那一种说法，都充分说明，成功“偷渡”到台湾的女性移民都要比被官府查获的女性移民多很多。

① 周元文：《重修台湾府志》，台湾文献丛刊本，第325页。

② 国学文献馆主编：《台湾研究资料汇编》，第13册，联经出版事业公司，1993年版，第5047－5048页。

③ “中研院”史语所：《明清史料》戊编，上册，中华书局影印本，1987年版，第282页。

三、一些族谱资料中的女性移民

如果说清代官方档案中记载的女性移民大多还只是一些数量上的描述的话，那么，族谱资料中则有许多具体的妇女移民台湾的记载。近几十年来，福建各地搜集了大量的涉台族谱，有的还将其中移民台湾的资料进行了整理和出版。《闽台关系族谱资料选编》、① 《南靖与台湾》② 两本书中就有许多妇女移民台湾的例子。

《闽台关系族谱资料选编》一书中迁往台湾的第一代女性移民

本人姓名	家人关系	原籍③	说明其移民台湾的资料	移民年代	书中页码
黄氏	林荣宙妻	晋江莲江	"公妣俱葬淡水沪尾"	乾、嘉年间	12
吴氏	林肃着妻	晋江湖隔	"公妣俱葬淡水"	乾、咸年间	16
薛氏	林肃顶妻	晋江蚶江	"公妣俱葬淡水"	乾、同年间	16
王氏	林肃折妻	晋江东安	"公妣俱葬淡水"	嘉、咸年间	16
蔡氏	林肃檀妻	晋江溪前	"公妣俱葬淡水"		18
黄氏	林肃炮妻	晋江仑后	"公妣俱葬淡水"		18
吴氏	林肃佑妻	晋江水头	"公妣俱葬淡水"		19
王氏	林艾笨妻	晋江竺头	夫妇"俱殁台湾"		20
许氏	林艾篮妻	晋江港内	"公妣俱葬淡水"	嘉、同年间	23
许氏	林艾（火冗）妻	晋江后花	"公妣俱殁于淡水"		23
周忍娘	林际则妻	晋江大堡	"卒淡水大棚顶头湖"	乾、嘉年间	34
许卯娘	林际杓妻	晋江烧灰	"卒淡水大棚顶头湖"	雍、嘉年间	34
谢忍娘	林式暖妻	晋江水头	"亡在淡水"	1844 年前	37
王东娘	林式修妻	晋江蚶江	"现竹艋舺竹仔寮"	乾、道年间	39
姚居娘	林式立妻	晋江樟井	"公妣俱亡淡水"	乾隆年间	39
王氏	林式某妻	晋江蚶江	"公妣亡在盐水港"		40
周益娘	林式制妻	晋江张前	"公妣俱亡在淡水"	乾隆年间	40
陈救娘	林式秋妻	晋江涵口	"妣葬艋舺竹仔寮"	乾、道年间	40

① 庄为玑、王连茂编：《闽台关系族谱资料选编》，福建人民出版社，1985 年版。
② 林嘉书：《南靖与台湾》，华星出版社，1993 年版。
③ 这里的"原籍"，娘家原籍明确的指娘家原籍，娘家原籍不明确的指夫家原籍，下表亦同。

续表

本人姓名	家人关系	原籍①	说明其移民台湾的资料	移民年代	书中页码
蔡位娘	林式钱妻	晋江莲塘	“妣葬淡水鸡母卒沟垅”		41
杨爱娘	林正宿妻	晋江蚶江	“亡在淡水”	乾、道年间	49
蔡修娘	林士盾妻	晋江莲塘	“公妣俱亡台北”		54
蔡氏	林士穴妻	晋江莲塘	“葬艋舺”	1869 年前	60
戴氏	曾衍河妻	晋江	“随夫往台”	1772 年后	91
陈氏	曾尚卦妻	晋江蔡岱	“夫妇往台”		92
某氏	曾兴配母	晋江	其子“同母往台”		102
高氏	林仁礼妻	晋江鳌西	“妣……殁台”		112
郭器娘	蔡世腾妻	晋江郭岑	“墓葬阿公店竹仔脚崁下”	雍、嘉年间	116
温紫娘	蔡文众妻	南安	“在台身故”	乾隆年间	130
某氏	丁肇禄妻	晋江	四子“同继妣移居台湾后镇庄”		146
吴氏	丁禄牟妻	晋江	“公妣同二子移居台湾后镇庄”		146
蔡氏	丁禄随妻	晋江	“公妣同二子移居台湾后镇庄”		146
吴满官	曾衍梅妻	晋江浦西	“卒于台湾”	乾、嘉年间	166
陈鹞官	曾衍柳妻	晋江霞美	“居台湾彰化县城内。妣葬新门外赤北庙下”	乾、道年间	166
邱碰娘	苏泽淮泗妻	泉州北门	“殁在台湾府”	同、光年间	168
林氏	陈家凤妻	南安曾坝	“葬南路万丹埔”	乾隆年间	190
洪选娘	陈家仰妻	南安塔口	“在台湾卒”	1715 年后	191
梁贱娘	陈家宽妻	南安	“移居台湾鹿港”	1732 年后	193
刘纯娘	陈醇久妻	广东饶平	“卒在台”	1798 年后	206
梁喷娘	陈祖柑妻	南安凤坡	“葬台嘉义县”	咸、光年间	216
戴虔娘	陈祖箘妻	永春	“携子妇住台”	1867 年后	217
周氏	黄士佐妻	安溪参内	“与子同往台湾居住”	康、雍年间	268
某氏	黄廷宽妻	安溪参内	与夫“同往台，殁葬在台”	乾、嘉年间	270
某氏	黄廷桐妻	安溪参内	与夫“同往台上淡水溪州”	乾隆年间	270
陈氏	黄光补妻	安溪参内	与子、媳“往台上淡水”	乾、嘉年间	271
许氏	黄欧阳妻	安溪参内	与婆母、丈夫“往台上淡水”	乾、嘉年间	271
陈氏	黄光养妻	安溪参内	“父母及男俱往台”	乾隆年间	273

① 这里的“原籍”，娘家原籍明确的指娘家原籍，娘家原籍不明确的指夫家原籍，下表亦同。

续表

本人姓名	家人关系	原籍①	说明其移民台湾的资料	移民年代	书中页码
叶氏	黄光腆妻	安溪参内	与子“往台，卒葬台上淡水墙头碑尽水”	康、乾年间	273
某氏	黄先树妻	安溪参内	“往台湾，卒殁在台”	1779 年后	274
柯氏	黄先善妻	安溪参内	“往台殁”	乾、道年间	274
张氏	黄先卿妻	安溪参内	“往台卒”	乾、道年间	274
某氏	黄先娇妻	安溪参内	“同公在台”		275
谢氏	黄先栽妻	安溪参内	“往台卒，葬台”	嘉、道年间	275
某氏	黄先斗妻	安溪参内	与夫“往台”		276
王氏	黄先艮妻	安溪参内	“与子往台。卒葬在台”	乾、道年间	276
谢密娘	黄镀元妻	安溪参内	“与公往台，卒葬在台”	嘉、道年间	277
某氏	黄长奋妻	安溪参内	“妻亦往台”	嘉、道年间	277
王氏	黄先郁妻	安溪参内	“与公往台，在台卒葬”	嘉、道年间	277
某氏	黄先面妻	安溪参内	五子“与父母相随往台淡水”	同治辛未（1871 年）	277
李氏	黄先枝妻	安溪参内	与夫“相率往台”	雍、乾年间	277
李氏	黄先煎妻	安溪参内	三子“俱与父母往台”	乾、嘉年间	278
邓氏	黄先箸妻	安溪参内	“公妈往台卒，墓在台”		278
庄氏	黄安庆妻	安溪参内	三子“与父母俱往台”	乾、嘉年间	278
谢氏	黄先蜂妻	安溪参内	与夫“相随往淡水”	嘉庆庚申（1800 年）	278
王氏	黄□岛妻	安溪参内	“夫妇俱往台”	乾、嘉年间	279
林氏	黄先堆妻	安溪参内	“随夫往台，……葬在台”	乾、嘉年间	279
张进娘	黄人培妻	安溪参内	与丈夫及四子“移居台湾”	乾、嘉年间	284
潘氏	黄人仲妻	安溪参内	与夫“往台”	乾、嘉年间	285
叶氏	黄神助妻	安溪参内	三子“与其父母妻子俱往台”		285
叶氏	黄人顺妻	安溪参内	“公妈俱往台”	乾、嘉年间	285
吴观娘	黄人窍妻	安溪参内	子“与父母俱往台”	嘉、道年间	285
某氏	黄人肥妻	安溪参内	“夫妻俱往台”	嘉、道年间	287
谢氏	黄敦龄妻	安溪参内	“往台卒”	乾、嘉年间	288

① 这里的“原籍”，娘家原籍明确的指娘家原籍，娘家原籍不明确的指夫家原籍，下表亦同。

续表

本人姓名	家人关系	原籍①	说明其移民台湾的资料	移民年代	书中页码
王氏	黄宣龄妻	安溪参内	“往台”	乾隆年间	288
许氏	黄春宁妻	安溪参内	“考妣俱往台，卒在台”	嘉、道年间	288
郑氏	黄贻交妻	安溪参内	“随夫往台，卒葬在台”	道、同年间	291
某氏	黄礼（立字）母	安溪参内	其子“与父母俱往台”	1844－1886年间	292
某氏	林士应妻	安溪儒林	“挈家往台湾上淡水龟吞山居住，妣与偕行”	1780年	296
辜氏	康廷作妻	同安	“随夫往台湾”	乾隆年间	323
康氏	康廷作女	永春凤山	“随父往台湾”	乾隆年间	323

《南靖与台湾》一书中迁往台湾的第一代女性移民

本人姓名	家人关系	原籍	说明其移民台湾的资料	移民年代	书中页码
游氏	林县母	南靖林埜	其子同母“迁台中草屯镇月眉厝内”	1727年	46
卢氏	林调妻	南靖梧宅	“携二子三人迁台湾”	雍、乾年间	49
庄氏	林明英妻	南靖梧宅	夫妇及子“往台湾”	乾、嘉年间	49
谌待	林元惠妻	南靖梧宅	“葬在台湾府诸罗县他里雾堡火烧仑”	康、乾年间	51
林靖娘	李马官妻	南靖梧宅	“在台湾”		51
蔡学	林日曜妻	南靖梧宅	“葬在台湾上北势大仑埔”	康、乾年间	52
许顺	林元兴妻	南靖梧宅	“葬在台湾府诸罗县他里雾保北势庄大仑埔”	康熙年间	54
卢质	林世瑞妻	南靖梧宅	“葬在台邦大北势”	康、乾年间	56
杨秀	林世俊妻	南靖梧宅	“葬在台湾噶玛兰乾溪口”	乾、嘉年间	56－57
林罔娘	李外官妻	南靖梧宅	“在台湾”		57
庄 畏	林道明妻	南靖梧宅	“葬在台湾芝巴里大仑庄厝后”	乾、嘉年间	57－58
庄氏	林明敏妻	南靖梧宅	其夫“搬家眷往台湾”	乾、嘉年间	58
丘氏	简仕琼妻	南靖梅林	“全家搬去台湾大埔林”	康、雍年间	83
江氏	简七宝妻	南靖梅林	四子“同母俱去台湾北路大埔尾居住”		83
詹氏	简映妻	南靖梅林	“全家搬去台湾大埔尾”		84
江氏	简辉潜妻	南靖梅林	“全家去台湾”		84

① 这里的“原籍”，娘家原籍明确的指娘家原籍，娘家原籍不明确的指夫家原籍，下表亦同。

续表

本人姓名	家人关系	原籍	说明其移民台湾的资料	移民年代	书中页码
魏氏	简乡经妻	南靖梅林	“全家搬去台湾”		84
苏喜周	简永布妻	永定南溪	全家“搬往台湾上港甲子兰三结街小东门”	1831 年	85
张氏	简永从妻	南靖梅林	其夫去台任教，“全家搬去大埔林”		85
简英娘	简永从女	南靖梅林	其父去台任教，“全家搬去大埔林”		85
张氏	简永启妻	南靖梅林	“全家搬去台湾三朝”		85
简景娘	简永启女	南靖梅林	“全家搬去台湾三朝”		85
陈氏	简成青妻	南靖梅林	“全家去台，在凤山埤城内大老衙口开张德成号店铺”	1872 年前	85
沈氏	庄世达妻	南靖奎洋	全家“迁台湾八里坌堡长道坑，后移和尚洲”	1723 年	93
余氏	庄庄扬妻	南靖奎洋	夫妇“渡台，初居淡水八里坌堡林口横科，后迁桃简堡南坎”	1755 年	100
刘氏	李润彩妻	南靖李厝	与其夫及四子“举家移台湾”		101
陈氏	李仲赞妻	南靖李厝	夫妻“移台湾”		102
成娘	李刚信妻	南靖梧宅	夫妻“渡台，居基隆金包里”	1798 年	104
卢氏	刘秉仕妻	南靖版寮	其夫兄弟四人“挈眷渡台，寓居上港大甲宛里海唇耕作”	1760 年	114 - 115
蒋氏	沈国格妻	南靖竹溪	与丈夫及长子、四子“往台湾”	康、乾年间	119
余氏	沈国桐妻	南靖竹溪	与嗣子“往台湾，居于嘉义县下佳冬堡碑仔头庄”	康、乾年间	119
叶盛娘	曾廷骏妻	南靖高港	“全家俱往台”	道、同年间	124 - 125
赖准娘	曾廷魁妻	南靖高港	与二子“母子俱往台”		125
陈尽	张学春妻	南靖塔下	“夫妇携子光月渡台”		130
萧氏	张从身妻	南靖河坑	与子“同往台湾”		131
王氏	邱剡妻	南靖双峰	“全家搬往台湾桃仔园下节居住”		142
陈氏	邱阵妻	南靖双峰	与其子“母子搬家往台湾甲子兰居住”	乾、嘉年间	142
陈氏	董球章妻	南靖梅林	“夫妻往台湾”		145
严氏	阮永泉妻	南靖	2 个小叔“随兄嫂迁台湾”		149

以上所列均为移往台湾的第一代女性移民，即台湾俗称的所谓“唐山妈”。上述二书出版时间较早，搜集的族谱还相对有限，其中就载有这么多

的女性移民。近年来，福建各地新搜集的涉台族谱越来越多，其中一定还有更多的女性移民的例子。

四、女性移民与清代台湾人口性比例的分析

清代的台湾，大部分时间处在移民社会阶段。① 由于清政府在较长的一段时间里实行了禁止赴台者携眷的政策，也由于女性移民要进行“偷渡”会比男性移民更加困难，因此，在相当长的一段时间里，台湾社会人口的性比例并不均衡。史籍中有关清代台湾社会“男多女少”的记载确实比较多。但是，对于这些记载，切忌断章取义，将它们绝对化，而应该根据完整的、更丰富的资料，进行深入的分析，以达到对当时台湾社会人口的性比例状况有一个更加符合实际的认识。

康熙二十四年（1685），台湾第一任知府蒋毓英所修的《台湾府志》中记载，当时，台湾府（澎湖人口另列，因未分男女，故未包括）“实在民口三万二百二十九：男子一万六千二百七十四；妇女一万三千九百五十五”。其中台湾县（澎湖人口另列，因未分男女，故未包括）“实在（民口）一万五千四百六十五：男子八千五百七十九；妇女六千八百八十六”。凤山县“实在民口六千九百一十：男子三千四百九十六；妇女三千四百一十四”。诸罗县“实在民口七千八百五十三：男子四千一百九十九；妇女三千六百五十（四）”。② 文中的“实在民口”实际上指的是汉族人口中的“成丁男妇”，即16岁至60岁的成年男子和妇女。根据这个记载，我们可以计算出当时台湾一府三县成年人口中的性比例：

男子人数	妇女人数	性比例（女性=100）	
台湾府（未包括澎湖）	16274	13955	116.6
台湾县（未包括澎湖）	8579	6886	124.6
凤山县	3496	3414	102.4
诸罗县	4199	3654	114.9

① 陈孔立先生认为：“大约在1860年前后，台湾从移民社会过渡到定居社会”。见陈孔立著《清代台湾移民社会研究》（增订本），九州出版社，2003年版，第37页。

② 蒋毓英：《台湾府志》，厦门大学出版社，1985年版，第71－73页。

从以上的数据中可以看出，当时台湾府（未包括澎湖）成年男女的性比例为116.6，说明性比例失调的情况不是很严重。而在三县之中，台湾县（未包括澎湖）为124.6，相对来说，“男多女少”的情况最严重。诸罗县次之，为114.9。凤山县为102.4，可以说，成年男女的性比例十分平衡。尽管这时台湾汉族人口的总量还比较小，但这是台湾人口增长（包括自然增长和移民增长）的基础。

修于康熙五十六年（1717）的《诸罗县志》记载，“今流民大半潮之饶平、大埔、程乡、镇平、惠之海丰，……一庄有室家者百不得一”。“各庄佣丁，山客十居七、八，靡有家室，漳、泉人称之曰客仔”。“男多于女，有村庄数百人而无一眷口者。盖内地各津渡妇女之禁既严，娶一妇动费百金，故庄客、佃丁稍有赢余，复其邦族矣。或无家可归，乃于此置室，大半皆再醮、遣妾、出婢也。台无愆期不出之婢”。[①] 所谓“山客”，指的是来自潮州大埔、程乡、镇平一带山区的客籍民众。[②] 从《诸罗县志》的这些记载中，我们可以了解到，经过了清初30年的发展，特别是在清政府禁止赴台者携眷政策的影响下，在诸罗县的辖境内出现了以下一些社会现象：

1. 全县人口“男多于女”。

2. 没有家室的主要是来自广东潮州山区各县的客籍移民和佣丁。

3. 在台娶妻花钱很多，但不是娶不到，至少可以娶到“再醮、遣妾、出婢”一类的女子。

康熙六十年（1721），随军到台湾参与镇压朱一贵起义的蓝鼎元在《东征集》中记载，诸罗县十八重溪旁的大埔庄，有“居民七十九家，计二百五十七人，多潮籍，无土著，或有漳泉人杂其间，犹未及十分之一也。中有女眷者一人，年六十以上者六人，十六以下者无一人，皆丁壮力农，无妻室，无老耆幼稚”。[③] 雍正五年（1727）三月，蓝鼎元又在《经理台湾疏》中说，“粤民全无妻室，佃耕行佣，谓之客子。每村落聚居千人百人，谓之客庄。……统计台湾一府，惟中路台邑所属，有夫妻子母之人民。自北路诸

---

① 周钟瑄：《诸罗县志》，台湾文献丛刊本，第121、148、292页。

② 周钟瑄：《诸罗县志》，台湾文献丛刊本，第144页。

③ 蓝鼎元：《鹿洲全集》（下），厦门大学出版社，1995年，第588页。

罗、彰化以上，淡水、鸡笼山后千有余里，通共妇女不及数百人。南路凤山新园、琊峤以下四五百里，妇女亦不及数百人”。① 雍正十年（1732），他又在《粤中风闻台湾事论》中说，“广东潮惠人民，在台种地佣工，谓之客子，所居庄曰客庄，人众不下数十万，皆无妻孥，时闻强悍。然其志在力田谋生，不敢稍萌异念。往年渡禁稍宽，皆于岁终卖谷还粤，置产赡家。春初又复之台，岁以为常”。② 蓝鼎元所描述的社会现状是：

粤民全无妻室。诸罗县大埔庄是一个典型的例子。他们在台湾没有妻室的原因，是因为他们的家还在大陆，到台湾只是做季节性的农业佣工。

台湾县辖境内的民人均有眷属。诸罗、彰化县以北，也就是相当于大甲溪以北（雍正元年设彰化县，但大甲溪以北的防务归淡防厅负责。雍正九年，淡水厅始理民务，辖大甲溪以北地区），包括淡水、鸡笼、山后地方，“千有余里，通共妇女不及数百人”；凤山县新园以南，相当于下淡水溪（现在称高屏溪）以南，包括琊峤一带，“四五百里，妇女亦不及数百人”。

对蓝鼎元所描述的当时台湾妇女人口的状况，我们有必要进行一定的分析。首先，是关于台湾北路和南路两个妇女特别稀少的区域。雍正五年（1727）时，北路彰化县（大甲溪）以北的地区，还是一个汉人新进入的待开发的区域，汉族人口很少。不仅“妇女不及数百人”，就连汉族男子数量也很少。过了 11 年，乾隆三年（1738）时，淡水厅汉族人口才有“共男女三千二百五十七丁口”。③ 而且，移民在进入一个新开发的地区时，在生活还没有稳定的情况下，往往不会携带眷属。所以，雍正五年时，彰化以北“千有余里，通共妇女不及数百人”并不奇怪。当时，南路凤山县新园（下淡水溪）以南的地区也是一个待开发的区域，汉族人口很少。新园附近的下淡水溪流域，虽然汉人较多，且“多客民庄，潮、惠之人聚集耕种，每庄不下千百人”，④ 但粤民在台不带眷属。所以，凤山县新园以南“四五百里，妇女亦不及数百人”也是正常的。

其次，细心的学者会注意到，蓝鼎元在描述了台湾县以及彰化县以北、

① 蓝鼎元：《鹿洲全集》（下），厦门大学出版社，1995 年版，第 805 页。
② 蓝鼎元：《鹿洲全集》（下），厦门大学出版社，1995 年版，上册，第 236 页。
③ 尹士俍：《台湾志略》，九州出版社，2003 年版，第 47 页。
④ 尹士俍：《台湾志略》，九州出版社，2003 年版，第 45 页。

凤山县新园以南3个地区的妇女人口状况之后，并没有说明诸罗县、彰化县以及凤山县新园以北地区的妇女人口状况。以至于有人误解（如下文将要提到的福建总督高其倬）：诸罗县、彰化县已经包括在“北路诸罗、彰化以上”地区，也就是那个“妇女不及数百人”的区域内；凤山县新园以北区域已经包括在“南路凤山新园、瑯峤以下”“妇女亦不及数百人”的区域内。本来只要认真地审读蓝鼎元的描述，就不应该产生这样的误解。但为了说明诸罗县、彰化县妇女人口状况，我们不妨以这种误解作为参照进行一些分析。上文已经提到，康熙二十四年（1685），诸罗县有成年妇女3654人，当时，全县成年男女的性比例为114.9，好于台湾县的124.6。40余年后，经过这3千多妇女约两代的繁殖，加上不断有新的女性移民的加入，这一区域（当时诸罗县辖境即包括这时的诸罗县、彰化县和淡水厅）的妇女怎么可能只剩下“不及数百人”？这是绝对不可能的。同样，康熙二十四年（1685）时，凤山县有成年妇女3414人，成年男女的性比例为102.4，比台湾县好更多。经过40余年后，也不可能变成“妇女亦不及数百人”。尽管蓝鼎元没有说明诸罗县、彰化县以及凤山县新园以北地区的妇女人口状况，但根据现有的资料，这些地区的妇女人口状况，应该还是如同周钟瑄在10年前所说的“男多于女”，因为，10年后的乾隆三年（1738年），台湾知府尹士俍也说过当时台湾还是“男多女少”① 的状况。

雍正五年七月，福建总督高其倬奏称，“台湾府所属四县之中，台湾一县皆系老本住台之人，原有家眷。其诸罗、凤山、彰化三县皆新住之民，全无妻子，间有在台湾县娶妻者，亦不过千百中之十一，大概皆无室家之人”。② 很明显，高其倬的这段话原本是脱胎于蓝鼎元对台湾社会妇女人口状况的描述，但他十分粗心，完全误解了蓝鼎元原话的意思，甚至将蓝鼎元所描述的彰化以北、凤山新园以南两个地区“妇女不及数百人”，极端化为凤山、诸罗、彰化三县之人“全无妻子”。作为福建省的最高长官，高其倬对台湾社会状况的了解真是太少。他此奏被雍正皇帝斥为“胸无定见，而

---

① 尹士俍：《台湾志略》，九州出版社，2003年版，第49页。

② 台湾史料集成编辑委员会编：《明清台湾档案汇编》，第2辑，第11册，第332－333页。

为此游移迁就之词”。[①] 雍正帝斥责他主要还是对他主张有限度地开放携眷的建议不满，还没有发现他奏疏中对台湾社会实际的无知，否则，斥责将更为严厉。当时台湾社会的汉人中虽然还是“男多女少”，但绝没有严重到诸罗、凤山、彰化三县之民“全无妻子”的地步。

经过雍正十年到乾隆四年、乾隆十一年至十二年两次允许搬眷，福建布政使张嗣昌乾隆八年奏称，“台地自搬眷之后，户口已增数万”。[②] 闽浙总督杨廷璋乾隆二十六年也说，“雍正十年、乾隆十一年两次开禁，请照搬眷者甚多”。[③] 说明这两次开禁，很多女性移民得以“合法”请照渡台，这对缓和当时台湾社会人口性比例失调的状况有很大的帮助。当然，更多的女性移民还是宁可自己设法渡台，来解决亲人团聚的问题。

乾隆五十二年（1787），大学士福康安在镇压林爽文起义的过程中发现，“臣经过各处村庄，民人等俱有眷属。而查点投出难民，妇女、幼孩尤多”。[④] 说明这时台湾人口中性比例失调的现象已经有所缓和。次年，清政府又取消了禁止赴台者携眷的政策，这样，台湾人口中性比例失调的状况又进一步得到改善。此后不久，台湾人口只用20年就几乎翻了一番，从乾隆五十六年（1791）的954965名口，[⑤] 到嘉庆十六年（1811）的1901833名口。[⑥] 20年间，实际人口增加了约95万，平均每年约增加47000余人，达到清代台湾人口增长的最高潮。这种社会人口的高速增长，其中除了移民增长之外，人口的自然增长也应达到了一个较高的水平，说明当时成年男女的婚配率比较高，人口中的性比例已经比较平衡。

---

① 张本政主编：《清实录台湾史资料专辑》，第102页。

② “中研院”史语所：《明清史料》戊编，上册，第192页。

③ “中研院”史语所：《明清史料》戊编，上册，第284页。

④ 中国人民大学清史研究所、中国第一历史档案馆合编：《天地会》（四），第264页。

⑤ 福建巡抚浦霖奏折，中国第一历史档案馆录副奏折，03－0291－043。

⑥ 李厚基等修、陈衍等纂：《福建通志》，第2函，第26册，户口志，1938年刻本。

台湾的客家移民及其宗族文化

——以彰化江姓"诒谋堂"为例

杨彦杰*

明清以后，大陆客家人大量迁往台湾，成为台湾土地开发的主要劳动力。客家人迁台大部分来自广东，但也有一部分来自福建，包括闽西客家地区。这些客家人迁台以后，经过几代人的努力，又在新的居住地建立起自己的宗族，并形成了富有特色的文化传统。尽管有些宗族如今已经"福佬化"，但从他们的宗族史料仍然可以看出其来源以及发展脉络。本文拟利用笔者在福建、台湾所得的田野资料，以台湾彰化县江姓"诒谋堂"为中心，具体考察这支江姓如何迁台开基，如何在台湾传承和构建自己的文化传统，以期从一个侧面，深入理解客家人移民台湾的历史过程及其意义。

一、永定江氏的来源与发展

彰化江姓"诒谋堂"来源于永定，因此在探讨"诒谋堂"之前，有必要先对永定江氏的来源和发展作些了解。

永定江氏来自江西。其入闽始祖的早期历史并不清楚，直至清末才逐渐"清晰"起来。① 据现在比较普遍的说法，江氏入闽与南宋末年江西的抗元名臣江万里有密切关系。江万里原籍江西省南康府都昌县，南宋咸淳年间进士，曾官至右丞相。后来因不满贾似道专权，乞休于林下，在鄱阳湖畔的北芝山后建屋隐居，创亭池曰"止水"。南宋末年元军攻陷饶州，江万里不肯

* 作者简介：杨彦杰，中国闽台缘博物馆馆长、教授。

① 参见杨彦杰：《追寻祖先——闽台〈江氏族谱〉的比较分析》，载《福建师范大学学报》（哲社版），2007年第2期。

降元，遂率家眷“三百口尽赴止水而尽”，仅留下三个儿子连同侄兄弟七人奔闽避难。他们先在宁化县石壁村住一段时间，后来又迁往上杭县，再从上杭县分迁高头，此后就在高头定居下来。①

在江氏迁往高头之时，永定县尚未设立，因此高头及其附近的大片区域均属上杭县管辖。至明成化十四年（1478），官府在镇压了溪南里等地民众的反抗之后，才决定析出溪南、金丰、太平、丰田、胜运五里十九图另置一县，并取名为永定。② 而在永定设县之初，高头江氏已经在那里繁衍至少六七代人了。据《济阳江氏高头族谱》载：

> 八世祖成海公，公生于明太祖二十九年丙子岁（一三九六年）……大明宪宗成化元年（一四六五年）乙酉岁至十六年（一四八〇年）庚子岁初开永定县，高头列为金丰里二图二甲，江成万户为里长，后吴大爹改为江添万户为里长。③

这里所说的“八世祖成海公”，实际上是从上杭算起。因为江氏在迁往高头之前，已经在上杭繁衍了三代人，如果从高头的开基祖算起，则仅为五世。④

江成海生有五子：添沮、添济、添澄、添洧、添满。因此，上引资料说永定设县之初“江成万户为里长”，显然是以八世祖江成海这辈（“成”字辈）来命名并代表宗族的；而后来改为“江添万户为里长”，则是以江成海的五个儿子（“添”字辈）来命名。这充分显示江氏在15世纪就已经有了一定的经济实力，在高头承担着为官府收税纳粮、值年应差等里长的角色和义务。

永定江氏的发展自成海以后明显加快。江成海生有五子，其中长子添沮、次子添济在高头繁衍三四代后分别迁往海澄、平和开基，而留在高头的另外三子添澄、添洧、添满则分别肇基于东山、北山、南山三个地方，由此形成江氏宗族的三个基本房派，即东山房、北山房和南山房。如今，江氏在

---

① 参见永定县高头北山修谱小组：《济阳江氏高头族谱》，永定县高头江氏北山房，1989年，第1-3页。

② 方履篯：《永定县志》，卷四《纪事沿革表》，道光十年（1830）木刻本。

③ 永定县高头北山修谱小组：《济阳江氏高头族谱》，第16页。

④ 以下所云几世祖，均以上杭开基祖为计算世代的起点。

高头的总人口近万，其中东山房人数最多，约4000多人；北山房次之，3000多人；而南山房亦有近2000人之众。这三大房派在明清时期均有族人移居台湾，人数甚多，分散在台岛各地。本文所要探讨的彰化“诒谋堂”即来自于北山房派下。

北山房的肇基祖为江添淯，据《族谱》载他生于永乐十二年（1414），号念四郎，娶邬十娘，生三子，其中长子源广、次子源厚无传，三子源深生一子宏宝。而宏宝又生二子，长子受端外迁广东，次子受銮则成为在北山发展的主力。受銮生五子：鲸、鳄、鲤、鲜、鲕。这五个以鱼字旁命名的儿子又各自娶妻生子，其中鲜迁往邻近的南溪茅坪发展，鲸、鳄、鲤、鲕均在北山开拓出居住的村落并建造土楼，此后人口越来越多，逐渐形成许多大大小小不同的房派和他们的居住空间。而在这四个小房派中，又以鲤的后代为最盛。参见下表：

<table>
<tr><th colspan="4">世系</th><th>后代居住地</th></tr>
<tr><td rowspan="9">12
受
銮</td><td>13 鲸</td><td></td><td></td><td>窠角福寿楼</td></tr>
<tr><td>13 鳄</td><td></td><td></td><td>窠角福寿楼</td></tr>
<tr><td rowspan="6">13 鲤</td><td rowspan="4">14 有錤</td><td>16 凌冲</td><td>石圳下甘棠楼、拱辰楼、锐角楼、庵前楼、花萼楼，天助楼</td></tr>
<tr><td>16 福海</td><td>湖竹洋，石圳下南箕楼、狮头楼</td></tr>
<tr><td>16 章我</td><td>下山城，笃尾塘庆裕楼</td></tr>
<tr><td>16 承九</td><td>石圳下中立楼</td></tr>
<tr><td>14 有鐀</td><td></td><td>丰下，老屋角，窠角振田楼</td></tr>
<tr><td>14 有鉷</td><td></td><td>谢屋坑崇德楼、东升楼、隆兴楼、新兴楼、和安楼，桥下角永昌楼、北辰楼</td></tr>
<tr><td>13 鲕</td><td></td><td>石砌楼</td><td></td></tr>
</table>

注：表上世系仅列举有后代的较重要的祖先，并非全部。每个祖先前面的数字代表第几世祖。

十三世祖江鲤生于明正德九年（1513），至十六世已有曾孙辈50余人，可见人口增长之快。人口的迅速增长为宗族的发展提供了大量的劳动力，同时也为宗族的强盛积累了物质财富和人力资本。因此至明朝末年，江氏不仅建造了大量土楼，而且已经设立了祠堂，并开始编修族谱。

江氏的《族谱》最早出现于17世纪。据大陆的《济阳江氏高头族谱》和台湾的《江姓大宗谱》记载，《江氏族谱》首修于明万历四十六年

(1618)，由江心泉编成；至崇祯十六年（1643），又有江元钦、元标两人予以重修；入清以后，还有顺治、康熙、乾隆多次续修；直至民国才再修一次。① 族谱的修撰不仅需要有大量人力物力，而且需要有人才，表明江氏至少从明代中叶以后就已经开始培养后代读书，并很快拥有了自己的儒家知识分子，宗族制度由此得到了进一步完善和加强。

入清以后，江氏宗族进入了强盛时期。此时不仅人丁兴旺，而且人才众多。我们在高头北山房调查时，就发现在一座土楼内至今还存有三块康、乾时期的匾额。其中一块题为“邦家之光”，为康熙四十八年（1709）仲冬月永定县知县曾九寿、儒学教谕李世茂和儒学训导吴霖为“管带乡饮大宾江集成”颁立；另一块题为“兄弟选魁”，是乾隆九年（1744）福建学政吴华孙为当年考中岁贡生的江暹如、江天任两人颁立的；再一块题为“世德书香”，也是乾隆九年由福建学政吴华孙赠与江集成的，上面除了江集成的名字外，还有江建藩、江暹如、江天任、江蔚如、江云等祖孙三代共 32 人的名字。祖孙三代竟然有这么多读书人，足见康熙、乾隆年间江集成这一支派的繁盛。

江集成属北山房，江氏十八世祖，即前列表中十六世祖江凌冲之孙。据当地族人说，江集成是高头著名土楼——承启楼的主持建造者。这座大型圆土楼亦称天助楼，始建于明末，直至康熙四十八年（1709）才完成，历经三代人。楼高 12.4 米，周长 1915.6 米，最外圈有四层，每层 72 个房间，总建筑面积 5376.12 平方米。据说全盛时，全楼共住有 80 多户、600 余人。江集成生有四子，其中江暹如、天任即为江集成之次子、四子，岁贡生；而长子江建藩是庠生，三子江蔚如是监生。另据《族谱》记载，自江集成而下至二十世即孙辈，三代共有男丁 25 人，其中贡生 4 人、生员 4 人、监生 13 人，有功名的竟占总数 84%。② 尤其是监生大量产生于二十世即孙辈（12 人），这充分显示这一支派在江集成创下基业以后，很多子孙是依靠捐纳进入功名行列的。此时的江家已经拥有很强的经济实力。

---

① 永定县高头北山修谱小组：《济阳江氏高头族谱·续后记》，永定县高头江氏北山房，1989 年，第 100 页；江俊昭编撰：《江姓大宗谱》，彰化县员林镇兴里江姓诒谋堂，1995 年，第 13－16 页。

② 江俊昭编撰：《江姓大宗谱》，彰化县员林镇兴里江姓诒谋堂，1995 年，第 27－28 页。

乾隆四十八年（1782），江氏还在他们的住地兴建了文馨塔，以此作为宗族文脉兴盛的标志，具有象征意义。这个文馨塔是由江集成的堂孙、乾隆六年（1741）拔贡生江世春等人倡议建造的，江世春还为此题写了碑文。[①]至道光年间，江氏族人又捐资设立了“文馨课”，以鼓励学子读书。笔者在高头调查时曾发现有两块当年题捐文馨课的碑记，其中一块题为“新捐文馨课款碑”，上面共有63人的名字，均是捐谷，多者六桶、四桶，少者三斗、一斗；另一块为“新捐文馨课银碑”，共记载116人的名字，均属捐银，多者五两、三两，少者一元、半元。这两块题捐碑都刻立于道光二十一年（1841），足见当年江氏宗族人文荟萃的兴盛景象（详见附录）。

随着宗族人口的迅猛增长，江氏居住地已经越来越难以承受人口对土地的压力，很多族人开始外迁，寻找新的谋生出路。江氏居住的高头正处在福建和广东交界处，往东可以进入漳州，顺着九龙江从厦门出海；往南则通往广东，沿着韩江从潮汕出海。因此，江氏从明末开始，尤其是清朝，族人外迁逐渐成为一种风潮，渡往台湾是族人向外发展最重要的一个选择。

二、江利宾渡台及其创业历程

彰化“诒谋堂”的开基祖是永定江氏二十三世祖江利宾，他是道光年间渡台的，正好与江氏设立文馨课处在同一个时代。

关于江利宾的事迹，大陆《族谱》已经没有他的资料，而台湾的宗族谱牒中则有详细的记载。据江俊昭编撰《江姓大宗谱》云：江利宾，讳曾广，江氏二十三世祖，生于嘉庆二年（1797），卒于咸丰七年（1857），享年61岁。江利宾属江集成派下，其世系脉络如下：

18 集成——19 建镛（讳暹如）——20 衍千——21 赞咸——22 雁五——23 利宾

前面说过江集成一脉出现很多文人，直至往后几代都是如此。如上面世系表所示：集成的次子建镛是贡生；建镛的三子衍千也是贡生；衍千生四子，其中第三子赞咸是监生；赞咸生四子，其次子雁五则是庠生；而利宾是

① 永定县高头北山修谱小组：《济阳江氏高头族谱·附记》，第99页。

雁五的长子，也是一名庠生。可见江利宾出生在一个读书世家，他的五代直系祖先都是有功名的人。

江利宾的父亲生于乾隆三十九年（1774），娶游氏，生有五子。据《族谱》记载，他的这五个儿子后来都没有在家乡发展，除了长子曾广（讳利宾）之外，次子曾瑞、三子曾顺均“不详”，而四子曾通“业儒，往台湾与曾广公同住，未娶而丧”；五子荣全“儒医，无娶，往台湾与曾广公同住”。[①] 五个儿子有三个渡台，并且都依靠江利宾生活，他们早年的家境并不见得宽裕。

至于江利宾渡台前后的状况，《江姓大宗谱》还有一段更加详细的记载，引录于下：

> 谨考我先父利宾公为人正直，志高性烈，聪明好学人也。一生总以读书为业，绝不染毫非当。其少年时，先祖大暨祖先咸知为廊庙之器，勤勤恳恳，不胜厚望焉。第是时家资匮乏，需费难充，困苦之下，人所难堪，而彼之发愤志愈力也。穷时读书，不获焚膏继晷，揣摩简练，不辞兀兀以穷。年十四入大学，十八九文堪进不果，延至二十六七加发愤始得志。又延至道光六年七八月间，由唐西渡而至台邦彰邑，于鳌棲港起船，始于犁头店街书院暂住。是时无一财并无物，囊橐罄空，告于何人，只有一腹经书耳，世人那［哪］知其故。未几会文一起，名声一出，济济多士，莫不受业而尊师。以下数年间又遭乱，屡次东西南北，未获宅身之所，之彼适此，良亦苦矣。迨至道光二十六年，方卜筑于员林街三块厝庄之下居焉。后门生进泮补廪者数十余人。一生勤苦之下，千言万嘱，总不外爱儿孙读书。今建有田园厝宅以遗后裔，皆由前时数节艰辛所致。事情湮没，人子奚安，因略叙其生平之大节，以为后代知恩，亦以俾世世子孙知所择业焉。[②]

这篇由儿子撰写回忆“先父”事迹的文字，较详细记述了清代一个读书人是如何渡台谋生以至创立基业的过程。江利宾尽管出生于书香世家，但

---

① 江俊昭编撰：《江姓大宗谱》，彰化县员林镇兴里江姓诒谋堂，1995 年，第 30 页。

② 《利宾公一生事情略记》，载江俊昭编撰：《江姓大宗谱》，第 32、31 页。按：此文原无标点，题目“利宾公”原误为“刘宾公”，径改。又，原文移位错置，引文经笔者考订复原。

小时候的生活却很穷困，家族给他的遗产只是“聪明好学”、“一生总以读书为业”这样的传统。他奋发上进，但得志较晚，26、7岁才考上秀才（庠生）。道光六年（1826）夏季渡台，此时他已经30岁了。如果不是生活所迫，这种年纪早该娶妻生子，是不会两手空空跑到台湾去求生存的。

江利宾抵台后先住在彰化县的“犁头店街书院”。不过，这里有个问题需要澄清，清代彰化共有三家书院（即白沙、主静、文开），没有一家是在犁头店街的，[①] 很可能这是作者追忆时的笔误。据道光《彰化县志》载：清代犁头店街（今台中市）距彰化县城关20里（一说30里[②]），为巡检驻地。[③] 那里有一间创建于嘉庆年间的文昌祠，里面设有社学称腾起社（亦名文林社、兰社）[④]，或者这就是作者所谓的“书院”。江利宾一直没有稳定的住所，直至道光二十六年（1846）才在员林三块厝居住下来，此时他已经50岁了。

江利宾在台湾以教书为生，至于他何时结婚，《族谱》没有确切的记载，不过我们可以从他的妻子、儿女的相关资料中得到一些线索。江利宾娶有一个太太赖氏，谱载她生于嘉庆十三年（1808），卒于同治十三年（1874），享年67岁。而江利宾生于嘉庆二年（1797），比游氏大11岁。[⑤] 据“诒谋堂”江姓族人介绍，据说利宾公到台创业时，主要是教书，也会看地理。有很多媒人给他介绍女孩子，后来他从中挑选了一个有麻脸的，客家人认为这样的长相“较厚”，可以当祖婆，就与这个女子结婚。[⑥]

江利宾婚后育有三男三女，三男是有文、有三、有章，他们都有生卒年份，整理如下表：

姓名	生年	卒年	出生时父亲几岁
江有文	道光十七年（1837）	光绪十七年（1891）	41
江有三	道光三十年（1850）	大正二年（1912）	54
江有章	咸丰二年（1852）	光绪十六年（1890）	56

① 周玺：《彰化县志》，台湾文献丛刊本，第143页。
② 刘良璧：《重修福建台湾府志》，台湾文献丛刊本，第85页。
③ 周玺：《彰化县志》，第40页。
④ 周玺：《彰化县志》，第152页。
⑤ 江俊昭编撰：《江姓大宗谱》，第32页。
⑥ 2005年1月2日上午，员林三块厝“诒谋堂”调查笔记。

上表可见，江利宾的长子有文生于道光十七年（1837），此时利宾已41岁，其妻赖氏30岁。而次子与长子相差13岁，三子与次子相差2岁。换句话说，江利宾另外还有三个女儿，很可能是在长子和次子之间出生的。这样，江利宾结婚大约就在他40岁或此前不远，年龄已经比较大了。笔者曾研究台南鹿陶洋江氏，发现在渡台开基的最初两代，结婚年龄都是较迟的，如开基祖江如南结婚已在36岁以后，他的儿子江公月是在35岁以后，直至第三代才比较正常，而且早期男女相差都是十几岁。[①] 台湾在清代开垦时期，男女性别比例相差甚大，男多女少，这就造成许多女性配偶都比男性小很多，而且男性结婚年龄都比较大。[②] 江利宾的个案正好与很多移民开基的个案相吻合，反映了那个时代台湾移垦社会中普通创业者的艰辛历程。

江利宾在他的晚年已经建立了自己的家业，他的两个弟弟也跟他一起生活，三个儿子后来又分别成家立业，繁衍后代。其中长子有文生了五男五女、次子有三生五男一女、三子有章生四男三女。至第三代，以有文这一房为例，长子德基又生五男五女、次子西斗生六男三女、三子德星生四男四女、四子德权生五男六女、五子德能生一男二女，整个家族都在加速生育，因此人口增长很快。据《江姓大宗谱》云：江有文娶妻肖氏。这个肖氏享年91岁，在她去世时，“五代同堂，子孙百六十余人”。[③] 这仅是有文这一房的情况，如果加上有三、有章这两房，整个“诒谋堂”的人口状况就可想而知了。

由于江利宾出生于读书世家，因此他的后代也多以“业儒”或“从医”为业。江利宾的三个儿子都是儒生，其中有三和有章是庠生。至第三代“德”字辈，已经生活在日据时期，仍有德星、德滋、德焜等人业儒，德基从医。而德基之后，他的五个儿子，长子金波、三子金报都业儒，五子金锭也是一名“儒医”。江氏以从医为业当是从利宾的五弟荣全开始的。《江姓

① 杨彦杰：《移垦历史与宗族文化的建构——以鹿陶洋江氏宗族为例》，载林玉茹、艾茉莉（Fiorella Allio）主编：《南瀛历史、社会与文化》，台南县政府、南瀛国际人文社会科学研究中心，2008年，第372页。

② 参见杨彦杰：《从福建族谱看清代台湾移民的若干问题》，载厦门大学台湾研究所台湾历史研究室：《海峡两岸首次台湾史学术交流论文集》，厦门大学出版社，1990年，第288页。

③ 江俊昭编撰：《江姓大宗谱》，第33页。

大宗谱》载荣全“儒医，无娶，往台湾与曾广公同住”，[①] 即住在江利宾家里。而他的这个特长对江利宾的后代也会产生直接影响。据江金锭后来自己写的一份《历记》云：他之所以从医是从父亲德基那里学来的，而德基就是江荣全的侄孙，26 岁时荣全才去世。现将江金锭所写的这篇记述文字删引于下：

> 公乃是德基公之第五子，少之时父甚宠爱，知其才日后有廊庙之器，必定功成名就焉。年既七岁之初入学书轩三年，毕学后为牧童，已知其苦。十三岁春自思读书为要，随入员林公学校。而在学中昼夜殷勤苦读，年年亦受优等赏，亦作级长。至十七岁春即卒业，是月再赴台北艋舺府属公学校，于七月休学而归。后近父经商药业医书。二十岁四月父亲致病仙游，药商自营。至二十五岁癸丑五月兄弟阋墙之故，各承遗业。至三十一岁八月寿诞日期，亦聘小戏庆祝，妻旧备办数十盛祝贺。万事由天，不觉十五星霜，积金万余，置田园厝宅以遗后裔，皆由前时数节艰辛所致。[②]

江金锭出生于 1894 年，他 31 岁（1924）祝寿时已是比较风光了。从 17 岁休学后近父学医经商，到 31 岁正好是“十五星霜”，此时他已“积金万余”，并置有“田园厝宅以遗子孙”，发展是比较快的。至 1934 年，江金锭还在旧宅前兴建了一座房屋，他很细心地把这座新屋的“监造日课”都记录下来，保留在《大宗谱》内。[③]

由于江利宾的后代一直保持着读书的传统，业儒、经商、学医多有其人，这就为宗族的发展提供了较好的条件，在此背景下也为“诒谋堂”宗族文化的建构提供了物资和人才的基础。

---

① 江俊昭编撰：《江姓大宗谱》，第 30 页。

② 《金锭公一生历记》，载江俊昭编撰《江姓大宗谱》，第 38 页。按，上引资料在时间上有两个问题：1. “二十岁四月父亲致病仙游”。金锭的父亲生于咸丰七年（1857），卒于大正二年（1912），而金锭生于光绪二十年（1894），父亲去世时他才 19 虚岁，非 20 岁。2. “至二十五岁癸丑五月兄弟阋墙”，癸丑为 1913 年，此时金锭才 20 虚岁，非 25 岁。如果是 25 虚岁即 1918 年，此年为“戊午”，非“癸丑”，未知孰是。

③ 江俊昭编撰：《江姓大宗谱》，第 38－39 页。

三、“诒谋堂”的宗族文化建构

江利宾在台湾成家立业后不久就去世了，而他的三个儿子则成了接续宗族关系、在彰化构建宗族制度的重要人物。

同治九年（1870）正月，江利宾的次子有三回到祖居地，抄录了永定高头江氏北山房的族谱及其他相关资料带回台湾。江有三是个庠生，当年他21岁，很可能此次抄谱与他到大陆游学也有某种关联，但具体细节不详。据彰化《江姓大宗谱》载：江有三抄录的是顺治七年（1660）和康熙十年（1671）江氏先祖订正的族谱传抄本。《大宗谱》云：“大清顺治柒年庚寅岁十六世嗣孙际云号梧耸讳奋龙立，康熙十年辛亥岁秋月十七世嗣孙景斌号浣槐订正，朝分派某代分居略以录出，待后贤哲可参详也。十九世嗣孙雅章字士钦抄录，大清同治九年庚午岁春元月廿四世嗣孙有三再录。”[①] 十九世嗣孙雅章抄录这份族谱在乾隆二十八年（1763），此时他已81岁高龄，“眼花手战，执笔不定，写字不知轻重”。[②] 而江有三就是从这份乾隆年间抄录的族谱中转录带回台湾的，其来源脉络相当清楚。

江有三把大陆的族谱带回台湾后，即着手接续他们这一支的繁衍脉络，并写了一篇《利宾公一生事情略记》，作为江姓“诒谋堂”在台开基的源起。此时江利宾已经去世，他的三个儿子实际上都参与了此次接修族谱的过程。他们在述完江利宾的事迹之后还写上了这样一句附注：“时维庚午之秋辰月有三谨志，有文、有章同校”。[③] 所谓“庚午之秋辰月”即同治九年（1870）秋季的某月（可能是九月），[④] 此时离江有三抄回族谱已半年有余。兄弟三人共同为父亲作传，既是对过往历史的追忆和总结，更是在开启新的历史，开始对江姓“诒谋堂”宗族制度进行实质性的建构。

在“诒谋堂”《江姓大宗谱》内，还有一篇当年（1870）由江有三撰

---

① 江俊昭编撰：《江姓大宗谱》，第15－16页。

② 江俊昭编撰：《江姓大宗谱》，第11页。

③ 江俊昭编撰：《江姓大宗谱》，第33页。

④ 按，秋季为农历七、八、九月，对应的地支为申、酉、戌月，文中的“秋辰月”当为“秋戌月”之误，即当年的农历九月。

写的《台湾续永邑谱叙》，明确提到今后如何对族谱进行接续重修的问题。文云：

人生在世，伦常为要；祖远族大，谱系宜修。愿流长之靡替，讵源远而莫追。遐想我始祖自杭移永，由来久矣。奕叶相承，人丁繁衍，曷可胜数。我曾广公由永而至台邦彰邑燕雾保三块厝庄居住，克承先人之志，肇启万代之基。财丁由是勃兴，人文就此蔚起。宗谱之书，宜继续焉。是以查考之下，爰笔之书。虽于各房分派之繁，难以尽录，而我祖一脉之源，亦自不紊矣。自今以始，几［凡］有生子生孙者，须于男名妇姓一一到此呈明，无容紊乱。至传下丁众，各房又宜各修一谱。有志成人者，可以集其大成，则庶乎祖宗之来历可鉴，而辈数之高下可无差矣。是为序。①

编修族谱是构建宗族制度一项十分重要的内容。自江有三兄弟编成族谱之后，他们的后人又多次进行重抄和接修，如：光绪二十一年（1895）春元月，廿五世嗣孙德基再录；民国十七年（1928）冬葭月，廿六世嗣孙金锭续录；1995年春元月，廿八世嗣孙俊昭编撰。② 江德基和江金锭父子的事迹前面已述，而二十八世孙俊昭即江金锭的侄孙，他的祖父江金报与金锭是同胞兄弟。因此，我们今天所见的“诒谋堂”《江姓大宗谱》，是在江姓几代人的共同努力和传承之下，最后由江俊昭于1995年元月编印而成的版本。

这本重新编印的《江姓大宗谱》，其内容主要是记录“诒谋堂”长房，尤其是江金报这一支的世系，而它的源头则保留了江氏从上杭到永定，以至从永定到台湾与“诒谋堂”有关的繁衍脉络。尽管该宗谱经过多人传抄，其中笔误者不少，尤其是有些文献因为抄录时装订错误，以致很多地方出现前后倒置的现象，非经详细考订难以卒读，但该宗谱对于我们理解彰化“诒谋堂”的来源及其宗族文化，则有不可忽视的意义。

第一，这本宗谱保留了许多明末以来江氏宗族的重要文献。由于该宗谱抄录于清末，原本为明末以至康、乾修订的族谱，加上抄录者是一名庠生，因此保留了不少该宗族早期的珍贵史料，有些资料于今已很难找到。如该宗

① 江俊昭编撰：《江姓大宗谱》，第31页。

② 江俊昭编撰：《江姓大宗谱》，第16页。

谱载有明万历四十六年（1618）江心泉首修族谱《序》、清顺治七年（1660）江际云续修族谱的《宗支小引》，以及《济阳江氏上杭建祠碑记》等，这些资料对于我们了解江氏早期开基的历史，以及房派繁衍、各地派系整合、联合建造大宗祠等重大事件，都具有不可忽视的价值和意义。

第二，该宗谱填补了大陆族谱的某些缺失。由于宗族繁衍世代久远，加上江氏族人众多，从清朝开始就各房各自修谱，因此很多外迁房派在目前所见的大陆族谱中都已经失记。如近年刚完成的《济阳郡永定江氏宗谱》，这是一本至今最完整的江氏宗谱，厚达1000多页，联合两岸江氏、综合众多房派的资料编撰而成。可是在这本宗谱中，却找不到本文探讨的江利宾这支的任何记载，甚至连他的祖父、父亲及其同胞兄弟的繁衍世系也附之阙如。① 而在更早编印的《济阳江氏高头族谱》中，同样也没有这些相关记载。② 这表明很多清代向外迁移的族人，由于长久失去联系，祖居地流传下来的宗族资料确实需要进行更多的增订和补充。这本彰化《江姓大宗谱》正好弥补了江利宾这一支的缺失，而且某些族人资料也可与大陆编印的谱牒相对照，作更细致的考订和修正。

第三，更值得注意的是，这本宗谱还抄录了江氏“东峰公”的资料，这对于我们理解“诒谋堂”宗族文化的形成同样具有重要意义。

“东峰公”是永定江氏东山房的一个祖先，明嘉靖年间由于张琏之乱，他率领子侄奋勇抗御，不幸身亡。死后逐渐演变为家族神，在东山房内及周边外姓受到热烈崇拜，而北山房的族谱中却无只字记载。③ 江利宾这一支属北山房，然而这本以“我祖一脉之源”为准绳抄录下来的族谱，却单独抄录了东山房“东峰公”的资料，不能不引起注意。该资料云：

> 十三世长房祖考宽山，号东峰江公……公生时，英雄好义。于嘉靖廿九年三饶贼张连、薛峰称王称帝，纠匪万余猛，横行乡里。宽山公偕父子兄弟叔侄，统领乡兵，大战数场，杀贼数百。是时，宽虎公同二男

---

① 参见《济阳郡永定江氏宗谱》，永定江氏宗谱编纂委员会，2003年，第406、419－422页。按，江利宾的曾祖父衍千生四子：赞猷、赞为、赞咸、赞烈，而这本《宗谱》仅记赞为（写作“赞维”）这一支的部分资料，其余均阙如，说明大陆江氏族谱在清末以后资料丧失甚多。

② 参见永定县高头北山修谱小组：《济阳江氏高头族谱》，第35－36页。

③ 参见上引《济阳江氏高头族谱》，该族谱由北山房编修，仅记载江氏北山房的资料。

致远、致清三人被贼杀亡。宽山公大怒，又偕男偕侄，统乡兵与贼大战一场，贼首受伤，余死者不可胜数。宽山公乘胜直捣贼巢，一时救兵不到，宽山公与三男殁［致］深、致活、致洲并一侄致长五命阵亡。至壬申年，漳贼又同捣乱。道宪闻知，即遣守备李光斗带兵到苦竹庵理办。是夜，宽山公身着铁甲，至庵显身说："贼退，你兵不必扰我乡里。"次早李守备即述诸乡约众人，皆言是东峰公出阵，即备猪羊祭拜。归仙之后，英雄灵显赫，今族中并异姓皆奉祀香火，即吾侪会所祭东峰公太是也。①

"东峰公"阵亡后，大致在明末清初就开始"显灵"，逐渐被神化。入清以后，随着江氏族人大量迁往台湾，"东峰公"崇拜也传入台岛。彰化"诒谋堂"这份族谱抄录于清末同治年间，抄录者特别把与他们房派无关的"东峰公"资料抄录回台，显然此时在彰化"诒谋堂"已经有了"东峰公"崇拜，至少抄录者已经有了这方面的意识。

"东峰公"崇拜原来在永定高头只局限在东山房内，其他祭祀者包括周边的外姓或外地族人。而传播到台湾后，则逐渐演变为台湾各地江姓宗亲集体崇奉的对象，不管是东山房或者北山房、南山房，甚至来源已经无法厘清的江氏后裔，很多都把"东峰公"崇拜视为江姓认同的一个标志。② 笔者在"诒谋堂"调查，发现在江利宾早年开基的三块厝祖堂后面，还有一间神明堂，其正中神案上就供奉"东峰公"神像。据族内老人说，他们小时候（日据时期）每年"东峰公"生日就会到邻近的永靖乡竹子下祭拜"吃公"。③ 永靖乡竹子下也有一座"东峰公祖祠"（称"义勇祠"），当地江姓也来自永定，迁台比"诒谋堂"早。④ 显然，"诒谋堂"的"东峰公"崇拜是从竹子下传来的，至少与竹子下江姓有非常密切的关系。江姓"诒谋堂"从清末开始构建的宗族文化，并非都是来自原乡北山房的传统，也有一些是

---

① 江俊昭编撰：《江姓大宗谱》，第23、20页。按，该资料颠倒错置，引文之标点亦经笔者重新调整修改。

② 参见杨彦杰：《从祖先到神明："闽台'东峰公'崇拜之研究"》，载江明修、丘昌泰主编：《客家族群与文化再现》，智胜文化，2009年版，第155－178页。

③ 2005年1月2日上午，员林三块厝"诒谋堂"调查笔记。

④ 参见江洪俊公派下族谱编辑委员会：《江洪俊公派下族谱》，彰化县永靖乡竹子下江姓，1994年。

在新住地吸收其他文化融汇而成。

四、结　　语

彰化江姓“诒谋堂”迁台时间较晚，在众多客家人移民台湾的案例中它只是其中一个。不过，由于江姓“诒谋堂”有相当完整的宗族史料，与原乡又有很多史料可资对照，对于我们深入理解客家人移民台湾的背景、过程及其宗族文化的构建，都是不可多得的研究个案。通过以上各节讨论，我们可以得到以下认识：

一、道光年间江利宾渡台完全是生活所迫。他出身于一个世代书香的家庭，然而一个读书人也不见得就有很好的家庭环境。他到台湾能够赖以生存的本领是“业儒”，即教书兼看风水。这种以教书为业的移民在清代并非绝无仅有，但与普通劳动者相比显然人数较少，是值得探讨的。

二、江利宾在台湾创业的过程相当艰辛。他 30 岁渡台，大约 40 岁结婚，50 岁才有属于自己的住所。他的太太比他小 11 岁。这种大龄结婚，而且男女年龄差别很大的状况，在清代台湾移民开基的历史上是常见的现象。所值得注意的是，一个儒家知识分子在台开基的历程及其创业过程中对后代的影响。

三、由于江利宾一生以教书为业，因此他的后代也多以读书为重，甚至在日据时期，“诒谋堂”派下还有很多人“业儒”、“从医”。这种宗族文化传统的延续，塑造了江姓“诒谋堂”的文化特质。如今三块厝祖堂的藏头联仍充分显示着该宗族的文化传统：“诒子遗孙箴规永如金玉，谋藏法善世代必定芳隆”，即永远遵循先祖遗规，“千言万嘱，总不外爱儿孙读书”。这种耕读传家的思想一直是客家人世代相传的美德。另一方面，大量读书人的出现也为宗族制度的形成创造了条件。江利宾开基以后，第二代就还乡抄录族谱，并接续了在台繁衍的谱系，以至今天仍有很好的宗族史料保留下来。如果没有以读书为重的传统，宗族制度的建构和延续显然就不会如此顺利，或者还要推迟很久。

四、江姓“诒谋堂”除了继承大陆原乡的文化传统之外，他们也在新的居住地吸收了当地的某些文化元素。如“东峰公”崇拜原来就不是北山房的传统，而是在开基创业的过程中，通过与其他江姓移民的接触互动才吸收进来的，从而构成了江姓“诒谋堂”宗族文化的一项重要内容。因此，移民及其新的文化传统的形成，并不是简单的传承，而是移民与新居住地周边人群长期接触互动的结果。

如今江姓“诒谋堂”的族人已经福佬化了。很多人不会讲客家话，有的甚至不知道他们的祖先原来就是客家人。不过，在他们的宗族文化中仍有许多客家人的传统，如耕读传家、遵循族训、重视谱牒，甚至连“东峰公”崇拜都是来自大陆客家地区。江姓人直至日据时期其实都还有客家人的词汇。如前引江金锭的生平史料说：他 31 岁那年祝寿，“妻旧备办数十盛祝贺”。这里的“盛”原来应有木字旁，是客家人对肩扛木质大礼盒的特有称呼，福佬人没有。可见在这份史料撰写期间（1920 年代中后期）①，彰化江姓“诒谋堂”的族人还会使用客家话。语言是在族群互动过程中逐步变迁的，江姓客家话的消失有其社会环境和历史因素，但客家人的特质及其与血脉相连的宗族文化传统却比语言持续得更久。

附录

新捐文馨课款碑

怀山公六桶　朝彩六桶　登翰公四桶　初兆公三桶　奎光三桶　拱南公五斗　成溪公五斗辉唐公二桶　郁轩公二桶　宏喜公二桶　超润公二桶　极一公二桶　茂芳二桶　宏名二桶平泽公三斗　云溪公一斗　恩圃公一斗　柱臣公一桶　映九公一桶　翰冲公一桶　华章公一桶　义轩公一桶　泮昭公一桶　雪馨公一桶　沛九公一桶　兴溪公一桶　斐朝公一桶　心田公一桶　冀埜公一桶　德化公一桶　锡文公一桶　万亭公一桶　仰雍公一桶　洁溪公一桶　希上公一桶　任良公一桶　邦翰一桶　阶度一桶　凤清一桶　凤目一桶　凤传一桶　兰标一桶　占蔚一桶　渠成一桶　崠茂兰公一桶　超信一桶　珍翰一桶　清科一桶　赐绶一桶　敦仁公一桶　碧光一桶　士能公一斗　西垣公一斗　素竹公一斗　履平公一斗　北亮公一斗　念祖一斗　万吉公一斗　五藏公一斗　起仁公一斗　莫山公一斗　忝书公一斗　凤云一斗

① 参见江俊昭编撰：《江姓大宗谱》，第 38 - 39 页。按：江金锭于 1928 年冬续录族谱，说明他自己写的这份生平《历记》此时当已形成。

道光二十一年辛丑岁秋月吉旦立

新捐文馨课银碑

永诰公五两　厚明公五两　遵圣公三两　宝善公三两　锦海公三两　隆南公三两　献堂公三两　赞豪三两　吉贤三两　吉晖三两　怀仁三两　耀亭公、高郎共五两　鲲化公二两　丰仰公二两　遵五公二两　溥轩公二两　谱堂公二两　敷荣公、尚英公、倬斋公、仪锦公、丰济公、高上、裕仁、宣舍、仁发、金秀、希林、赐筹、健行、英进各捐银贰两　育长一两五　似海公一元　心泉公一元　仰垣公一元　启统公、简斋公、进寨公、圣蝟公、岷溪公、居新公、荣世公、勤山公、顺德公、庆云公、若湖公、晦亮公、吐玉公、和轩公、希进公、东来公、清和、舜能各捐银一元　凤勋、凤正、春翰、修翰、健光、超蔚、升腾、攀翰、佐隆、灿光、秀叶、希锦、荣赐、志斋公、赐书、建灿、纪周各捐银一元　瑞昌一元　瑞才一元　泰来一元　岳星一元　功来一元　鲔公一两　拱汉公、添澜公、潜藻公、图龙公、生野公、乐泉公、毅任公、希援公、献东公、素存公、慕斋公、裕德公各捐银一两　直义公、敬轩公、潜光公、仑蕃公、侃志公、先善公、庭植公、植栽公、玉碧、吉裳、新寿、吉丰、晋吾、达邦、起隆、泮容、渭容、蕙标各捐银一两　观恩、霖淇、科喜、闰来、标赠、盛接各捐银一两　瑞泰半元　五春一两　振兴二两

道光二十一年辛丑岁秋月吉旦立

罗汉脚：清代台湾移民社会中的游民问题

陈小冲*

游民问题是清代台湾的一大社会问题，各地的竖旗、械斗等民变事件中，不时有游民的身影，台湾人民反抗清王朝统治的斗争里，也少不了游民的参与。因此，如何处置游民已经成为清廷和台湾地方官府面对的棘手课题。而游民中又以所谓罗汉脚者最为著名。有关游民问题，前辈学者已有不少成果问世，但仍有继续深入的余地。本文拟选择清代游民中罗汉脚这一特殊群体，从流氓无产者的角度，来探讨清代台湾社会的游民问题，希望能够提供一个新的研究视角。

一、所谓罗汉脚为何？

清代是台湾开发史上的一个重要阶段，大批闽粤移民陆续进入台湾，他们筚路蓝缕，辛勤垦拓，开发和建设这座美丽的宝岛。与此同时，台湾社会也出现了为数不少的游民阶层，他们的生存状况及其在台湾开发中的地位，一直颇受争议。游民中更有一类被称作罗汉脚的人群，他们的情况尤其值得我们关注。

根据孔立先生的研究，台湾文献中较早出现的罗汉脚记载，是在乾隆三十四年九月二十四日闽浙总督崔应阶的奏折中：

> （闽粤移民中）穷极无聊及犯罪逋逃之辈。及至到台，又无以糊口，其性情凶悍狡诈，不能安分，遂致城市村庄，游行飘荡，酗酒打斗，无恶不作，并结伙联群，借位声援，混名称为罗汉脚。此辈鼠窃狗

* 作者简介：陈小冲，厦门大学台湾研究院历史研究所所长、副教授。

偷，到官罪止枷责，既释之后，益加凶横，实为闾阎之害。①

清代台湾社会的罗汉脚究竟是什么样的一群人？从上引文献中我们已经可以得到初步的了解。但这还不够，有清一代关于罗汉脚的记载还有不少，下面我们就所掌握的与罗汉脚直接相关史料进行类比，尝试从中复原罗汉脚的历史原貌。

（1）《海东札记》（乾隆三十七年）：

台湾更有一种无赖之人，出则持挺，行必佩刀，或薮巨庄，或潜深谷，招呼朋类，煽惑蚩愚。始而伏党群偷，继而拦途横夺，盖梗化之尤者。初方目为罗汉脚，而治之不早，将有鸱张之势。②

（2）《清实录台湾史料专辑》（乾隆五十三年）：

至台湾无籍游民，不安本分，武断一方，名为罗汉脚。此等恶习最为可恶，与四川咕噜匪犯无异。现经大加惩创之后，不可不实力查拿，随时严办，尽绝根株，不复有此项名目，方为妥善。③

（3）《清实录台湾史料专辑》（道光六年）：

此案起于械斗，台俗顽悍，事所恒有，断无蔓延数邑之理。实皆游手匪徒乘机煽乱，土人谓之罗汉脚。现在蔓延既广，尤以械斗为名。欲为之剖示曲直，则首先起衅诸人，或已彼此残杀，无从质讯。欲慑以兵威痛剿，则愚民惧于并殊，转遂其诱胁之计。④

（4）《问俗录》（道光十三年）：

台湾一种无田宅、无妻子、不士、不农、不工、不贾、不负载道路，俗指为罗汉脚。嫖赌、摸窃、械斗、竖旗，靡所不为。曷言乎罗汉脚也？谓其单身，游食四方，随处结党，且衫裤不全，赤脚终生也。大市村不下数百人，小市村不下数十人。台湾之难治在此。⑤

（5）《海音诗》（道光末咸丰初）：

---

① 军机处录副，乾隆三十四年九月二十四日崔应阶奏，转引自陈孔立：《清代台湾移民社会研究》，厦门大学出版社，1990年版，第104页。

② 朱景英：《海东札记》，台湾大通书局台湾文献史料丛刊本，第29－30页。

③ 张本政主编：《清实录台湾史料专辑》，福建人民出版社，1993年版，第553页。

④ 张本政主编：《清实录台湾史料专辑》，福建人民出版社，1993年版，第766页。

⑤ 陈盛韶：《问俗录》，书目文献出版社，1983年版，第137页。

匪徒滋事，传食诸屯庄，谓之派饭。领队者曰股头，余党曰旗脚。闯兄，罗汉脚之别名也。近日竖旗聚众，多以械斗开端，非真有大志也。①

美仔林边径路分，中藏罗汉脚纷纷；寄言玉局休相笑，担粪年来亦不群。（台兵之横，殃及平民；然所惧有四焉：曰舆夫也，罗汉脚也，大西门外蔡、郭五大姓也，大南门边担粪人也。盖四者半孤身无赖，好勇轻生；其党多至千百人，愈集愈多，拼命死斗，兵无如之何也。抑此四者，遇地方有事，收之则为用，散之则为非，当事者尤宜加意也。美仔在宁南坊，地旷径多，罗汉脚所聚也。）②

从以上摘引的史料来看，罗汉脚在台湾的出现，约肇始于乾隆中期，故《海东札记》称之"初"起，且谓不早治理有祸害将来的隐患。我们知道，台湾游民问题早在康熙时期就已经出现了，《诸罗县志》记载："我朝置县，流移者踵相接，多莫知所自；乃渐有非商、非农潜窜里社，不务职业，张空拳思攫金以西者。"③ 他们"引类呼朋，连千累百，饥来饱去，行凶窃盗。"④ 罗汉脚则是游民问题发展到一定阶段的产物，它表明乾隆中期一种典型类型的游民出现于台湾社会，史料记载在谈到这类游民时，揭示了这么几个关键词："无赖之人"、"无籍游民"、"游手匪徒"，换句话说就是游手好闲、惹是生非的一班人。按照上引陈盛韶《问俗录》的解释，结合其他史料比对，我们可以概括出罗汉脚的若干基本特征：

第一，单身。实际也就是单身汉，因为罗汉脚没有女的。台湾旧俚语中有所谓"红柿若出头，罗汉脚就目屎流"。说的即是早期渡台谋生的罗汉脚，冬天看到红柿要上市的时候，因为单身汉无妻无儿，无人可嘘寒问暖，便伤心流泪。

第二，穷人。他们是一群背井离乡，横渡黑水洋来到台湾闯天地的人。衣裳不整，甚至终年打赤脚。

---

① 《海音诗》第五十首注。台湾先贤集3，台湾中华书局，1971年版，第1263页。

② 《海音诗》第五十首注。第五十九首，台湾先贤集3，台湾中华书局，1971年版，第1265页。

③ 周钟瑄：《诸罗县志》卷八风俗志汉俗，台湾丛书第1辑台湾方志汇编第2册，第132页。

④ 周钟瑄：《诸罗县志》，卷八风俗志杂俗，第144页。

第三，无业。这里有两层意思，一是无产业，即“无田宅”。一是无职业，陈盛韶说他们“游食四方”，崔应阶称其“无以糊口”。不过，这里的无职业应当指的是无固定职业，因为游食四方也是要有谋生手段的，而显然他们不是乞丐之流，否则就该被列为恶丐。

第四，边缘人。陈盛韶所云“不士不农不工不贾”，既是说他们不从事这些行业，也有无法将其归类到正常社会的士农工商各门类之内的意思①，他们成了游离于社会的边缘人。

第五，拉帮结派。既所谓“随处结党”，且“结伙联群，借位声援”。

第六，违法犯罪。“游行飘荡，酗酒打斗，无恶不作”。这些还是轻的，在地方官绅的记录中往往是以“匪徒”视之。

这样一来，罗汉脚的角色就清楚了，他们是典型的游民，出现在清代乾隆中期的台湾，是来自海峡对岸的单身穷人，身无长技，游荡四方，常常结伙惹是生非，甚至违法犯罪。至于罗汉脚称呼的由来尚无定论，传说此等游民四处漂泊时，往往借宿于庙宇，大殿是不让他们呆的，于是睡在偏殿或后殿的罗汉塑像脚下，世人称之罗汉脚。亦有学者称罗汉塑像与罗汉脚同为赤脚，故称。

二、罗汉脚滋生的土壤

罗汉脚来自大陆闽粤地区，他们作为移民进入台湾是为了寻找新的生活天地来的。李祖基教授曾经将清代台湾移民分为生存型、发展型两个大的类型，就罗汉脚而言，显然不属于发展型，因为他们都是穷人，没有什么资产能到台湾投资。他们是典型的生存型移民，不畏波涛汹涌的大海来到台湾，是期望获得更好的生存环境和机会。

历史上生存型移民占大陆赴台移民的大部分。不过，假设一条船上有一百名都属穷人的移民，人们在审视他们的时候面临两个问题：其一，他们将来不可能都是游民，从渡台移民的大概率来说，游民只会占其中一小部分，

① 台湾学者将其白话汉译为“不是读书人也不是农人，不是工人也不是商人”。陈盛韶：《问俗录——福建台湾的民俗与社会》，台湾武陵出版有限公司，1991年版，第175页。

罗汉脚的比例就更少了；其二，在他们踏上台湾之前，人们将无法从中分辨出谁会成为游民或罗汉脚。这就告诉我们，罗汉脚是在台湾这块土地上形成的（或许有部分人在原乡就是游手好闲之辈，即闽浙总督崔应阶所云“穷极无聊”者，相信其毕竟占少数），那么罗汉脚产生的社会土壤又是什么呢？

首先是拜清政府禁止携眷入台政策所赐。早期大陆渡台移民大多是单身的，不过这并不是出自他们自愿，而是很大程度上迫于政府的政策。邓孔昭教授在分析清代实行禁止赴台者携眷政策时指出：康熙末的《诸罗县志》已经记载有“内地各津渡妇女之禁”，造成了“男多于女，有村庄数百人而无一眷口”的情况。此一禁止携眷政策时宽时严，一直到乾隆五十四年彻底解禁，时间长达94年。① 应当这说是造成以单身为其重要特征的罗汉脚形成的重要原因。但它又不是主要原因，否则无法解释解禁后台湾罗汉脚为何依然大量存在？

其次是清政府消极治台政策的挤出效应。清廷对台湾的消极政策早自康熙统一台湾后的弃留之争中就埋下了伏笔，康熙尽管采纳了施琅保留台湾、设郡建置的建议，但他的用意主要在于防止台湾重新沦落到反叛者或外国势力的手中，从而威胁东南海疆的安全。康熙《诸罗县志》的编纂者显然体会到了这一点：“凡以台属一隅宿兵，岁縻帀饷十余万，朝廷岂有求增赋而尽地利之心；大指在抚绥安辑，固海疆之外圉为闽、粤、江、浙四省之屏蔽；台湾安而四省安，四省安而天下安矣。”② 因此，在对待台湾开发的政策上，绝大多数时间内清廷一方面限制大陆移民渡台，另一方面则限制渡台移民对少数民族地区的侵垦。乾隆二十五年更严格实施“土牛划界”政策，沿民“番”交界处，堆筑土牛，禁止越界开垦，“划定新界之外，其田园埔

① 周钟瑄：《诸罗县志》卷十二杂记志，外纪，台湾丛书第1辑台湾方志汇编第2册，第284页。参见邓孔昭：《清代大陆向台湾移民中的女性移民》，会议未刊稿。

② 周钟瑄：《诸罗县志》卷六赋役考，户口土田，台湾丛书第1辑台湾方志汇编第2册，第84页。

地，尽皆退为荒埔，还番管业，不许汉人贌垦。”① 番地开垦的途径被阻绝，甚至一些原先已经垦拓的土地也被清理退还。这样一来，源源不断的大陆移民入台和清廷消极开发政策之间形成了一对尖锐的矛盾，其结果必然导致一定程度的劳动力挤出效应，找不到土地开垦或佃种机会的人多了起来，势必造成游民罗汉脚的形成和人数的增加。“土牛划界”政策实施相隔九年后史料上就出现了罗汉脚的记载，这并不是偶然的。

第三是单身移民向有眷移民转化过程的结构性延迟。上面提到早期渡台者大多为单身移民，他们到了台湾之后经过艰苦努力，有了一定的积蓄和能力，便有将家人接来台湾居住的打算，正如福康安所云：“总因内地生齿日繁，闽粤民人渡海耕种，谋食居住，日久置有房产，自不肯将其父母妻子仍置原籍，搬取同来亦属人情之常。”② 但是，从渡台打拼到小有成绩，依个人努力和机遇的不同需要长短不等的时间才有能力搬眷或者结婚成家，这种时间差也是一段时期内台湾社会总是有大量单身者存在的原因，这些单身汉中的失败者有人加入或被裹胁到了罗汉脚的行列也是不足为奇的。

最后是跟台湾土地开发与人口增长关系的转变有关。据台湾学者的研究，台湾土地开发到了道光年间已经渐趋饱和，而移民人口的增长仍在继续，人口与土地的矛盾已经开始显现。如监察御史林士传云：“彼处今昔情形甚有不同，从前土广人稀，食之者寡，今则人烟稠密，生齿繁多矣。”刘韵珂则称：“从前地旷人稀，物产丰富，力作经营，在在皆可谋食，近则生齿日繁，生业乏术，有游民而无恒产，鲜不流为盗贼。”③ 因此，台湾社会工作机会的逐渐缺失，也是造成罗汉脚现象难以消弭的深层社会经济原因。

概而言之，罗汉脚的存在既是清代台湾移民社会发展进程中固有矛盾发展的产物，又在某种意义上与清廷对台政策有着较大的关联。

---

① 张本政主编：《清实录台湾史料专辑》，福建人民出版社，1993 年版，第 199 页。当然这不妨碍清代某个阶段或某些官员有意实施略为积极的开发政策，参阅李祖基：《论雍正年间台湾“番”地开垦政策的变化》，收入《海峡两岸台湾社会经济史学术研讨会论文集》（上册），厦门大学台湾研究中心，2009 年。

② 《天地会》（5），中国人民大学出版社，1986 年版，第 99 页。

③ 参阅林伟盛：《清代台湾社会与分类械斗——罗汉脚》，台湾自立晚报社文化出版部，1993 年版，第 144 – 145 页。

三、流氓无产者

迄今为止人们看到的有关罗汉脚的记载，清一色都是负面的描述，在这些史料中，罗汉脚对于台湾社会简直有百害而无一利。前面我们的引述中的“游手匪徒”四个字仿佛就是烙在他们额头上的识别标签。而在相关的事例中，我们也看到了不少记载为人们展示了罗汉脚是如何危害社会的，譬如：

（1）《噶玛兰厅志》：

> 闽粤分类之祸，起于匪人。其始小有不平，一闽人出，众闽人从之，一粤人去，众粤人和之。不过交界虑掳禁争狠；而闽粤头家，即通信于同乡，预备部虞。于是台南械斗，传闻淡北，遂有一日千里之势，匪人乘此，播为风谣，鼓动全台。闽人曰：粤人至矣；粤人曰：闽人至矣。结党成群，塞隘门，严竹围，道路不通，纷纷搬徙。匪人即从此焚其庐舍，抢其家资。哭声遍野，火光烛天，互相斗杀，肝脑涂地。文武会营，调停两面，猖獗愈滋。……粤人诡而和，沿山聚处，知其众寡不敌，不分邪正，一气联络。闽人蠢而戾，罗汉脚逞志生事。有家室者，多观望不前。故闽粤分类，闽人往往大败。①

（2）《斯未信斋文编》：

> 惟凤邑上年冬间，曾报办逆案人犯数十名解府。……公出已将半月，弟将案情细核，竖旗是实，然假竖旗之名，为抢夺之计，究非叛逆。若辈皆罗汉脚，杀之不为虐，必加以重大题目，即不无周内锻炼之处。而饥寒所迫因而胁从者，言语又多不通，似与宰羊豚无异。即向来戕官攻抢者，亦激而成之，岂真欲为郑成功耶？但稍露哀矜，则顽梗愈甚，水（示）懦害民尤烈。②

第一个例子告诉我们，罗汉脚是分类械斗中煽风点火、造谣惑众、乘机劫掠、残杀无辜的罪魁祸首。第二个例子则充分揭示了官府及地方士绅们对

---

① 陈淑均：《噶玛兰厅志》卷五，风俗上，民风附考。台湾丛书第1辑台湾方志汇编第8册，第194页。

② 徐宗干：《斯未信斋文编》二官牍，致方伯书。台湾文献丛刊第87种，第54页。

罗汉脚的仇视和轻蔑，甚至认为杀这些人就跟宰杀猪羊没什么两样，只不过是要找个更合适的借口而已。这种对于罗汉脚的普遍认识是不公正的，且不说罗汉脚的生命权应予以尊重，就是其中果有为非作歹者，依律究治便是了，何况徐宗干自己就说了一句公道话："向来戕官攻抢者，亦激而成之，岂真欲为郑成功耶?"我们认为，现今保存下来的罗汉脚资料，都是统治者书写的，且往往是以问题记录为主，一般来说作为穷人的罗汉脚自己不能读写，无法记录当时的真实情况。① 因而我们看到的记录，包含了太多的偏见，完全以这样带有明显歧视色彩的资料来作为历史上罗汉脚的真实面貌，恐怕有失偏颇。

我们认为，罗汉脚的历史定位或可以流氓无产者视之。所谓流氓无产者，马克思、恩格斯在《共产党宣言》里有过这样的定义："流氓无产阶级是旧社会最下层中消极的腐化的部分，他们有时也被无产阶级革命卷到运动里来，但是，由于他们的整个生活状况，他们更甘心于受人收买，去干反动的勾当。"② 并称其类似于中世纪"懒散怠惰"、"好勇斗狠"的一类人。对于这批人，马克思刻画得十分深刻，他说："流氓无产阶级在一切大城市里都有，并且是与工业无产阶级迥然不同的。这个阶层是产生盗贼和各式各样犯罪的泉源，是专靠社会餐桌上的残羹剩饭生活的分子、无一定职业的人、游民……虽能够做出轰轰烈烈的英雄勋业和自我牺牲，但同时也能干出最卑贱的盗窃行为和最龌龊的卖身勾当。"③ 清代台湾社会的罗汉脚与马克思界定下的流氓无产者是何等的相像。游手好闲、四海为家、有奶就是娘乃至屡干犯罪勾当等等，似乎流氓无产者就是专门为罗汉脚量身定制的概念，再贴切也不过。然而，马克思并没有将流氓无产者一棍子打死，也有肯定的评价，即他们"有时也被无产阶级革命卷到运动里来"，"能够做出轰轰烈烈的英雄勋业和自我牺牲"。这样的言论在毛泽东的《中国社会各阶级的分

① 在欧洲16、17世纪也存在着类似的记载，"好逸恶劳"、"传播邪恶"、"打家劫舍"成为他们的代名词，参考尹虹：《十六、十七世纪前期英国流民问题研究》，中国社会科学出版社，2003年版，第12－13页。

② 马克思和恩格斯：《共产党宣言》，《马克思恩格斯选集》第1卷，人民出版社，1972年版，第262页。

③ 马克思：《1848年至1850年的法兰西阶级斗争》，《马克思恩格斯选集》第1卷，人民出版社，1972年版，第409页。

析》一文中同样存在："游民无产者……这一批人很能勇敢奋斗，但有破坏性，如引导得法，可以变成一种革命力量。"① 这些人在农民运动中"土豪劣绅的小姐少奶奶的牙床上，也可以踏上去滚一滚"，"为所欲为，一切反常，竟在在乡村造成一种恐怖现象"。② 换句话说，流氓无产者一定条件下的革命性也是不容忽视的，落实到清代台湾社会的罗汉脚身上，一样可以看到他们参加反抗清廷压迫斗争的身影，譬如在林爽文起义中，"台属原有游手棍徒名为罗汉脚，从贼抢掠，所以猝数万。"③ 戴潮春起义时陈弄竖旗响应，"一时剧盗、罗汉多归之"，淡水地方"小夫、罗汉之徒，一时无所觅食，皆喜贼至。"④ 流氓、犯罪与反抗、斗争集于一身，构成奇特的矛盾统一体，这就是台湾历史上作为流氓无产者的真实的罗汉脚。

最后，罗汉脚也曾经是台湾开发史上的一支力量，《噶玛兰厅志》便有如下议论："其冒险而希冀侥幸者，皆出无赖之徒，非番割即罗汉脚耳。以番割遇番割，乌得不争？以罗汉遇罗汉，乌得不杀？台中倘无此辈，则民番固已相安矣。然台中而尽无此辈，土地又何以日辟耶？平心而论，功过正适相半。向者之蜂屯猬集，无非为盛世先驱除耳。要在平时处置得宜，朝廷可相安于无事。俟其日久，彼将不化而自消矣。"⑤ 这番"平心而论"显然是清代涉及罗汉脚问题中较为公正且最具见地的，过去人们往往囿于谁是台湾开发史上的主力问题上的争辩，声称将"土地日辟"的功劳归于罗汉脚之流乃言过其实⑥，却忘记了即便只是起着辅助作用也不能抹杀罗汉脚作为台湾开发者之一的历史事实，即便是有诸多的负面作用，也应看到这一群体的出现本身很大程度上乃是清朝统治者政策失误和社会不公正待遇之下的牺牲品。就连当时人都冷静认识到罗汉脚有"功过相半"的地位，认为这些人不失"为盛世先驱除耳"，我们又何必死抱着"匪徒"的观感来对待他们

---

① 毛泽东：《中国社会各阶级分析》，《毛泽东著作选读》（上册），人民出版社，1986 年版，第 10 页。

② 毛泽东：《湖南农民运动考察报告》，《毛泽东著作选读》（上册），人民出版社，1986 年版，第 16 页。

③ 《钦定平定台湾记略》（上册），台北：大通书局台湾文献史料丛刊本，第 124 页。

④ 林豪：北路防剿始末，《东瀛纪事》，大通书局台湾文献史料丛刊本，第 17 页。

⑤ 《噶玛兰厅志》卷五，风俗下，番俗。台湾丛书第 1 辑台湾方志汇编第 8 册，第 228 页。

⑥ 陈孔立：《清代台湾移民社会研究》，厦门大学出版社，1990 年版，第 116 页。

呢？诚然，罗汉脚中有相当的流氓、游棍成分，在社会动乱中有时起着危害社会的作用，但他们中的一些人也是台湾开发的力量，也曾参与反抗封建王朝的斗争，一概将之视为社会负面因素，似乎是不公平的。看来，只有从大量负面记录的表象中挣脱出来，才能还罗汉脚一个较客观公正的评价。

清代台湾崩山地区少数民族与汉族移民之间土地转移研究

——以古文书为中心的考察

王玉国*

台湾少数民族与汉族移民之间的土地转移，一直为学界所高度关注。① 近十年来，台湾各地古文书纷纷整理出版，进入鼎盛时期。昔日生活在大甲溪以北，新竹、苗栗、台中一带的海岸平原区的道卡斯族得到垂青，学界日益重视道卡斯族的古文书的发掘与整理，对崩山地区，或蓬山地区的古文书整理尤为突出。本文拟利用已整理出版的古文书为主要资料，考察崩山地区少数民族与汉族移民之间的土地转移，并从契约经济的角度考察少数民族与汉族移民的经济关系。

一、土地转移形式

自 1898 年伊能嘉矩首次提出台湾平埔族的分类框架以来，其说法普遍为大家所接受。在大甲溪以北，新竹、苗栗、台中一带的海岸平原区，生活着道卡斯族。道卡斯族各部落主要区分为三大社群：崩山社群、后垅社群、竹堑社群。崩山社群，俗称“崩山八社”或“蓬山八社”，主要包括大甲东

* 作者简介：王玉国，厦门大学台湾研究院助理教授。

① 相关研究较多，较为有代表性的有陈秋坤：《清代台湾土著地权——官僚、汉佃与岸里社人的土地变迁》，“中央研究院”近代史研究所，1994 年；陈秋坤：《十九世纪初期土著地权外流问题——以岸里社的土地经营为例》，陈秋坤、许雪姬主编《台湾历史上的土地问题》，“中央研究院”台湾史田野研究室，1982 年；柯志明：《番头家——清代台湾族群政治与熟番地权》，“中央研究院”社会科学研究所，2003 年。

西社、日南社、日北社、双寮社、猫盂社、房里社、苑里社、吞霄社等。“崩山”一词，在不同的时期，不同的文献，其解释各有侧重。“崩山”有时强调地理区域，有时强调此一区域内的社群。“崩山八社”亦有变动，黄叔璥记载为大甲东社、大甲西社、宛里社、南日社、猫盂社、房里社、双寮社、吞霄社等。① 此外，还有“崩山九社”和“崩山四小社”之说。崩山九社包括崩山社、大甲东社、大甲西社、宛里社、房里社、南日社、双寮社、猫盂社、吞霄社等。崩山四小社包括房里社、茅千社、宛里社、吞霄社等。本文采用大家常用的“崩山八社”的说法，即包括大甲东西社、日南社、日北社、双寮社、猫盂社、房里社、苑里社、吞霄社等。

早在明郑时期，就有汉族移民零星入垦崩山地区，但分居各地，尚未集中形成街庄。伴随汉族移民的增加，在该地区先后有泉州人设猫盂街、漳州人设苑里街、粤人设通霄街。咸丰三年以后，漳、泉械斗，猫盂街市渐废，泉人移往房里庄北发展，形成房里街。② 伴随着汉族移民的庄、街的兴起发展，少数民族的村社日微。汉人与少数民族日益融合，到光绪朝，则“各处民、番杂居，番社而民托焉，民庄而番处焉；参伍错综，难分种类。”③ 汉族移民与少数民族日益融合的过程，也是土地转移的过程。当然，汉族移民与少数民族的互动并不完全是围绕土地进行，但在封建社会和农业经济为主的大背景下，土地是最重要的生产资料，汉族移民与少数民族的互动主要是围绕土地进行。下面将分类叙述少数民族与汉族移民土地转移的形式。

1. 招垦

在汉人移民之前，台湾土地为原住民所有，原住民擅长渔猎，不擅长农业生产，于是将土地交由汉族移民开垦。双方通常要签订契约规定开垦相关事宜，通常的契名有：“给垦永耕”、“招开垦埔园”、“给垦批字”、“给垦批”、“招垦山埔”、“招佃开垦”、“给垦字”等。在契约中，原住民提供标的出垦，汉族移民则出钱出力承垦，包括土地的四至、工本、伙食、农器、种子以及租赋等。“招垦”是荒地成田的首要步骤。承垦之后，汉人移民名

---

① 黄叔璥：《台海使槎录》，台湾大通书局，1987 年版，第 129 页。
② 王振勋等：《苑里镇志》（上），苗栗县苑里镇公所，2002 年版，第 183 页。
③ 《台湾文献史料丛刊》第一辑《苑里志》，台湾大通书局，1987 年版，第 41 页。

义上是佃人，但实际上拥有土地的使用权。下面就是一则典型的招垦字：

立给垦园契字吞霄社番土目加已、六观、猫老尉、茅元成、加浦，合社众番等，承祖遗下有青埔二所，坐落土名乌眉校力林圳面一带东北二坑，南至山顶分水为界，北至山顶分水为界，东至尽水横山为界；西至田头为界。两坑荒埔，契内载明，四至界址面踏分明。今加已等因乏银应用，情愿托中引就与汉人徐光辉出首承垦给垦开辟耕种，当日凭中三面言定备出时值价银一百大员正。即日同中其银色现土目加已等亲收价银足讫，银契两交明白；其荒埔付与汉人徐光辉前去耕种管业，议定每年供纳大租粟十三石，两家不得争多减少。其荒埔二所系土目加已等物业，与别社番无干。杜卖千休，永断葛藤，异日不得讨回，任从光辉等永远耕种管业；倘有上手来历不明，并白番阻挡等情，系土目加已一力抵挡，不干承垦主之事。此系二比甘愿，两无迫勒，口恐无凭，今欲有凭，立给垦园契字一纸，付执永远为照。

即日批明：已实领契字内银一百大员正足讫，再照。

乾隆十一年十月　　日

在场知见　□□□
说合中人　黄天章
代笔人　王鸣歧
加　浦
茅元成
立给垦园契字土目　加已
猫老尉
六　观①

2. 贌耕

贌耕，与前面的招垦不同，贌耕的佃户是要还田并取回“碛地银”；招垦基本上是以“埔底银”为对价，垦后长明分田，田产为已业，成为业主而不是佃户。此类契约通常的契名有：“立招耕”、“贌耕”、“佃批”、“承

① 《台湾文献史料丛刊》第七辑《清代台湾大租调查书》（上册），台湾大通书局，1987年版，第356－357页。

耕”、“认耕”、“招佃”、“出贌” 等。典型的贌耕字通常约定佃户应自备农具种子，在一定的期限内向田主纳租而获得耕作权。贌耕大多是有期契字，双方约定时间，在期限届满时失效。田主可以“另招别佃”，佃户则“退耕另贌”。当然贌耕的期限也长短不一，短则三五年，长则数十年。有期贌耕使双方在租佃都保留权利，避免不必要的纷争。贌耕，可以说是田主坐享其成，以收益田租为其主要目的。典型的贌耕字如下：

立贌垦耕字，大甲东社番妇难仔有承祖父遗下埔园壹段，在过坑仔，东至余家园为界，西至柯家园为界，南至沟为界，北至坪为界，四至界址面踏分明为界。今因乏银费用，先问房亲，不能承受，外托中引就向与马鸣埔庄李生旺观出首承耕。当日三面议定，时值贌耕价银壹拾陆大员伍角正。其银即日仝中交收足讫，其园随即踏明界址交付银主前去掌管，耕作历年配纳大租粟壹斗正，六月完纳。其园限耕拾年为满，自光绪元年起光绪拾壹年冬址。限满之日，听其业主备足契面银，送还取赎原字及园，不得刁难。若是至期无银可清还者，依旧银主掌管耕作，不得异言生端滋事。此系二比甘愿，各无反悔，口恐无凭，今欲有凭，合立贌耕契字壹纸付执为照。

即日仝中亲收过贌耕契字内佛银壹拾陆大员伍角正足讫再照

代笔　朱允居

为中

知见　在场

光绪元年拾壹月　日立贌耕契字大甲东社番妇女难仔①

这则契约与上一则相比，同样明确规定了标的物、界址、价格，但后者规定了贌耕的期限为10年，以及限满之后的赎还事宜。

3. 杜卖

杜卖即买卖田园祖业，卖方将标的物所有权利和义务完全转移给买方。这在汉族移民与少数民族之间最为典型的土地转移形式，也是双方最直接的

---

① 刘泽民：《大甲东西社古文书》（上、下），“国史馆”台湾文献馆，2003年版，第468页；潘英海：《中央研究院民族学研究所藏道卡斯古契文书图文册》，“中央研究院”民族学研究所，2005年版，第47页。

交易行为。少数民族将土地转移给汉人移民，完全与土地脱离关系，通常可见“一卖千休，葛藤永断”的字句。杜卖契字常见的特定用词有：“尽根”、“绝根”、“断根”、“尽根绝”等，都强调这次的交易永远划清关系，不得再以任何理由要求赎还。但实际上，杜卖契可分为两种：一种卖契是活卖，即卖方在出卖田业之后，保留赎回或索增、找洗的权利。同样，买主亦不出足田价，预留卖主增找的空间。另一种卖契是绝卖，原则上“银业两讫”，不得再找。但实际上找赎的情形还是时有发生的。典型的杜卖契如下：

立给垦尽卖契吞霄社白番加蒲、系美干兄弟份下有山埔园田仔一所，土名坐落加东后窝口，东至坑沟为界，西至岭顶分水为界，南至柳树窝口沟土乾小路为界，北至横窝加巳活园毗连石记为界；四至界址面踏分明；递年配纳加蒲大租粟二斗。今因乏银别置，托中引就汉人余阿春出首承买，三面言定时值银一十七大员半正。即日同中交讫；其山埔、田园、竹木等即付余阿春前去掌管耕作，永为己业。一卖千休，日后加蒲兄弟子孙等永不得言添言赎取找增租滋事。保此山埔田园果系加蒲兄弟份下物产，与别番无干，并无重张典挂他人财物为疑；如有典挂不明等情，系加蒲兄弟一力抵挡，不干买主之事。此系两愿，各无反悔，恐口无凭，立给垦尽卖契一纸，付执永远为照。

即日批明：收过契面银足讫，再照。

再批明：西北俱至加巳九活园毗连为界，再照。

嘉庆二十二年九月　　日

中人　加巳九活

陈文养

代笔人　陈建箕

在场见　打马辖

立给垦尽卖契吞霄社番　加蒲

系美干①

① 《台湾文献史料丛刊》第七辑《清代台湾大租调查书》，台湾大通书局，1987年版，第490－491页。

4. 典当

典当通常指田主将田园的经营权利抵押给他人，作为债权的保证，换取所需银钱。在出典期间，典主得以独立管理田业，并以佃农所纳租粟作为利息的收益。在许多场合，典主亦得转典田业，取回出典银钱。典当根据典期不同，分为有期典契与无期典契。无期限出典，即将土地使用权永久出让，长期改变土地关系；有期限出典，如果到期无法赎还时，土地仍由银主处置，则与无期限出典无异。但当出典人无力赎回时，转向银主找洗时，结果转成杜卖的效果。典型的典契如下：

立典园契。房里社番乌蚋、蛤仔底有承祖父遗下埔园一所，坐落土名山甘尾，东至加已加礼罵园为界，西至答礼乌马挂园为界，南至陈家园为界，北至加罵反差园为界，四至界址明白。今因乏别用，愿将此园出典，先问房亲叔兄弟姪等，俱各不能承受。外托中引与汉人何全观出首承典，当日三面言议，时价银肆拾贰大元正。即日仝中两相交收足讫，其园随踏付银主前去掌管耕作。其园言约拾年为限，限满之日限满之日当备齐契面银赎回。原典契如无银可赎，依旧银主掌管，不敢异言生端滋事。保此园系乌蚋承祖父之物业，与别番亲等无干，亦无重张典挂他人及来历不明等情。如有不明等情，系乌蚋一力抵挡，不干银主之事。此乃二比甘，各无反悔，口恐无凭，立典契一纸付执为照。

批明即日仝中收过契字内佛头银肆拾贰大元足再照

为中人　答礼元生

在场人　系米干胜腆

知见人　合番阿未

代笔　陈德明

乾隆肆拾叁年拾壹月　日立典契字番　乌蚋

蛤仔底①

5. 找洗

找洗，则是在前面提到的杜卖的基础上，当卖方对所卖价格不满意或因

① 萧富隆、林坤山：《苑里地区古文书集》（上），“国史馆”台湾文献馆，2004 年版，第 194 页。

其他原因经济拮据时，再次向买方要求补偿价银。通常是找洗一次，但多次找洗情况也偶有发生。典型的找洗字如下：

立找洗断根契字老甲阿九有承祖父应分水田壹所，贯在吞霄保，坐落土名北势窝，前日已卖尽与汉人李阿坤前去掌管耕种，永为己业，其银声租声、四至界址登载正大契内明白。今因老甲小妹巴蚋、女子蚋娣姑孙二人泣思欠银乏用，三面言议，托中引就与银主之弟李进生等，即日仝中贴出佛银肆大员正，其银仝中，交收足讫，其田依旧付银主兄弟前去掌管耕种，永为己业不敢阻挡，日后不敢言添言赎。保此田系是巴蚋、蚋娣姑孙二人承祖物业与叔姪兄弟别人无干，如是不明者，巴蚋、蚋娣一力抵挡，与银主无涉之事。一洗一休，此系二比甘愿，各无反悔异言生端，今欲有凭，恐口无凭，立找洗断根契字壹纸，并上手大契壹纸，共贰纸付执为照。

即日仝中收过契面佛因肆大员正是实再照

作中人　曾观寿

代笔人　卓文谿

通事

知见人

嘉庆拾柒年拾月　　日立找洗断根契字人巴蚋

蚋娣①

找洗虽然是补偿价银，但大多是在土地杜卖的上手契的基础上进行，可以说是土地杜卖的补充，所以也将其列入土地转移的形式之一。

二、土地转移的相关分析

1. 土地转移频繁

有关清代崩山地区古文书，已经整理出版诸多书籍。在《清代台湾大租调查书》、《大甲东西社古文书》、《苑里地区古文书集》以及《中央研究

① 潘英海：《中央研究院民族学研究所藏道卡斯古契文书图文册》，"中央研究院"民族学研究所，2005 年版，第 151 页。

院民族学研究所藏道卡斯古契文书图文册》等资料中，都有诸多记载汉族移民与少数民族之间土地转移的古文书。在这些古文书中，有些是重复收录的，通过核对，有明确时间和明确地点的，共有377件。根据古文书发生的时代及类型，大致情况如下表：

表1　清代崩山地区少数民族与汉族移民之间土地转移古文书分类表

	乾隆朝	嘉庆朝	道光朝	咸丰朝	同治朝	光绪朝	合计
招垦字	4	5	13	3			25
瞨耕字	8	9	34	7	26	38	122
杜卖字	17	15	19	19	13	73	156
典当字	3	7	14	7	5	4	40
找洗字	1	6	7	3	3	10	30
其他			1			3	4
合计	33	42	88	39	47	128	377

资料来源：《台湾文献史料丛刊》第七辑《清代台湾大租调查书》，台湾大通书局，1987年；刘泽民：《大甲东西社古文书》（上、下），“国史馆”台湾文献馆，2003年；萧富隆、林坤山：《苑里地区古文书集》，“国史馆”台湾文献馆，2004年；潘英海：《中央研究院民族学研究所藏道卡斯古契文书图文册》，“中央研究院”民族学研究所，2005年。

从表1可以看出，在清代崩山地区，少数民族与汉族移民之间土地转移动从乾隆朝到光绪朝均有发生。从数量上看，以光绪朝最多，为128件；乾隆朝最少，仅为33件。从类型上看，以杜卖类最多，有156件，占41%；其次为瞨耕，有122件，约占1/3；而招垦、典当以及找洗等则相对很少。古文书流传至今，遗失破坏较多，乾隆朝相对较少也在情理之中。通过上述保存至今的古文书，虽然不能完全反映少数民族与汉族移民土地转移的全貌，但至少可以看出两者围绕土地问题互动频繁。关于少数民族土地转移，已有诸多研究，各社群之间仍存在差异。① 通过对崩山地区古文书的分析，可以看出该地区的土地转移，是以杜卖和瞨耕形式为主，招垦和典当形式为辅。

2. 土地转移类型复杂

我们虽然将古文书大致分成上述6类，但实际上清代崩山地区古文书形

① 参见刘泽民：《大甲东西社古文书》（上），“国史馆”台湾文献馆，2003年版，第141页。

式复杂。某些古文书往往包含两种属性，强行将其分割也是勉为其难。

有些契约，虽然名为“杜卖”，但实际上还具有“招垦”的性质。嘉庆十六年（1811 年）十一月，双寮西势社少数民族林武力、甘妈益以 9 大元的价格杜卖祖父遗下埔园给汉人曾旺兴，虽然也明确规定一卖千休、永断葛藤，但同时议定每年“供纳大租粟肆斗，永远定例”，实际上具有招垦的性质。[①] 同样，咸丰二年（1852 年）十月，日北社少数民族出卖开垦的荒地给汉人罗阿苟，也约定垦成后应纳租粟 1 斗，也具有招垦的性质。[②] 相反，有些古文书名为“招垦”，实际上却包含“杜卖”的性质。嘉庆二十五年（1820 年）十月，房里社少数民族加罵等人因自己不能承垦，将祖遗埔园屋地给垦汉人曾阿禄，“三面言定，时值埔屋地底价银叁拾伍大员正”，暗含着埔底银或埔地银是根据时价估计的，虽然仍拥有大租 1 石的权利之外，实际上形同杜卖。[③] 再如道光十九年（1839 年）十月，双寮社少数民族天喜、姑吧蚋与汉人戴尚订立“永耕开垦契字”，虽然名为开垦，实际上则是“承卖永耕”。[④]由上几例古文书可见，招垦契字与杜卖契字时常混在一起。

不但杜卖契字具有招垦性质，也有契字名为“找洗”或“典当”，实际为“招垦”的性质。双寮社少数民族林武力、乌蚋、茅生与汉人黄新妹先订立上手契，将厝地杜卖 12 大元，嘉庆十九年（1814 年）十一月，因乏银应用向黄新妹找洗 9 大元，虽然“不得言赠言赎，永断葛藤”，但却规定黄新妹应“每年贴纳大租粟壹斗正”，具有招垦性质。[⑤] 道光十二年（1832 年）春，双寮社少数民族将祖遗埔圆典当给汉人许宗火，典期为 10 年，但契末却写“叁年后纳番租叁斗”，典主许宗火仍要供纳大租，实际上如同招

① 萧富隆、林坤山：《苑里地区古文书集》（上），“国史馆”台湾文献馆，2004 年版，第 243 页。

② 萧富隆、林坤山：《苑里地区古文书集》（上），“国史馆”台湾文献馆，2004 年版，第 412 页。

③ 萧富隆、林坤山：《苑里地区古文书集》（下），“国史馆”台湾文献馆，2004 年版，第 272 页。

④ 萧富隆、林坤山：《苑里地区古文书集》（下），“国史馆”台湾文献馆，2004 年版，第 360 页。

⑤ 萧富隆、林坤山：《苑里地区古文书集》（下），“国史馆”台湾文献馆，2004 年版，第 254 页。

垦契字。①

此外，还有契字名为“典当”，实际为“杜卖”性质。嘉庆十八年（1813年）十月，房里社少数民族蛤马抵、加里马将祖遗荒埔出典给汉人沈府，时值价银6大元，却没有明确规定典期以及赎还事宜，实际上如同杜卖契字。②

由上可见，虽然土地转移的契字名为“招垦”、“杜卖”、“典当”或“找洗”，但实际上往往还包含着其他性质，更使少数民族与汉族移民之间的土地转移纷繁复杂。这种复杂情况的出现，应当是和立契双方当时订立契约的背景及处境有关，而这些是难以从契约的表面文字考察清楚的，有待今后进一步的研究。

3. 土地转移原因

在农业社会，土地是重要的生产资料之一，脱离了土地，人们的生存往往难以维持。既然如此，崩山地区的少数民族何以转让土地呢？通过对上述古文书的考察，我们发现在清代崩山地区，少数民族与汉族移民土地转移而订立契约的原因主要有以下2种情况：（1）乏力耕种。此类原因有时也写成“无力开垦”、“自己不能耕作”、“无人耕作”、“欠缺牛只”等为理由，大多与汉族移民订立招垦、贌耕、杜卖性质的契约。（2）乏银费用。这类在古文书中最为普遍，在各类古文书中均有体现，但这个理由也是最为复杂。“乏银费用”看似简单，在其背后究竟是什么具体原因，却鲜有注明。换个角度思考，这个理由应该更真实，依靠土地生存的人们，不到生存受到影响时，是不会轻易转让土地的，或许是某些难以启齿的原因，让他们在契约中仅写“乏银费用”这种模糊理由吧。

4. 土地转移与纠纷

通常认为汉族移民通过一些不正当手段从少数民族手中获得土地，因此导致纠纷发生。但通过清代崩山地区的古文书，我们发现，少数民族与汉族移民相处融洽，土地转移通过契约的形式得以有效进行，因土地纠纷而确立

① 萧富隆、林坤山：《苑里地区古文书集》（下），“国史馆”台湾文献馆，2004年版，第330页。

② 萧富隆、林坤山：《苑里地区古文书集》（下），“国史馆”台湾文献馆，2004年版，第248页。

的契字仅有1份。道光五十年（1825年），日北社番与汉人黄省郎因纠纷而发生诉讼，最终和解立约，确认双方给垦纳租的关系及数额。① 当然，此契字调解了少数民族与汉族移民的纠纷，从另一个角度也可以说少数民族与汉族移民在土地转移问题上还是发生过纠纷的。但当双方发生纠纷后，通过契约加以调解，这也说明少数民族与汉族移民在土地转移问题更加规范化、制度化。

三、土地转移与契约经济

契约，又称合同、合约，在东西方都有悠久的历史。查士丁尼在《法学总论》就曾说，“契约（contractus）是由双方意思一致而产生相互间法律关系的一种约定。”② 中国传统社会经济发展历程中，契约经济发展相对比较完善，覆盖内容也相当广泛，包括民间社会的各个方面，诸如土地转让、借贷、抵押、租佃、析产、继承、典当、地缘关系、共业关系、侵权与赔偿、宗法关系、身份改变等。民间契约在明清时期快速发展，并且形成一种契约经济。

我们通过对清代崩山地区少数民族与汉族移民土地转移的分析，可以发现，两者在一定程度上也形成了契约经济。在清代崩山地区，汉族移民与少数民族之间的许多方面都涉及到契约，最具代表性的是土地转移。土地作为重要生产资料一直处于动态之中，土地的所有权和使用权不断处于重新分配之中，这就给土地转让注入了连绵不断的活力。而土地所有权或使用权的转让要能有效进行，必定要有相应的契约交易形式加以保证。在契约中，少数民族由于乏银费用、乏力耕种等原因，将土地田园通过招恳、贌耕、杜卖、典当等形式，转移到汉族移民手中。而汉族移民则通过此方式获得土地的所有权或使用权，满足其对土地的需要。

对于契约，或合约，或合同，伴随着契约的产生与发展，从法律角度、经济角度、社会角度，不同的人都给出了不同的定义。这里，我们采用易宪

① 萧富隆、林坤山：《苑里地区古文书集》（下），“国史馆”台湾文献馆，2004年版，第296页。

② ［罗马］查士丁尼：《法学总论》，商务印书馆，1989年版，第159页。

容的定义来进一步分析少数民族与汉族移民土地转移的契约。“一般来说，合约是当事人（两人以上）在地位平等、意志自由的前提下各方同时为改进自己的经济状况（至少理性预期）而在交易过程中确立一种权利流转关系。”① 这个定义包含了诸多订立契约的原则：社会性、平等性、自由性、互利性、理性等。显而易见，契约能够达成，至少在两人间进行，这就表明少数民族与汉族移民订立的契约，不仅仅是一种经济契约，更意味着社会关系与人际交往，意味着少数民族与汉族移民的交往与融合。少数民族在与汉族移民订立契约的时候，是在相互认可的情况下，即地位对等的情况下才达成共识。契约的内容与形式以及订立与否，无论是少数民族，还是汉族移民，双方都有自由决定的权利。少数民族试图通过契约改变自己的经济状况，改变“乏力耕种”或“乏银费用”等状况，而汉族移民则期望通过契约实现对土地的拥有，双方都根据各自所掌握的信息进行比较和权衡，进行理性分析，然后在双方都认为公平的情况下，都能接受的契合点上达成交易，双方都从契约中受益。因此，可以说，少数民族与汉族移民之间的土地流转，基本遵循了平等性、自由性、互利性以及理性等原则。当然契约自由，是指选择自由。“在一个竞争的社会里，每一个人都可选择与他订合同的人；人们可以用他们所选择的任何条款签订任何种类的实质性合同。”② 但在“契约自由”的背后，可能存在着迫使少数民族去签订契约的社会或经济的压力，不得不去签订契约，这是我们通过契约的表面文字所难以考察的。

民间契约虽然有习惯法的约束，但在得到官府的认可后，则更增加其法律效率。在清政府允许汉族移民与少数民族土地转移后，也对土地转让给予了有效的保障。官府发给田单、执照、契尾等，对于引导民间私约的规范化具有重要作用。在少数民族与汉族移民订立的契约后，往往会有官方加盖戳记，诸如“理番分府杨给房里社总通事潘元会长行戳记”③、“理番分府史

---

① 易宪容：《交易行为与合约选择》，经济科学出版社，1998 年版，第 11 页。

② ［英］P·S·阿蒂亚：《合同法概论》，法律出版社，1982 年版，第 7 页。

③ 萧富隆、林坤山：《苑里地区古文书集》（上），“国史馆”台湾文献馆，2004 年版，第 246 页。

给日北社番业户大宇大甲戳记”、“理番分府史给德化日北社土目欧蚋戳记”① 等。尤其是加盖过官方钤印的契尾，更具有强大的法律效力。契约双方不仅签订书面契约，而且还加入了第三方的监督。从清代崩山地区的古文书看，相关第三方的称谓不一，如中人、中见人、同见人、凭中、居间等。他们是招垦、贌耕、杜卖、典当、找洗等交易活动的中间人，自始至终参加和见证全部交易活动。在契约的订立过程中，交易双方签字后，还要中人、代书人分别签字，作为民间契约的见证人与监督者。立契人、承受人、中人是契字中最重要的角色，此外，还有公亲、知见、在场及代笔人。除了承受人以外，在契字最后还要画押或盖戳。公亲、知见、在场人数不固定，主要是加强契字的公证效力。中人既是契约关系建立的必要条件之一，也是证明契约有效的中立身份者。这些契约通常是双方在平等自由的基础上签订公正合理的契约。因中间人是独立的身份参与，在一定程度上可以确保了契约双方在相对平等的情况下得以订立契约。作为第三方参加者的中人在民间契约经济中具有十分重要的中介与见证的作用，是立约双方权利和义务的保障，并成为支撑民间社会契约经济秩序的关键力量。无论是官方还是第三方的监督与见证，都在一定程度上保障了契约当事人改变经济状况的初衷，使契约得以有效运行。

找洗是一种较为独特的契约，曾有学者从社会救济的角度，认为其是民间救助的一种有效形式。但从契约的角度而言，契约通常可以分为完全契约和不完全契约。完全契约是指，缔约双方都能完全预见契约期内可能发生的重要事件，愿意遵守双方所签订的契约条款。② 不完全契约，由于个人的有限理性，外在环境的复杂性、不确定性，信息的不对称和不完全性，契约当事人或契约的仲裁者无法证实或观察一切，就造成契约条款是不完全的，需要设计不同的机制以对付契约条款的不完全性，并处理由不确定性事件引发的有关契约条款带来的问题。③ 当然，人的理性是有限的，不可能完全预期

① 萧富隆、林坤山：《苑里地区古文书集》（上），“国史馆”台湾文献馆，2004 年版，第 199 页。

② ［美］科斯，哈特，斯蒂格利茨等著，［瑞］拉斯·沃因，汉斯·韦坎德译：《契约经济学》，经济科学出版社，2000 年版，第 14 页。

③ ［美］科斯，哈特，斯蒂格利茨等著，［瑞］拉斯·沃因，汉斯·韦坎德译：《契约经济学》，经济科学出版社，2000 年版，第 14 页。

外在环境的不确定性，即不可能把所有可能发生的未来事件都写入契约条款中，更不可能制定好处理未来事件的所有具体条款。从这个角度看，找洗契字的立契双方未能完全预期未来可能发生的事件，虽然在上手契约中已经规定“银业两讫”、“不得再找”，但仍通过找洗的方式获得补偿，在一定程度上违反了上手契约的约定，而让契约承受人分担了风险。

四、结　　论

在清代崩山地区，少数民族因“乏银费用”与“乏力耕种”等原因，通过招垦、贌耕、杜卖和典当等形式，与汉族移民订立契约，实现土地转移。在该地区，土地转移的形式错综复杂，以杜卖和贌耕形式居多，招垦和典当形式较少。少数民族与汉族移民所订立的契约，基本遵循了平等性、自由性、互利性以及理性等原则，实现之间的土地公平转移，纠纷甚少，并非所常说的汉族移民侵占少数民族土地。

晚清台湾电报的创办及割台后中日间之交涉

李祖基*

引　　言

晚清台湾电报的创办以往大都作为台湾近代化建设的一部份在相关的论著中简单提到，迄今尚未见到专文论述。本文拟结合相关史料，对晚清台湾电报的创办，以及割台后中日双方对闽台海底电报线进行的交涉作一比较完整深入的考察与探讨。

一、沈葆桢、丁日昌创办台湾电报

1837 年美国人莫尔斯发明了用电码传递信息的电报机，并于 1844 年公开试验成功。电报作为一种先进的通讯工具，很快在西方资本主义各国得到应用和推广，促进了资本主义世界市场的形成与发展，同时，电报也成为西方列强向海外扩张侵略的一种重要工具。1868 年英国组织了东方电报公司，凭借其海上霸权把水线穿过地中海、红海、印度洋，准备先到达香港，再从香港向中国沿海口岸扩张。与此同时，北欧的一些水线公司也于 1869 年合并改组为丹麦大北电报公司（总部设于哥本哈根），企图将其线路经过俄国西伯利亚陆线，向东方的日本和中国扩展。1870 年，大北电报公司与英国的大东电报公司背着中国，秘密协商，私下划分了两公司在中国的势力范围，规定上海以北的水线（包括日本在内）归大北公司经营；香港以南的

* 作者简介：李祖基，厦门大学台湾研究院教授、博士导师。

水线归大东公司经营；香港、上海间则为双方共同经营的“中立区”，约定由大北公司出面兴办沪港水线，但所得利益要由两公司平均分享。1871年6月，大北公司敷设的从海参崴至长崎，长崎至上海，上海至香港全长2237海里的水线完工，开始通报，中国与世界各地的电信联络便正式开始了。

电报在中国的使用，产生了重大的影响。许多从事进出口贸易的商人利用这一新式通信工具，中国的出口相应地扩大了。电报的迅速、准确、便利更给人们留下深刻的印象，不少中国官员、知识分子乃至商人也积极宣传，加以提倡，国内要求自办电报的呼声开始高涨。时任直隶总督的李鸿章也预见到电线似将盛行于中土，提出应将驿传改为电信的建议。

（一）沈葆桢首倡设立台湾电报

同治十三年三月，日本以琉球遭风船民被台湾“生番”所杀为借口，悍然出兵，在台湾南部琅峤地方登陆，中国海防出现了严重危机。清廷闻讯后仓促应对，一面照会日本国外务省，声明全台湾为中国领土，“生番”乃居住于中国版图之内，对日本未经商议及知会而出兵台湾一事提出诘问；一面于四月十四日下诏授福建船政大臣沈葆桢为钦差办理台湾等处海防兼理各国事务大臣，所有福建镇、道等官，均归节制，江苏、广东沿海各口轮船，准其调遣。并令其驰赴台湾一带，“体察情形，或谕以情理，或示以兵威，悉心酌度，妥速办理”。①

沈葆桢，字幼丹，福建侯官人，道光二十七年进士。历任翰林院编修、江南道监察御史、江西九江、广信知府、广南九南道道台。同治元年，擢升江西巡抚。同治六年，因闽浙总督左宗棠保荐，出任福建船政大臣，闻望素著，熟悉洋情，积极推动改革和引进西方先进的军事科学技术。上谕发布之后，朝野一致认为沈氏是担当这一重任的最佳人选。沈葆桢临危受，在渡海赴台之前与福州将军文煜、闽浙总督李鹤年等联衔上奏，提出“联外交、储利器、储人才、通消息”等四项对策，并称台洋之险，甲诸海疆。欲消息常通，断不可无电线。计划由福州敷设陆路电线至厦门，再由厦门敷设水路电线至台湾，水路之费较多，陆路之费较省，合之不及造一轮船之赀，瞬息

① 《清穆宗实录选辑》，台湾文献丛刊第190种，第145页。

可通，事至不虞倉卒。① 五月初一日，朝廷批准了这一计划，谕令所请设立电线以通消息一事，着沈葆桢等迅速办理。② 六月间，沈葆桢的法籍顾问、福州船政局监督日意格与上海丹麦人经营的电报公司洽商，邀请电线洋匠到台议价，双方商谈颇有眉目，拟先从台湾郡城敷设电线北至沪尾（淡水），转白沙渡海，过福清县之万安寨，登陆福州之马尾。准备该洋匠回沪与外国电报公司商定后，即来台湾，先行开始陆路的施工。③ 然而，这项已有成言的电线之约，却因洋商欲以旧线充新，而徒生变卦。沈葆桢为免重款虚糜，亦饬令日意格不许迁就，双方最终未能达成协议。④ 其后，中日两国于九月二十二日订立了《北京专条》，日兵撤出台湾，台疆形势有所缓和；次年沈葆桢又升调两江总督，台海之间设立电报线的计划也就被搁置下来。

（二）丁日昌创办台湾电报

虽然沈葆桢于台海设立电线一事未能付诸实施，丹麦大北电报公司却以此计划为由，于同治十三年六月托美国驻福州领事对福建通商局进行活动，要求承办福州至厦门间的电报陆线。在双方尚未正式签定合同之时，大北公司即迫不及待擅自动工，至十二月间已经修建六十里左右。福建当局当即照会要求停工，但大北公司置之不理，仍复接续兴工，双方相持未决。光绪元年正月，丹麦公使拉斯勒福亲赴总理衙门交涉，施加压力，大北公司也乘机要挟。为免后患，总理衙门建议福建当局买回自办，并指示："买回之后，其权总当归中国主持"。⑤ 光绪元年四月十七日，由福建通商局道员丁嘉炜与大北公司订立合同，以银十五万四千五百圆的代价买回，并规定：福州至厦门电报由该公司代中国造办，工竣之后，逐段提交中国验收管理。⑥ 不料

① 五月壬寅（初一日）福州将军文煜、闽浙总督兼署福建巡抚李鹤年、总理船政前江西巡抚沈葆桢奏，《同治甲戌日兵侵台始末》，台湾文献丛刊第38种，第18页。

② 谕军机大臣等，同上书，第20页。

③ 六月辛卯（十九日）办理台湾等处海防兼理各国事务沈葆桢等奏，同上书，第64页。

④ 八月壬申（初二日）办理台湾等处海防大臣沈葆桢等奏，同上书，第117页。

⑤ 闽督李鹤年奏福州厦门电线买回自办折，《清季外交史料选辑》，台湾文献丛刊第198种，第3-4页。

⑥ 闽督李鹤年奏福州厦门电线买回自办折，《清季外交史料选辑》，台湾文献丛刊第198种，第3-4页。

此事在朝廷内部却引起轩然大波，闽籍给事中陈彝上疏奏称电线可以用于外洋，不可用于中国，主张停办电线。① 另外，线路开工后未久，民间即以有碍田园、庐墓，节节阻挠；而福清地方又发生聚众鼓噪及抢毁器物、殴伤工匠情事。公司复以失去器物、耽误工程逐款索偿，枝节丛生。“欲行则民情不愿，必致酿变多端；欲止则合同既立，势难自我失信，几有岌岌不可终日之势”。② 电线敷设工程已无法继续正常进行。后经招商局总办唐廷枢与大北电报公司多次协商，始将原立合同作废，并另立议约。将所有水陆电线、机器、木料、房屋、契据等件一律派员照合同点验收回，由官自办；应给价值，亦即分期还清。由官自选中国学童，延请该公司教习一年；一年之后，请与不请由官自主。将来电线之做与不做，亦无庸干预。③

日兵侵台事件发生之后，清廷对台湾的海防地位有了全新的认识，认为“台湾一岛，形势雄胜，与福州、厦门相为犄角。东南俯瞰噶罗巴、吕宋，西南遥制越南、暹罗、缅甸、新加坡。北遏日本之路，东阻泰西之往来，宜为中国第一门户”，④ 治台政策转趋积极。除了移民实边，鼓励大陆民众渡台，增设府县，开山抚“番”外，又规定福建巡抚秋夏驻省，冬春驻台，统筹台湾的开发与建设事宜。

光绪元年，朝廷任命丁日昌为福建巡抚。丁日昌，广东丰顺人，早年受知于曾国藩，佐李鸿章在上海办理机器制造局。历任上海道、江苏布政使、巡抚，与曾留美的容闳友善，第一次赴美留学生的派遣即由其所促成。李鸿章曾称其“吏治洋务，精罕能匹，足以干济时艰”。⑤ 在由李鸿章代陈的《议复海防事宜疏》中，丁氏即提出设立陆路电报的建议，称：“陆地电报，其费减于海者十之七。若择陆地紧要繁盛近海之处，先设公司汉字电报，一

---

① 军机处交出工科给事中陈彝奏陈闽省电线办理舛谬情形吁恳停止折，光绪元年九月初二日，《台湾海防档》，台湾文献丛刊第110种，第22－23页。

② 闽督文煜等咨呈军机处闽省电线买归自办文，光绪二年五月初七日，《清季外交史料选辑》，第5－7页。

③ 闽督文煜等咨呈军机处闽省电线买归自办文，光绪二年五月初七日，《清季外交史料选辑》，第5－7页。

④ 两江总督李宗羲奏，同治十三年十一月十二日，《同治甲戌日兵侵台始末》，第257－266页。

⑤ 致沈幼丹制军，光绪元年五月初八日，《李文忠公选集》，台湾文献丛刊第131种，第129页。

可通军情，二可收信资，三可减驿费，似亦不为无益。况洋人沿海已设英字电报，我仍置而不设，则是我之一举一动，外人瞬息得而知之。外人一举一动，我终久不得而知之也。陆路电报已通，则海中电报，销路必滞。然后由中国承充，亦准外国附递信息。但须一律改为汉字，令通事译以授之，似亦杜渐防微之一道”。① 另外，奏疏还提出设立公司、银行、新疆铁路等各项有远见的主张。李鸿章认为丁日昌的这些建议皆自己“意中所欲言而未敢尽情吐露者。今得淋漓大笔，发挥尽致。……虽令俗士咋舌，稍知洋务者能毋击节叹赏耶?”②

光绪二年冬十一月十五日，丁日昌首次东渡台湾，在履勘鸡笼（即今基隆）、苏澳北路后山等地回郡后先后上《亲勘台湾北路后山大略情形》及《统筹台湾全局拟开办轮路矿务》等折片，提出在台开办轮路（即铁路）、矿务和电报的计划，并指出“轮路、矿务、电线三者，必须相辅而行。无矿务，则轮路缺物转输而经费不继；无电线，则轮路消息尚缓而呼应不灵”。③ 丁氏在奏折中还对设立台湾电报的可行性进行了论证，称“查鸡笼（今基隆）达恒春陆路电线，尚有闽省今春议撤之线可以移用，即添补修整，为款当不甚巨”。④ 丁日昌的计划得到李鸿章、沈葆桢等人的完全支持，李鸿章在光绪三年正月十六日《遵旨筹议台湾事宜折》中说：“铁路、电线二者相为表里，无事时运货便商，有事时调兵通信，功用最大。……丁日昌到台后，迭次函称该处路远口多，防不胜防，非办铁路、电线不能通血脉而制要害，亦无以息各国之垂涎，洵笃论也”。同时对丁日昌的做法也深表赞成，称台湾“陆路电线则移省、厦已成之器为之，亦尚易为”。⑤ 主持总理衙门事务的恭亲王奕訢对丁氏的计划也深表赞同，奏请“令该抚臣酌量兴

---

① 李鸿章：代陈丁日昌议复海防事宜疏，光绪元年，《道咸同光四朝奏议》，台湾文献丛刊第288种，第45－68页。

② 复丁雨生中丞，光绪元年正月十四日，《李文忠公选集》，第120页。

③ 福建巡抚丁日昌奏统筹台湾全局拟开办轮路、矿务请简派熟悉工程大员驻台督理折，光绪二年十二月十六日，《清季台湾洋务史料》，台湾文献丛刊第278种，第7－15页。

④ 福建巡抚丁日昌奏统筹台湾全局拟开办轮路、矿务请简派熟悉工程大员驻台督理折，光绪二年十二月十六日，《清季台湾洋务史料》，台湾文献丛刊第278种，第7－15页。

⑤ 筹议台湾事宜折，光绪三年正月十六日，《李文忠公选集》，第199－201页。

办”。①

在得到各方的支持之后，丁日昌在光绪三年三月二十五日的奏折中提出了修建台湾电报的具体方案：台湾南北路途相隔遥远，文报艰难，设立电线，尤为相宜。拟将省城前存陆路电线移至台湾，化无用为有用，一举两得。并拟派学生六品军功苏汝灼、陈平国等专司其事，定于四月动工，先从旗后（今高雄）造至府城（今台南市），再由府城造至基隆。倘于理有窒碍难通之处，即翻译泰西电报全书以穷奥妙，或随时短雇洋工一、二人，以资参核。将来并拟将洋字改译汉字，约得万字可敷通报军情、货价之用。然后我用我法，遇有紧急机务，不致漏泄。② 四月十四日，丁日昌创办台湾电报以通文报的方案奉旨施行。③

丁日昌创办台湾电报所依靠的技术力量是原为筹办福厦电报而设的电报学堂培训的学生。至于器材，则是将省城库房保存下来的福厦旧线移到台湾加以利用。该工程实际于七月初十日自府城起工，九月初五日造成。由于经费不足，只修成了自府城至安平及自府城达旗后的两条线路，计长九十五里，并在府城、安平、旗后三处设立报房。④ 台湾电报的成功创办引起了中外各方的关注，《申报》及时对此作了报道。⑤ 英国人寿尔在访问台湾后也说：丁日昌“用一条电报线把首邑台湾府和打狗港连接起来，并筹划用铁路联络两城”。⑥

光绪四年，丁日昌因病去职，电报线的敷设工程未能继续进行，但其创办的台湾电报线，是中国人自己修建并由中国人掌管的第一条电报线，在中国邮电史上具有重大意义。

---

① 总理各国事务衙门奕訢等议奏丁日昌等筹议台湾事宜请旨遵行折，光绪三年二月二十四日，《清季台湾洋务史料》，第16－26页。

② 福建巡抚丁日昌奏将省城前存陆路电线移设台湾并拟派学生专司其事片，光绪三年三月二十五日，《清季台湾洋务史料》，第26－27页。

③ 《清德宗实录选辑》，台湾文献丛刊第193种，第38页。

④ 连横：《台湾通史》，商务印书馆，1983年版，第376－377页。

⑤ 《清季申报台湾纪事辑录》，台湾文献丛刊第247种，第722页。

⑥ 寿尔：《田凫号航行记》，中国史学会主编：《洋务运动》（八），上海人民出版社，1961年版，第377页。

二、刘铭传设立闽台海底电报线

继台湾电报创办之后，中国陆路电报线的修建开始有了长足的发展。光绪五年，李鸿章建成了津沽线。六年八月，李鸿章又奏准设立长达3075里的津沪线，于次年五月初兴工，至十月底全线竣工。光绪九年至十年间，经清廷批准又修建了几条重要干线。其一为津京线。其二为长江线，由左宗棠于光绪九年奏准修建，从镇江经南京到汉口，是横贯中国中部的东西大干线。其三是广州至龙州线。光绪十年，中法战争爆发，建成不久的电报通讯，在保障西南战场抗法战争的胜利中发挥了重大作用。李鸿章对电报局在中法战争中的通讯工作甚为满意，在为电报局员工请奖时指出："适值法人起衅，沿海戒严。将帅入告军谋，朝廷发纵指示，皆得相机立应，无少隔阂。……中国自古用兵，未有如此之神速者"。①

然而，在台湾战场上，法军占领基隆和澎湖，并封锁台湾海峡。由于未设海线，台湾文报不通，几成孤岛。台湾建省后，首任巡抚刘铭传痛定思痛，于光绪十二年八月二十八日上疏奏请购办台湾水陆电线，称："台湾一岛孤悬海外，来往文报，风涛阻滞，第至匝月兼旬，音信不通。水陆电报实为目前急务，必不可缓之图"。② 水线部分，刘铭传派已革浙江候补知府李彤恩会同已革广东试用道张鸿禄驰赴上海，谘访各洋行，令其各开价值，择其廉者与其成交。当时共有地亚士等七家洋行开单应标，其中惟怡和、泰来、瑞生三家洋行开价较为低廉：电线价银十万两，轮船价银九万两，修理电线机器价银一万两，测量机器一副、三局电报机器、器具并包运包放工价、包险等费共银二万两，总共价银二十二万两。然而，当时台湾经费支绌，一时难筹此巨款。刘铭传与诸家洋行面议，如能分三年归还，即可成交。泰来、瑞生皆不愿承应，惟怡和洋行愿办。当饬张鸿禄、李彤恩与其详议条款，先给定银四万两；其余分三年归清，不给息银。线路经由安平至澎

---

① 创办电报请奖折，光绪十一年八月十五日，吴汝纶编：《李文忠公奏稿》，卷五十四，第50－51页。

② 台湾巡抚刘铭传奏购办台湾水陆电线折，光绪十二年八月二十八日，《清季台湾洋务史料》，第47－50页。

湖，再由澎湖至厦门。所订电线，议定头等近岸每英里十吨重粗线三十英里；其余深海应用每英里二吨重细线一百二十六英里。刘铭传认为与沈葆桢前立合同估价相比，“不独价值便宜，线料亦大相径庭”。①

旱线部分，由基隆、沪尾两处海口起合至台北府城，再台北府城至台湾府安平止，来往两道议定八百里，除木料外，其余皆由德国泰来洋行承办，共价银三万两。②

根据最初的安排，陆路原定于光绪十三年正月安设，水路定于同年六月安设。但因台湾地隔海外，需用中外材料，不能依期运齐，延至十三年三月基隆、沪尾合至台北两线才开始动工。海线原计划取道厦门，因海程不便，最终改由台北沪尾接达福州之川石，较之原来海程多五、六十里，复经勘议，加购水线价银五千两。八月，怡和洋行承办水线，由“飞捷”水线轮船装运到台，经刘铭传派人验收后，即勘量海道，安放川石至沪尾的水线。闽、台两省先行通报。后继续至澎湖放线，抵台南之安平口。此时岛上陆路已先勘明，于十一月间由台南接办陆线，取道彰化，于十四年二月初一日与台北之基隆、沪尾两线接通。统计水陆设线一千四百余里，分设川石、沪尾、澎湖、安平水线房四所；除台南、安平、旗后原设报局三处外，添设澎湖、彰化、台北、沪尾、基隆报局五处。一切材料、机器、水线、轮船、木杆工程、勘路、转运、洋匠薪水路费、开局经费，共银二十八万七千余两。③ 光绪十四年五月初五日，刘铭传上疏奏报台湾水陆电线告成，并请对三品衔浙江候补知府李彤恩等在事出力人员给予奖励。

自同治十三年沈葆桢奏请设立台海电报线起，经过了多人的不懈努力，耗费了整整十四年的时间，闽台海底电报线及台湾陆上电报线终于全部建成。台湾藉由这一海底电线开始同中国大陆乃至全世界各地连系起来。本地的糖、茶商人通过电报可以了解国际市场上糖和茶叶的价格，以增加自己获

① 同上；福建巡抚刘铭传咨呈台湾购办水陆电线折稿并船图合同，《台湾海防档》，第104－110页。

② 台湾巡抚刘铭传奏购办台湾水陆电线折，光绪十二年八月二十八日，《清季台湾洋务史料》，第47－50页；福建巡抚刘铭传咨报委由德商李德代办器材安设基隆沪尾至安平间陆路电线，《台湾海防档》，第92－101页。

③ 台湾巡抚刘铭传奏台湾水陆电线告成援案请奖折，光绪十四年五月初五日，《清季台湾洋务史料》，第64－65页。

利的机会。当然，闽台电报线的建成最引人瞩目还是其在军事上的意义。闽台海底电报线的建成使台湾与祖国大陆之间，军情政令，瞬息可达，在海防建设上可以发挥重要作用。一直对台湾怀有觊觎之心的日本人对闽台间海底电线的敷设十分关注，在闽台海底电线竣工开始通报的第三天，日本驻福州副领事上野专一就立即向日本外务省作了报告："台湾福州间之海底电线，此回告竣工，在本月十二日逐渐能有广告信息通报之事。前述因敷置海线，曾经由英国购买汽船飞聚号，装载诸种机械，由台湾淡水出发，七月四日其线端在福州连江县芭蕉山上陆，……芭蕉山和淡水之距离，凡一百十一英里，其音信费用，至少以七字起算，一字洋银二十四钱。当下台湾地方得以电信通报是淡水、台北府城以及基隆三处，从此处再次第在台南各地敷设陆线，诸线倘若渐渐落成，中国本土以及海外诸方之间的通信往来，必能颇为灵捷。"①

三、台湾割让后，中日间关于闽台海底电报线之交涉

光绪二十年，中日之间爆发了甲午战争，中国战败。光绪二十一年二月十八日（1895 年 3 月 14 日），清廷派李鸿章为全权大臣偕其子李经方等赴日议和。三月二十三日（4 月 17 日），李鸿章与日本全权大臣伊藤博文签订了丧权辱国的《马关条约》，中国除了承认朝鲜完全自主；割让辽东半岛；赔款二万万两白银；增开通商口岸，并允许日本人在已开和新开通商口岸任便从事工艺制造外，还将台湾全岛以及澎湖列岛割让与日本。四月十四日，条约经双方批准后在烟台互换。四月二十四日，朝廷派李经方为全权大臣赴台，与日方委员桦山资纪办理交割手续。五月九日（6 月 1 日），李经方携马建忠等随员乘公义号轮船抵达沪尾（淡水）港外，李慑于台湾人民反割台的巨大声势，不敢登岸，随日舰改驶至基隆口外。五月十日，李经方与日

① 日本外务省外交史料馆藏：《臺灣淡水卜清國福州間二現存スル海底電線關係雜纂》，簿册番号：一～七～四～〇〇七。转引自松浦章：《台湾海底通信线之创始》，《台北文献》直字第一五一期，2005 年 3 月。

方委员桦山资纪先后在日舰横滨丸和公义号轮匆匆忙忙三次会晤，于是日晚完成了《中日交接台湾文据》的起草、签字及交换仪式。将“台湾全岛、澎湖列岛之各海口及各府、县所有堡垒、军器、工厂及属公物件”移交给日本。①

在交接文据的起草过程中，桦山资纪特别提出由台湾至福建之海底电缆系台湾属公物件，须由他一并接收。李经方则据理力争，称：“海线非岸上产业，何能交让！况海线上岸，非两国政府议明不能。我来奉命商办此事，无此权力；且和约内未言及”，而拒绝移交。② 桦山资纪也无可奈何，最后只好在《交接文据》中载明：“台湾至福建海线应如何办理之处，俟两国政府随后商定”。③

然而，中日双方在办理台湾交接手续之后，并未马上就闽台海底电线一事进行协商。迨至八月二十五日，闽台海底电线在距福州川石山水线房一百五十里处损坏中断，日本公使通知总理衙门，日方准备租用大北公司水线船前往修理。津海关道中国电报局总办盛宣怀认为福州至台湾水线中断，应由中国电报局前往修理，乃可认为我方财产。于是电告日本电线督办，声言中国电报局即派轮船前往修理。但原来修理水线的“飞捷”轮船正在上海装煤，在调往修理之前，日本已先雇用大北公司水线船将损坏处修好，于九月初一日恢复通报。盛宣怀认为日本自雇水线船前往修理，意在不认我为物主，应由中国方面认还彼处修接费用。盛宣怀还按总理衙门的要求，拟具“福州至台北及安平至澎湖海线应议办法”，以备与日方会商时采择：

一、海线系中国物产，于交台与日本条约内，并无“水线并交”字样。查条约第二款仅载“交与堡垒、军器、工厂及一切属公对象”；至水线原设在海中，应不在内。

一、中国与日本商订章程，可特指明此水线仍系中国物业；如需修理，

① 全权大臣李鸿章致总署报李经方到基隆商办交接台湾问答电（附旨及交接文据），《清季外交史料选辑》，第322－326页。

② 同上。关于李经方在办理台湾交割手续时拒绝桦山资纪和水野遵等人要求将淡水至福州海底电报电缆一并移交给日方一事，日方文献亦有相同的记载，见伊能嘉矩：《台湾文化志》（中译本）（下卷），台湾省文献委员会编译1991年，第462页。

③ 全权大臣李鸿章致总署报李经方到基隆商办交接台湾问答电（附旨及交接文据），《清季外交史料选辑》，第322－326页。

应归中国自行修理。

一、此海线在福州之一端，应归中国福州电局经管；在台北一端，应归日本管理。

一、报费应订明中国每字可试收二佛郎克（约英洋五角）。

一、过路报费，可照中国与俄、英、法等国成案办理。尚有核算交缴报费年期及一切另款，均由中国电报局与日本援照成案订定。

一、安平至澎湖马宫海线，计长一百五十二华里。按两国所订和约，此海线不在和约之内；如日本欲将该海线留为自用，应当偿还价值。①

与此同时，日本外务省也表示，此条水线本已声明彼此另议，不在交接台湾之内；现因断线，亟须修接，是以托大北公司修整，系属暂时之计。将来中线、日线如何交接，尚须妥为计议，并指派日本驻华公使林董与总理衙门进行商议。

九月十九日，中日双方就闽台海线进行商谈。日本公使称：闽、台海线，据说系由台湾巡抚抚拨款所设，应归日本。总理衙门则认为："论公法，海中之物不能归日本；且为商物，更不能归日本"。日使则要求中国方面提供闽、台海线果系商线的凭据，方可商议。

原来闽台间海底电线最初虽由台湾巡抚刘铭传筹款设立，但光绪十四年二月，刘铭传设立台湾商务局，广兴商务，招集商股银三十三万两，其中台湾士绅林维源认招三分之一（计银十一万两），轮船招商局认招三分之二（计银二十二万两），购造"斯美"、"驾时"轮船两号，于同年发交上海招商局代为揽载。台湾商局事务由林维源代为筹划，上海方面即由盛宣怀派人照料，与招商局外合内分。讵料代办期内，不仅官利全无，而且实计亏折银一万零八百四十两左右，双方遂中止合作，将"斯美"、"驾时"两快船改作台湾官轮船，由台湾筹款修养。林绅所集股分银十一万两暂存不动，盛宣怀所筹股分银二十二万两，台湾一时无现款筹还，遂将原价二十二万两的台湾至福州水线一条、安平至澎湖水线一条及"飞捷"轮船机器等抵还轮船商本，其海线归并盛宣怀督办的电报公司，作为电报局产业，福州、台湾电

① 津海关道盛宣怀函禀争修台闽海线情形并拟呈应议办法，光绪二十一年九月十二日，《台湾海防档》，第149－151页。

线悉照商定章程办理。①

据此，总理衙门即向日本公使林董函送原会办台北通商税务委员前浙江补用知府李彤恩与上海怡和洋行英商施本思所立合同、光绪十五年五月初八日台湾抚院咨北洋大臣文、光绪十五年六月招商局禀北洋大臣文及光绪十五年六月电报局详北洋大臣文等抄件，作为闽台海底电线实属商线的凭据，并建议由中日双方电局彼此互商妥订接电办法。② 日本公使亦表示闽台海线果系商线，双方可从长计议。③

然而，盛宣怀根据前拟六款办法与日本方面商谈，对方却坚持不允，致时历三年，屡议未妥。此三年间该水线已由日本修过三次，并不预先知会。且应得海线转报之费屡请日本方面结付，亦不应允。其视此海线已为日本之物，置之不理。盛宣怀认为此事若再由总署与日本公使商议，势必仍前拖宕了之；必以修换之费，足抵旧线之费为词。且福州电局代其海线转报，亦属一无所有。乃于光绪二十四年六月趁日本驻沪总领事小田切回国时，由电报总局给予照会，提出解决台海电线的两种方案：一、应将福州、台北海线两端归中国电报公司管理，可照中国与英、俄、丹、法等国成案，订定过线报费年期一切；一、或将福州至台北海线一条售与日本电报局。并请其转商日本邮电部大臣，迅速派员到沪订立条款。④

九月，小田总领事回任时，带回日本邮电部大臣的意见，称：该海线创设之初，需费二十二万两，距今已历十载，线料自不如新，应减价三分之一，值价至多不过十四万六千六百两，合日本金十九万一千七百二十一元十三钱。其中再扣除三次修换所需费用，共计日本金十一万八千一百四十一元，所剩七万三千五百八十元十三钱，为日本政府愿交闽、台海线公平之价。盛宣怀想以规银十万两成交。小田总领事则认为更新一条海线只须二十

① 北洋大臣王韶文函呈闽台海线原案，光绪二十一年九月二十七日，《台湾海防档》，第153－161页。

② 致日本公使林董函送台闽海线系商线原案，光绪二十一年九月三十日，《台湾海防档》，第161－162页。

③ 日本公使林董函复闽台海线果系商线可从长计议，光绪二十一年十月初七日，《台湾海防档》，第162页。

④ 盛宣怀函拟将台北至川石山海线售让日本，光绪二十四年十月十九日，《台湾海防档》，第163－172页。

万元，若就已经换修之价加上应交十万两之价并计，反比更新之价更多，日本政府断难允准。并称近来该海线又有损坏，必须派轮船前往修理，至省约需费八、九万元；若不修理，势必置之无用之地；况该海线既属台界，中国若不趁此时售出，日后犹恐不免多费口舌。建议盛宣怀减价以十万元售出，对中日彼此皆有利益。① 双方讨价还价，面议数次，无法达成协议。盛宣怀鉴于日本报明三次修线已费日本金十一万八千余元，目前又需修费八、九万元；据电报局商董集议，商力甚窘。无论日本未必允我公司赎回自办，即使恳求政府向彼争回，商人亦难筹此巨款。中国亦无法禁止日本另设海线，莫若将此旧水线售让，援照电局与大东公司所立福州合同，立一约章，庶有羁勒。且张家口至恰克图电线工程浩大，所集商股六十万元不敷甚巨，又不敢请领公款，势将中辍；得此售价十万元稍资挹注，可期赶紧造成，以符俄约。经审度再四，中国方面最终作出让步，同意减价让售。光绪二十四年十月，经协商后，由督办电报事宜头品顶戴大理寺少堂盛宣怀、日本钦命驻沪署理总领事正式订立闽台电线合同：

第一款：所有台湾淡水口至福建省川石山头海中电线一条，自立此约之后，即归日本政府作为自有之业。所有该电线修理及截换等事，总由日本政府自行设法办理。嗣该电线照中国电报总局、英国大东公司会议福州电线合同章程第一款，惟求水线头引至川石山海岸为止；并准在川石山租小房一所及水线房安置线头，以传海线电报，仍不准在岸上设立电杆。其水线以川石山为止，并不能再引进川石山之口内，以清界限。

第二款：该海中电线价，议定英洋十万圆。准于立约之后一月内，由日本驻沪总领事署交付中国电报总局收清，不得迟延。并议定此项前经日本政府修换三次之价，均与中国电报总局无涉。

第三款：中国电报总局与英国大东公司于光绪十年九月二十九日（公历一千八百八十四年十月二十九日）立有福州电线合同章程，此次所议淡水口至川石山头海中电线应办事宜，均照该章程办理，不得违误。

第四款：未订此约之前所有往来电价，日本政府允于一月内如数结付清

① 盛宣怀函拟将台北至川石山海线售让日本，光绪二十四年十月十九日，《台湾海防档》，第163～172页。

楚。自订此约之后，川石山及南台报价，应照中国电报总局与英国大东公司所订福州电线合同每字收英洋二分；悉照电报原单及两公司帐簿核算，在福州按月一结，作为常例。①

该合同经两国政府核准后，照议办理。中日之间关于闽台海底电报线的交涉宣告结束。

结　语

综上所述，晚清台湾电报的创办是经过多名官员的努力。最早由钦差办理台湾等处海防兼理各国事务大臣沈葆桢于同治十三年日兵侵台时提出，但未及实施，沈氏即奉调两江总督。其后，福建巡抚丁日昌移福建陆路未成电线至台湾，于光绪三年建成自台湾府城至安平及自府城至旗后长达九十五里的电报线路，并在府城、安平、旗后三处设立报房。这是中国人自己修建并由中国人掌管的第一条电报线，在中国邮电史上具有重大意义。

光绪十一年，台湾建省之后，首任巡抚刘铭传在台湾进行一系列近代化建设，最终完成了台湾电报的建设，并敷设了闽台海底电报线，台湾与祖国大陆之间，军情政令，瞬息可达，在加强中国的海防建设中发挥了重要作用。

甲午战争之后，台湾割让，办理交接手续时，李经方据理力争，拒绝了日方所提将闽台海底电报线一并移交的要求。此后，中国方面就闽台海底电报线一事与日本进行了数年的交涉，最终迫于现实形势，不得不将闽台海底电报线以十万元的代价让售于日本。

① 盛宣怀函拟将台北至川石山海线售让日本，光绪二十四年十月十九日，《台湾海防档》，第163－172页。

张之洞与反割台运动关系考论

陈忠纯*

1895年的反割台运动与时任两江总督兼南洋大臣的张之洞有着极为密切的关系，因之也久为海内外学界所重视，相关研究具体且深入。① 然而笔者对相关史料与研究成果作一番较为细致的对照后，感觉学界对于张之洞在反割台问题上所扮演角色的描述与评价，似有夸张不实之处。有基于此，笔者不揣冒昧，就以往研究较为薄弱的环节略作发挥，希有助于更客观地展现张之洞与反割台运动的关系。

一、张之洞在台“援外保台”的外交尝试及思路的演变

甲午战争爆发后，日军节节推进，日本国内以为夺取垂涎已久的台湾的良机来临，割台舆论勃兴。身为两江总督兼署南洋大臣的张之洞深知台湾对于中国的重要性，1894年底和谈之议初起，便电告李鸿章不可割台。1895年2月间，李鸿章即将赴日谈判，割台之说更是甚嚣尘上。张之洞苦思保台之策，他从容闳等人提出的押台借款之计得到启发，向清廷提出“押台保台”的计策，即以台湾作抵押，向英国借款二、三千万，并允许在台湾开

* 作者简介：陈忠纯，厦门大学台湾研究院助理教授。

① 相关主要研究成果可参见：曾迺硕：《张之洞与台湾乙未抗日之关系》，《台湾文献》第10卷第2期；戚其章：《张之洞与反割台运动》，《历史教学》1984年第10期；吴密察：《1895年“台湾民主国”的成立经过》，自《台湾史论文精选》（下），台北：玉山社出版，1996年版等。此外，其他有关乙未反割台的论著，大都会涉及本文的问题。

矿，借以让英国出面保台。①

张之洞的“押台保台”说得到清廷的重视与认可，随即分别于3月7日、8日电询驻英、俄公使龚照瑗、许景澄，请其向所在国商议，以台做押，许英（俄）在台开矿，诱其出面保台。② 但实际上，张之洞等人的想法过于乐观了。英、俄等国政府关心的是在华的商业利益以及日本对中国大陆的领土要求，对于台湾则不甚措意。俄国甚至早已于1895年2月14日向日本暗示不反对日本占领台湾。③ 因此，许、龚两使不久便回电说俄、英两国无意插手中日和议。龚照瑗还提到，英国表示如果有公司愿意出面租借台湾，“英可不阻”。④ 但当张之洞令其与英相关公司联系，却无回音。

清廷和张之洞并未放弃努力。⑤ 驻外使节屡屡被拒后，张之洞多方设法，包括让在台的官员直接与列强接洽，争取列强出面干涉。姚文栋在台湾的活动就反映了这一点。姚文栋曾长期驻留日本，还做过使欧随员，对日本及欧洲列强的情况都比较了解。⑥ 张之洞派遣姚文栋赴台，与唐景崧共同商讨援外保台之策，利用其丰富的外交经验，直接与驻台的英国领事接洽，寻求援用外力保台的机会。

1895年4月17日、18日，姚文栋两度拜访英国驻台湾代领事金璋，探问英方出面保台的意愿。姚文栋第一次身穿便装，乘坐民轿，秘密拜访金璋的私宅。他告知金璋，他奉张之洞之命，专程到台湾与唐景崧商讨保台之策。⑦ 姚文栋强调说，日本强行割占台湾的做法不符合国际法，而且日本人至今尚未占领甚至进攻台湾，台民都强烈反对割让。此外，日本据台将严重其他国家的利益，尤其是对英国及其殖民地香港。香港的贸易和安全都会受到威胁，故而希望与英国达成阻止日本割占台湾的协议。金璋表示条约既已

① 《署南洋大臣张之洞来电》，中国史学会主编：《中日战争》第3册，第482－483页。

② 张之洞：《致轮墩龚钦差》、《致俄京许钦差》，《张之洞全集》第8册，第6137、6142－6143页。

③ 《日本外交文书·试探俄国政府之态度》，戚其章主编：《中日战争》第10册，第59页。

④ 《龚钦差来电》，《张之洞全集》第8册，第6138页。

⑤ 龚照瑗曾屡次地向英国提出抵押台湾的建议，均遭到婉拒。参见《英国外交文件下·金伯利致欧格纳函》，戚其章主编：《中日战争》第11册，第692－693页。

⑥ 张敏：《略论姚文栋边防思想及实践》，《史林》1999年第2期。

⑦ 《英国外交文件下·金璋致欧格纳函》，戚其章主编：《中日战争》第11册，第956页。

签订，这样的计划已毫无用处，拒绝为此事拜访巡抚，不过他愿意代向驻华公使递交备忘录或照会。次日上午，姚文栋再度拜访金璋，此次他以知府的名义照会代领事，提出建立中英联盟，① 让英国舰队能出面保卫台湾，并留下一份备忘录："张总督及唐巡抚意欲秘密成立中英联盟以御日本并日后共同抵御好战邻国。首先须请阁下问明贵国公使此举是否可行。若其以为可行并将其意图完全告知我们，我们便可奏请朝廷批准该步骤。若其以为不可，则请将此秘密想法视为对阁下的私下询问而无官方色彩。"② 姚文栋还特别说明，希望他们的会面不让总理衙门知晓，这体现张之洞谨慎行事的一贯作风。不过，由于张之洞通过各种渠道试探英国的态度，英人也觉察出"押台保台"策出自张之洞。③

《马关条约》正式签订，日本谋取的侵略权益，侵害了列强尤其俄国的利益。俄、法、德三国随后出面要求日本放弃辽东地区，英国则袖手旁观，甚至想从和约中分得商业利益，扶日拒俄的意图表露无遗。此时，张之洞的亲信王之春出使俄国，途中暂留巴黎，访问法外交部，被告知"法、俄已电倭劝减，英独松劲，且对龚使危词唬迫，意在值百抽二，利益均沾，私议显然中英最好，可为寒心"，④ 这让张之洞等人颇为失望："英人袖手，实欲倭强，借倭拒俄，非持盈保泰也"。⑤ 王之春同时还建议，可借鉴普法战争之例，以割地需经当地人民同意为由，拒绝割台：根据国际公法，"凡勒占邻土，必视百姓从违"，而割地之民，"两籍相参，财产皆民自主"。⑥无独有偶，收到王之春电报的同日，张之洞还接到一封来自唐景崧的电报，内容与王电相似，称"赔款又割地，太不得情理之平，台本未失，今民又不服

① 成立"中英联盟"来抵制日本侵略的主张，并非张之洞等人的原创。1895 年初，李提摩太曾向李鸿章、张之洞等提出过类似建议。（张之洞：《致总署、天津李中堂》、《张之洞全集》第 6 册，第 2309 - 2040 页。）

② 《英国外交文件下 · 金璋致欧格纳函》，戚其章主编：《中日战争》第 11 册，第 957 - 958 页。

③ 《欧格纳外交报告》，戚其章主编：《中日战争》第 6 册，第 694 页。

④ 《王钦差来电》，《张之洞全集》第 8 册，第 6302 页。

⑤ 张之洞：《致台湾唐抚台》，《张之洞全集》第 8 册，第 6322 页。

⑥ 《王钦差来电》，《张之洞全集》第 8 册，第 6302 页。此电王之春发电日期署"敬"日，即 18 日或 19 日发出，张之洞 4 月 20 日收到，当日便将此电转奏。见《致总署》，《张之洞全集》第 3 册，第 2059 页。

倭，皆公法所可争者”。[①] 由于两电内容极其近似，都提到被割让土地人民的自决问题，就牵涉到一个问题：唐景崧所援用的这一国际法思路出自何人？是台民自己还是王之春？如果是王之春的话，为何电报是同一天到达张之洞处？[②] 实际上，以往学者可能忽略了一个问题，即王、唐两电虽是同日到达张之洞处，发电时间却有先后之分，王之春给张之洞的电报发自 18 日或 19 日，唐景崧则晚了一天。因此，就时间先后而言，唐确有先接到王电的可能。[③] 而且，前述姚文栋代表张、唐与金璋接洽时，虽然也以日本违背国际法为由，要求英方出面保卫台湾，但当时他对国际法的解读还限于从维护“势力均衡”角度立说。如 19 日，在递给金璋的照会中，姚文栋强调：

> 由于日人傲慢无礼，无视国际法之平等原则，故宁让友邦受益而勿让敌国得逞，期盼密商有益于中英两国且能满足双方愿望之各类良策[④]

之后的备忘录中，同样提到：

> 此外，国际法讲究势力均衡，难道中立国家不可适当阻止日本实现其强占台湾的目标并以此争取优势吗？[⑤]

但到 21 日，唐景崧在给清廷的电报中提到的已不单一点：

> 公法有均势一条，又众民不服者，其约可废。[⑥]

隔日之间，唐景崧提出的理由陡然增加了割地居民的自决问题。笔者以为，这观念的突然转变可能即来自王之春的提示。当然，唐景崧除了得到王之春的提示，可能还参考了当时颇为流行的《万国公法》等其他材料，以

---

① 《唐抚台来电》，《张之洞全集》第 8 册，第 6295 页。

② 有学者便认为，唐景崧可能是先收到王之春的电报后，受到启发，故而也向张之洞提出类似想法。参见吴密察：《1895 年“台湾民主国”的成立经过》，张炎宪等主编：《台湾史论文精选》（下），玉山社出版事业股份有限公司，1996 年版，第 21 页。

③ 王之春发电日期署“敬”日，即 18 日或 19 日发出，张之洞 4 月 20 日巳刻收到，当日便将此电转奏。唐景崧此电署“有”日，即 19 日或 20 日，20 日申刻到张之洞处。此电的接收时间晚于王电，就发电报的时间看，也应晚于王之春的电报。而且王与唐之间也有过电报来往。

④ 《英国外交文件下 · 金璋致欧格纳函》，戚其章主编：《中日战争》第 11 册，第 957 页。

⑤ 《英国外交文件下 · 金璋致欧格纳函》，戚其章主编：《中日战争》第 11 册，第 957－958 页。

⑥ 《台抚唐景崧致军务处请废约再战并商各使公断速罢前议电》，《清季外交史料》，第 109 卷。

之作了发挥。①

找到新依据的唐景崧马上请求张之洞会同刘坤一、宋庆等，与各国公使接洽，要求其政府据公法处理。张之洞虽然认为中国可以援用公法和普法战争之例，“听台湾民自便”，但他不愿越俎代庖，“由总署主持，疆臣不能擅许”，拒绝了唐景崧的要求。② 唐景崧与张之洞商议后，于21日电奏清廷，称“按公法有均势一条，又众民不服者，其约可废。此事赔款则可，割台则断不可，为此吁请总署会集驻京各国公使，从公剖断，速罢前议，救斯民。”③ 清廷也认为台事若能照此办理，“较可便民”，便令李鸿章与日方商议。④ 日本则以境内不允外人置产为由，拒绝这一要求。⑤ 但清廷仍要求李鸿章妥筹“安置台民之法”，以免“万口交腾，人心解体”。⑥

此后，张之洞等人逐渐意识到以台民的名义要求保台，似较容易让列强接受，求援的对象也由英转法。⑦ 4月29日，王之春电称，法国表示，假如以台湾民变为理由，或可出面抵制割台，因而建议张之洞与唐景崧等人，“从民变着想当有权衡”。⑧ 而张之洞从唐景崧的电报了解到，此时台湾“民变其势已成”，若由此要求干涉，“正合西例”，“且措词最得体”，有望说服列强出面干涉。于是，他电请清廷一面迅速与各国公使商议，一面命令许、龚两使迅与俄、德、英商议，令王使与法商议，“或有转机”。⑨ 张之洞同时也转电唐景崧，建议其从“民变着想”，电奏朝廷，一面电王、龚、

---

① 比如丁韪良所译《万国公法》一书，当时成为清廷官方外交参考用书。该书便有讨论割地问题，称“自主之国虽有立约之权，托授君主，然分让地土之权，大概无有也。故或立条款特禁，或其国法暗寓禁止之义，以绝其事”。该书以普法战争为例，说明“分让国土，而民举之绅士概不允准，其约遂归为废纸”。（参见［美］惠顿著：《万国公法》，丁韪良译，上海世纪出版集团、上海书店出版社，第144页。）

② 张之洞：《致台北唐抚台》，《张之洞全集》第8册，第6295页。

③ 《收福州将军庆裕等电台民不服请总署罢割台之议》，《明清宫藏台湾档案汇编》，第237册，九州出版社，2009年版，第314页。

④ 《军机处拟发给刘坤一王文昭宋庆裕禄依克唐阿长顺电信》，中国史学会主编：《中日战争》第3册，第608页。

⑤ 《复译署》，《李鸿章全集》第3册，电稿三，第507页。

⑥ 《电谕大学士李鸿章著与伊藤通信将台民之产业按西例办理》，戚其章主编：《中日战争》第3册，第97页。

⑦ 张之洞：《致台湾唐抚台》，《张之洞全集》第8册，第6322页。

⑧ 《王钦差来电》，《张之洞全集》第8册，第6328页。

⑨ 《致总署》，《张之洞全集》第3册，第2062－2063页。

许诸使代为设法，一面请英、法保台，若英仍拒绝，则“当求法保护”。一旦法、俄愿意保台，英或将被迫出力。不过“情甘归法，决不归倭”一类语，“只可出自台民”。[①] 5月1日，清廷下旨让张之洞转电王之春，正式令其速与法国外交部“切实商办”，希望法国肯以武力胁迫日本放弃割台。[②]

与此同时，驻英兼驻法公使龚照瑗通知唐景崧，“法有保台、澎不让倭意”，将派兵轮赴台护商，并与之商议机宜，“务祈推诚待之”。[③] 他同时电奏清廷：“现台湾吃紧，法已派人护商，先遣员晤台抚面商机宜。有兵登岸，请电台抚晓谕地方勿惊疑。”[④] 5月3日，王之春也转同一消息，称法国已调兵轮赴基隆、沪尾，让唐景崧到时与法舰舰长商议具体办法。同时，法国正联系西班牙一道与日本交涉。[⑤] 5月6日，王之春再电，建议唐景崧“仍以激变情形设法，则法可著手。”[⑥]

然而，日本据台与俄、德两国并无利益冲突，俄国早已同意日本占领台湾，德国也不希望法国拓展在台湾的利益，[⑦] 建议日本应向法、西表示“决心占领台湾及澎湖”。[⑧] 英国则与日本沆瀣一气，明确表示支持日本割占台湾。[⑨] 对法国来说，仅和西班牙联合干涉台湾问题，力不从心，于是在保台问题上退缩了。5月11日，法国驻华公使施阿兰告知总理衙门，原先担心日本不肯让步，故决定派兵赴台，但既然日本放弃辽东地区，中国也已将台湾割予日本，就不当再有其他要求，以防引起争端。不过，施阿兰还表示，

---

① 张之洞：《致台湾唐抚台》，《张之洞全集》第8册，第6322页。

② 张之洞：《致巴黎王钦差》，《张之洞全集》第8册，第6327－6328页。

③ 《四月初七日发台湾抚台唐》，自《龚照瑗往来官电（选录）》，戚其章主编：《中日战争》第6册，第599页。

④ 《四月初八日发北京总署》，自《龚照瑗往来官电（选录）》，戚其章主编：《中日战争》第6册，第600页。

⑤ 《王钦差来电》，《张之洞全集》第8册，第6328页。

⑥ 《王钦差来电》，《张之洞全集》第8册，第6342页。

⑦ 《德国干涉还辽事件·外交大臣马沙尔男爵致驻伦敦大使哈慈菲尔德伯爵》，中国史学会主编：《中日战争》第7册，第375－376页。

⑧ 《日本外交文书·驻德国青木公使致陆奥外务大臣电》，戚其章主编：《中日战争》第10册，第187页。

⑨ 《英国外交文件下·马来特致金伯利函》，戚其章主编：《中日战争》第11册，第859－860页。

“倘日后台湾出有别情形，法国或另有打算，亦未可知。”① 同时，法国外交部拒绝接见王之春，并以王在巴黎活动事易引起猜疑，要求清廷撤其回国。王之春见求援无望，只得回国。②

法援既绝，张之洞还幻想争取德国：“惟有饵德，德有领事在台，令台民公商德领事，嘱其电达驻京德使，或是一策。倭来或缓，当有办法。”③ 但德国不仅拒绝清廷的请求，针对台湾宣布“据为岛国”，公开抵制割台一事，还警告清廷，若“阴令台民叛拒倭人，显系违约”，日本以此“兴兵构怨”，中国再败，则将会招致更大的损失。④ 清廷不得已推托拒日割台乃台民的自发行为，并非有意主使。此后，为避免引起日本的不满，张之洞与清廷被迫基本停止援外保台的努力。

二、张之洞与“台湾民主国”的关系辨析

张之洞及其亲信提出的被割让土地人民自决的原则，虽然成为台湾民众寻求“自主保台”，乃至成立“台湾民主国”的重要思想动因，却不能说张之洞有意推动台民的自主保台活动。张之洞对于自主保台态度比较复杂，既同情台民的抗争，又不愿意直接表露或支持自主保台。4 月 22 日，张之洞曾电唐景崧：“德、法、俄并阻批准约，英尤惜台，有质台之议，枢不受也。诏合肥有‘画押以后台即属倭，台或不从，于中无涉’之语。然则台能自保，不累中矣。庇英自立以保民为词，守口聘英将，巡船乞英船，土匪自缉，事当有济，不必骤怒。倭袭澎慎举胜无可守。”⑤ 在这封电报中，首次提到台湾可寻求“庇英自立”，因之被不少人视为张之洞推动台湾自主的主要依据，但该电并非张之洞自发，而是北京的某位署名“植”的人士，请张之洞代转的。⑥ 以之作为张之洞的主张，并不甚妥。实际上，检阅张之

① 《总理各国事务衙门与法使问答节略》，中国史学会主编：《中日战争》第 4 册，第 108 – 109 页。

② 《署南洋大臣张之洞来电》，中国史学会主编：《中日战争》第 4 册，第 119 页。

③ 张之洞：《致台湾唐抚台》，《张之洞全集》第 8 册，第 6375 页。

④ 《寄译署》，《李鸿章全集》第 3 册，电稿三，第 549 页。

⑤ 张之洞：《致台湾唐抚台》，《张之洞全集》第 8 册，第 6298 – 6299 页。

⑥ 黄昭堂推测此人是沈曾植，笔者尚未找到充分证据证实。

洞给唐景崧的电报，并无其他鼓励台湾“自立”的言语，反倒曾劝其不可以“自立”为名，激怒清廷。①

台民的自主保台活动，或可追溯至《马关条约》签订后不久。马关谈判开始后，获悉停战协议范围不及台澎，台民虽有请唐景崧代奏表示不满，毕竟只是对割台表示担忧，对清廷仍抱有希望。4月17日，《马关条约》正式签订，台湾被割让给日本。获悉此信的台湾绅民悲愤交加，唐景崧忙电询清廷消息确否，丘逢甲则领衔全台绅民电奏，表示誓与台共存亡。② 清廷却仅以“总署”名义，回电称为保京师，不得已割台，而且“台无接济，一拂其请，彼必全力进攻，徒损生灵，终归沦陷”，令唐景崧开导台民，“勿违旨意”，“免滋事端，致碍大局”。③ 割台一事重大，清廷却未下正式谕旨，“台民于此节尤愤恨也。”更令台民失望的是，该电用词生硬，“并无一语抚恤”。不仅未能安抚台民，反因不当的措辞，激起台民的愤慨，直接引发一场全台性的抗议请愿运动。④ 台北“哭声震天”，民众鸣锣罢市，聚集于抚署，请唐景崧固守台湾，设法保台。⑤ 同时，电告台南、台中绅士，迅速形成全台的抗争运动。台民通过各种途径，向清廷表达拒和割台的决心和要求。在北京应试的台籍举人，会同台籍官员叶题雁一道上书，成为“公车上书”的先声。⑥ 该折所批驳的对象，就是清廷对割台问题的回电。清廷称为保京师，不得已舍台，且若拒日要求，日必攻台，残害台民，而割台

---

① 《唐抚台来电》，《张之洞全集》第8册，第6413页。

② 《署台湾巡抚唐景崧奏丘逢甲率全台绅民誓与台共存亡电》，戚其章主编：《中日战争》第3册，第74页。

③ 《电署台抚唐景崧保卫京师重于保台希开导民人勿违旨意》，戚其章主编：《中日战争》第3册，中华书局，1991年版，第70页。该电以往未收入其他文献汇刊（新近出版的《明清宫藏台湾档案汇编》收录该电原件影印件，见第237册，第278－280页。），学者都凭俞明震撰《台湾八日记》所附《台湾唐维卿中丞电奏稿》的节录，查对两文，唐景崧所述与原电基本一致。此电用词生硬，对台民刺激颇大，后来台湾绅民、举人的电奏，不少是对该电的批驳，详后。

④ 《台湾唐维卿中丞电奏稿》，中国史学会主编：《中日战争》第6册，第385页。

⑤ 《台湾唐维卿中丞电奏稿》，中国史学会主编：《中日战争》第6册，第387页。

⑥ 《台湾京官户部主事叶题雁、翰林院庶吉士李清鼎、台湾安平县举人汪春源、嘉义县举人罗秀惠、淡水县举人黄宗鼎为弃地畀敌泣呈效死条陈》，见茅海建：《“公车上书”考证补（一）》，《近代史研究》2005年第3期，第11页。

后，台民还可内迁，劝全台绅民“勿得逞忿一时，致罹惨害”。[1] 叶题雁等人则指出：“或谓朝廷不忍台民罹于锋镝，为此不得已之举。然倭人仇视吾民，此后必遭荼毒。与其生为降虏，不如死为义民。或又谓徙民内地尚可生全。然祖宗坟墓，岂忍舍之而去？田园庐舍，谁能挈之而奔？纵使孑身内渡，而数千里户口又将何地以处之？此台民所以万死不愿一生者也。”他们还警告，地无轻重之分，若弃台民于倭寇之手，则“天下人心必将瓦解，此后谁肯为皇上出力乎！大局必有不可问者，不止京畿已也。”[2]

除了上书抗言，台湾绅民于4月19日召集会议，决定向列强请援，认为“既然皇帝已经抛弃了他们，他们有权决定向谁称臣；不是向日本，而是向一个他们了解并可以信赖的国家。它就是英国。”[3] 唐景崧则奏报称：“总署令喻台民不可滋生事端，并无一语抚恤，故台湾绅民均愤恨，愿入英籍云”。[4] 激于义愤，台民开始自求保台之路，而对张之洞与唐景崧来说，这种做法过于极端，只能设法予以引导。如何以台民不满为由阻止割台，同时又不能让台民的反割台运动过于极端，是个难题。据唐景崧向清廷的奏报，20日台湾绅民在巡抚衙门“偶遇”英国代领事金璋，请其出面保台：“适英领事金璋来臣署，绅民环请设法保台，拟以台归英保护，将煤金两矿并茶脑磺各税酬之，恳其转达公使。臣见其情急，莫能禁止。”[5] 不过，据金璋的报告，事实则与唐的奏报有所出入。金璋在19日晚突接到唐景崧的电报，称有重大机密要与其商量，但又无法离开台北，请其于次日上午到衙门会面。待金璋如约至衙门，唐景崧先说明台北的危急形势，接着才告知当地士绅要与他见面。可见，这场会面其实是唐景崧特意安排的。之所以安排在巡抚衙门，可能是唐景崧要避免情绪激动的士绅私自与英方交涉，将台湾

① 《电署台抚唐景崧保卫京师重于保台希开导民人勿违旨意》，戚其章主编：《中日战争》第3册，第70页。

② 《户部主事叶题雁等呈文》，中国史学会主编：《中日战争》第4册，第27页。

③ 《英国外交文件下·金璋致欧格纳函》，戚其章主编：《中日战争》第11册，第960页。

④ 《台湾唐维卿中丞电奏稿》，中国史学会主编：《中日战争》第6册，第385页。

⑤ 《台湾唐维卿中丞电奏稿》，中国史学会主编：《中日战争》第6册，第385页。

直接交给英国。[①] 如金璋在给英国领事欧格纳的报告中也认为，即使没有唐景崧安排，同样会收到把台湾无条件地让给英国的建议。[②] 此次会面，士绅所提出的请求，仍是张之洞的“押台保台”策，即请求英国保护台湾的土地和居民，提出金、煤、硫、樟脑及茶制品税金由英国征收，人口、土地税、疆土及其管理权仍属中国。[③] 不过，随着对清廷的逐渐绝望，台民自主保台的倾向日益强烈，唐景崧愈发难以掌控。

三国出面干涉还辽时，张之洞及台民一度对法国寄予厚望。但当获悉三国干涉，台不在列之后，台民大失所望，情绪更加激动，“攻抚署、戕中军，劫官吏、留军火”，台北局势濒于失控。[④] 张之洞指示唐景崧应与林朝栋、林维源等士绅领袖合计，设法稳定局势，再图保台之法。[⑤] 唐景崧依计宣谕台民，称和谈仍有希望，不过士绅已经决定全力保台，若和谈不成，他将以台湾巡抚的身份，领导台民同心协力抗敌。[⑥]

4 月 29 日，唐景崧连电张之洞，第一次提出以“台民自主”为名，请列强出面保护，同时希望张之洞能援助军火和饷银：

> 台恐无转机，崧必为民劫留。台民自主，可请各国保护，或许以利益为租界，台存则可借债，随后自另有办法。惟强寇即来，恐办不及。和议成则江南撤防，能济以军火并饷百万否？

他相信只要台湾自主，“坚持数月，必有解纷者”。[⑦] 唐景崧还表示，不管法舰是否到台，台民都绝不让台。[⑧] 这一主张明显是出自台民。张之洞对

---

① 唐景崧在给清廷的电奏中称，金璋与台湾士绅的会面是偶遇，但从金璋的报告中可以得知，这场会面其实是唐景崧有意安排的。参见《英国外交文件下 · 金璋致欧格纳函》，戚其章主编：《中日战争》第 11 册，第 958 – 960 页；《欧格纳外交报告》，戚其章主编：《中日战争》第 6 册，第 685 页。

② 《英国外交文件下 · 金璋致欧格纳函》，戚其章主编：《中日战争》第 11 册，第 960 页。

③ 《英国外交文件下 · 唐景崧与金璋会晤备忘录（第 633 件附件，由士绅代表团当场起草）》，戚其章主编：《中日战争》第 11 册，第 960 页。

④ 张之洞：《致台北唐抚台》，《张之洞全集》第 8 册，第 6317 页。《唐抚台来电》，《张之洞全集》第 8 册，第 6315 页。英国驻台代领事金璋也报告了台北的乱象。参见《英国外交文件下 · 金璋致欧格纳函》，戚其章主编：《中日战争》第 11 册，第 960 – 961 页。

⑤ 张之洞：《致台北唐抚台》，《张之洞全集》第 8 册，第 6321 页。

⑥ 《英国外交文件下 · 唐景崧文告》，戚其章主编：《中日战争》第 11 册，第 1034 页。

⑦ 《唐抚台来电》，《张之洞全集》第 8 册，第 6323 页。

⑧ 《唐抚台来电》，《张之洞全集》第 8 册，第 6361 页。

唐景崧所提到“自主保台”一事未置可否，但言辞间并未表赞同，更谈不上鼓励：

> 若公在台言台，措词自异，亦不妨从民变著想，一面电奏，一面电王、龚、许诸使代为设法。仆极力阻倭约，保辽台，能结强援以翻全约，不能为台求各国保护也。若各国护台，则台仍非中国有矣。至协饷济械一节，江南借洋款至今未妥，万分焦灼。若废约开战，则江南防务难撤；若朝廷意恝然弃台，台为自主，与中国无涉，则协饷济械又有窒碍，只可届时相机商办。……若台向英言，英不为中国保台，台当求法保护，情甘归法，英忌法、俄，或肯出力。然此语只可出自台民。①

此电内容颇值揣摩，张之洞没直接对“自主保台”表示意见，只是一面让唐景崧以“民变”为由，继续援外保台的努力；一面谨慎对待台民的自主保台运动，强调他只能争取废约，不能为台求列强保护，担心列强出面护台，则台湾“仍非中国有矣”。这其实是否定唐景崧提出台湾自立，请列强护台的主张。② 但他深知唐景崧此举实属迫不得已，也未予以批驳，对于唐景崧急需的援台保证，仅言“若朝廷意恝然弃台，台为自主，与中国无涉，则协饷济械又有窒碍，只可届时相机商办”，没有应承，也没有拒绝，为其言行预留余地。实际上，当“台湾民主国”成立后，张之洞便主动为援台事请示清廷，当清廷明确停援后，并未再为台湾争取，就此停援。

待朝廷正式批约，台民“自主保台”已顺理成章。5 月 15 日，台湾官绅发布的公告，援引公法“让地为绅士不允，其约遂废”之款，宣布拒绝让台，称“愿人人战死而失台，决不愿拱手而让台”。公告号召内地及海外华人到台相助，并以台湾的矿产、土地等作为条件，请求各国出面“以台

① 张之洞：《致台北唐抚台》，《张之洞全集》第 8 册，第 6322 页。

② 关于此份电报，有学者认为张之洞表示了支持“自主保台”的态度，并且同意设法援助台湾。但如本文所谈，综合张之洞的整体表现，似并非表示支持唐景崧的活动。参见戚其章：《张之洞与反割台运动》，《历史教学》1984 年第 10 期，第 23 页。

湾归还中国”。[①] 丘逢甲等人决定成立民主国，并准备推举唐景崧为总统。[②] 对于成立“台湾民主国”一事，张、唐来往多份电报商讨。唐景崧虽同意留下领导抗日，但对接受“总统”一职却有顾忌，担心“事太奇创，未奉朝命，似不可为”，为此，他请张之洞代奏，希望得到清廷的默许，“得朝廷赐一便宜从事、准改立名目、不加责问之密据。”[③] 张之洞则矛盾重重，不表反对，但也不愿代奏。他先是认为唐景崧可立为“总统”，不过清廷不会公开支持。[④] 当唐景崧决定以“总统”为名后，却又提醒以何名目一定要谨慎，“台民欲劫公守台，无可如何，然名目宜酌……外洋总统甚大，似不相宜，须稍变，或云总管，或云总办，谗谮嫌疑亦须防也”。[⑤]

5 月 20 日，法舰“保汤”、“保佩”两舰于到台，这促成了台湾民主国的成立。21 日，唐景崧电告张之洞：“日内台民即立为民主国，只可随民去做。”[⑥] 5 月 24 日，张之洞回电：“电奏只宜云自约为‘民会’‘民政’之国，不可云‘民主’、不可云‘自立’。外洋总统甚大，似不相宜，须稍变，或云‘总管’，或云‘总办’，谗谮嫌疑亦须防也。”[⑦] 唐景崧回电：“‘民主’、‘总统’亦虑非宜，又思不正名目，恐外洋不认为国，交涉事难，好在奏明不换旗，开仗恐倭牵累中国。‘总统’印暂存，专为交涉外洋之用。现拟行文台地及内地，仍用开缺本衔与巡抚关防，且恐有应奏事件，亦仍用本衔与旧关防。即‘民主’亦系权宜，台傥幸存，自仍归中国为正。”[⑧]

“台湾民主国”成立后，张之洞电告唐景崧，电奏清廷措辞必须谨慎：“奏咨内只可云‘民会’‘民政’，不可云‘民主’；只可云‘暂留’，不可

---

① 蔡尔康等编：《朝警记十二·台湾自主文牍》，中国史学会主编：《中日战争》第 1 册，第 202 - 204 页。

② 5 月 17 日，唐景崧电告张之洞：“然当务者谓台必自主，后与中日断绝，请外援方肯来。但民主之国亦须有人主持”。这透露台湾自主与成立民主国，都是“当务者”所决定的，即丘逢甲为首的台湾士绅。

③ 《唐抚台来电》，《张之洞全集》第 8 册，第 6377 页。

④ 张之洞：《致台北唐抚台》，《张之洞全集》第 8 册，第 6382 页。

⑤ 张之洞：《致台北唐抚台》，《张之洞全集》第 8 册，第 6400 页。

⑥ 《唐抚台来电》，《张之洞全集》第 8 册，第 6397 页。

⑦ 张之洞：《致台北唐抚台》，《张之洞全集》第 8 册，第 6400 页。张之洞反对用“民主”一词，或与其对这一词汇的认识有关系，他在《劝学篇》一书中对“民权”、“民主”作了批判。参见张之洞撰：《劝学篇》，“正权第六”，自《张之洞全集》第 12 册，第 9721 - 9723 页。

⑧ 《唐抚台来电》，《张之洞全集》第 8 册，第 6413 页。

云‘暂主’”，他还指出台民致各省电措辞不妥，须更正声明，建议电奏仍用开缺本衔与巡抚关防。① 不过，张之洞电奏清廷时，却非如此。值得注意的是，这一份电报，有多个版本。《张文襄公全集》中，是称台湾“自约为‘民会’之国”，“现自改为民会之国”。② 《外交史料》则记载为“奉唐（抚）为自主之国”。③ 而在中国史学会所编的档案史料汇编中，张之洞所奏仍为“台遂自约为民主之国”，“现自改为民主之国”。④ 笔者查阅了新出版的《明清宫藏台湾档案汇编》，发现电报原件的影印版，与后者是一致的。⑤ 可见，当时张之洞并未按约定上奏清廷。但是，当福州将军庆裕、闽浙总督边宝泉询问如何向朝廷奏报“台湾民主国”一事，张之洞仍自称未用“民主之国”一词：“弟奏台事，仅叙大略，未加议论。因唐电信字句多欠酌，敝处电奏声叙处极力为之斡旋，将台民汹汹，唐暂留以救各官各节详叙，将自立为民主之国解释为自约为民会之国。”⑥ 在这里，张之洞的表现十分矛盾，一面希望各位督抚一同为成立民主国一事掩饰，一面又不愿承担责任，凸显其“明哲保身”的处世态度。

更重要的是，在给清廷的同一份电奏中，张之洞还主动提出停止对台湾援助饷械：

> 前奉旨拨济台饷五十万及军火各节，已拨三十万，并酌拨旧枪并弹。现改自为民主之国，以后饷械等事自未便再为接济，以免枝节。⑦

张之洞请停济台，似有探寻清廷之意。次日，清廷便依张之洞的电奏，

---

① 张之洞：《致台北唐抚台》，《张之洞全集》第8册，第6410页。

② 《致总署》，《张之洞全集》第3册，第2070页。（另见：《致总署》，《张文襄公全集》，卷78，电奏6，台北：文海出版社，1970年，第5392－5393页。）新近出版的《张之洞年谱长编》仍按《全集》编入该电（吴剑杰编著，《张之洞年谱长编》（上卷），上海交通大学出版社，2009年版，第431页）。

③ 《署江督张之洞致总署台已自主未便接济饷械电》，自王彦威辑：《清季外交史料》卷113，第3－4页，王希隐发行，1932年版。

④ 参见中国史学会主编：《中日战争》第4册，第141页。

⑤ 《台湾改自为民主之国饷械未便再为接济》，《明清宫藏台湾档案汇编》，第228册，第349－351页。

⑥ 张之洞：《致福州庆将军、边制台》，《张之洞全集》第8册，第6412页。

⑦ 《台湾改自为民主之国饷械未便再为接济》，《明清宫藏台湾档案汇编》，第228册，第349－351页。

正式下旨全面停济台湾饷械。① 以往学界有观点认为张之洞是迫于清廷的禁令才停止对台援助饷械的，无疑是错误的。② 还有学者虽然注意到张之洞请停济台，但又认为清廷在台民宣布自主保台当日已下过一道禁输令。③ 究竟在张之洞奏请停济前，清廷有否下过此类旨令？笔者查阅相关史料，发现在张之洞请停前，清廷不仅没有下过禁输令，反而应唐景崧请求，几次电令张之洞拨饷械济困。所谓张之洞不顾禁令，私自援助30万两军饷，实是张之洞在请旨禁援前，应清廷要求签发的最后一笔援款。而且，张之洞请停济台的奏稿中，丝毫没有提及清廷的禁令，按常理，若清廷下过相关禁令，张之洞应先述及才会将其意见表出。此外，清廷并非在5月15日就收到当日台民宣布自主的消息，谈不上知晓台民自主保台就下令禁援台湾。更关键的是，清廷在5月15日所给张之洞的电报，虽然是谈济台问题，却并非是禁援，恰恰相反，是让张之洞设法谨慎办理济台事宜：

> 台湾续拨枪枝，原备战守之用，出自绅民先期购到则可，若官为拨给，殊于和约有碍。此系重笨之物，如何慎密运往，著张之洞设法妥办，毋致别生枝节，是为至要。④

不过，“台湾文献丛刊”所辑录的《清德宗实录选辑》中，该条内容则成：

> 二十一日（壬戌），谕［军机大臣等］：电寄张之洞：台湾续拨枪枝，原备战守之用，出自绅民先期购到则可；若官为拨给，殊于和约有碍。此系重笨之物，焉可秘密运往；著张之洞斟酌停止，毋致别生枝节，是为至要。⑤

可见，前后文内容有很大差异。学者若据后文，自然会得出清廷下过两

---

① 《奉旨台事无从过问张之洞停解饷械》，《明清宫藏台湾档案汇编》，第228册，第360页。

② 不少学者持这种观点，如冯天瑜、何晓明合著《张之洞评传》一书谈到：“《马关条约》签订后，张之洞……不顾清廷禁令，又拨银三十万两，经英国汇丰银行汇往台湾，鼓励唐景崧坚持抗战。”（冯天瑜、何晓明著：《张之洞评传》，南京大学出版社，1991年版，第152-153页。）

③ 黄昭堂著：《“台湾民主国”研究》，台湾前卫出版社，2006年版，第127页。

④ 《德宗实录》（5），卷三六六，自《清实录》第56册，北京：中华书局，1987年，第786页。另参见《奉旨台湾续拨枪支张之洞设法运往》，《明清宫藏台湾档案汇编》，第228册，第170-171页。这两份材料均自原档影印。

⑤ 《清德宗实录选辑》（合订本），台湾大通书局印行，1984年版，第299页。

道禁输令的结论。[①] 前文出自清宫原档影印，而且《德宗实录》与《宫中档》内容一致，后文则出自伪满本《大清德宗景皇帝实录》辑录，显系错漏。[②] 另外，当时清廷担心因援台再起争议，已数次要求张之洞审慎处理援台事务，就文意而言，前文更契合实情。就此，笔者认为清廷发过两道禁输令的观点并不可靠。

张之洞虽然主动请停济台，却对唐景崧隐瞒了这一情况。在台北初战失利后，张之洞还向唐景崧表示“仍可随时接济”，以鼓励他坚持抗战。[③] 可当听说唐景崧内渡后，张之洞又紧急下令追回先前所拨发的饷银。[④] 此后，张之洞便断绝了对台湾的援助，不仅如此，为了避免遭到攻击，他还严令东南地区的督抚不可援台。[⑤] 由于缺乏来自大陆的有力支援，台民的反割台斗争陷入饷械严重匮乏的困境。在台南坚持抗战的刘永福无以为继，被迫内渡，反割台斗争最终失败。

三、结语：张之洞与清廷保台的努力

反割台运动的兴起，“援外保台”路线及其援用国际法条款思路的确定，与张之洞有密切的关系。可以说，张之洞直接推动并引导反割台运动的兴起，但反割台运动发展到“自主保台”，甚至成立“台湾民主国”这一结果，则是情势所逼，绝非张之洞所愿，他也并未支持这一转变。并且，当反割台运动超出他所能接受的限度后，便果断地主动断绝了给台湾的援助，为

① 黄昭堂认为，清帝一接到台民的“独立之通电”，立即命令“停止台湾士绅的武器购入及大陆官宪将武器搬入台湾”。这说法显然出自伪满本的《实录》，并想当然的认为此电报是在接获台民当日的电报后发出的。参见黄昭堂著：《“台湾民主国”研究》，台湾前卫出版社，2006 年版，第 127 页。

② 黄昭堂所引及“台湾文献丛刊”所辑录《大清德宗景皇帝实录》，似均出自 1937 年在伪满洲国“满日文化协会”出版的伪满本，此版对原定稿本做了大量删改，尤其是有关光绪二十、二十一年间中日战争的记载。参见《影印说明》，《清实录》第 1 册，中华书局，1986 年版，第 4 – 8 页。

③ 张之洞：《致台北唐抚台》，《张之洞全集》第 8 册，第 6427 页。

④ 张之洞：《致上海刘道台》，《张之洞全集》第 8 册，第 6433 页。

⑤ 《台海思痛录》记载张之洞曾令易顺鼎携款赴台，参阅易顺鼎的自述及其与张之洞的电报往来，笔者认为应无此事。参见思痛子撰：《台海思痛录》，自戚其章主编：《中日战争》第 12 册，中华书局，1996 年版，第 112 页。

了逃避清廷的责备，甚至还下令禁止东南大员的援助活动。因之，张之洞在反割台斗争中的表现，反映一名深谙仕途之道的封疆大吏，所能尽到的职责。

如有学者所言，张之洞的反割台活动，都有清廷的认可或默许。① 无论对于光绪、慈禧或者封疆大吏来说，谁都不敢承担割台的罪责。光绪帝面对如潮的抗言，叹言“台割则天下人心皆去，朕何以为天下主?”② 慈禧同样曾表示“两地皆不可弃，即撤使再战亦不恤也。”③ 但是，不管是清廷、张之洞抑或李鸿章，其实都是在不敢言战的前提下，寻求列强的支持来保住台湾。这种保台的态度，造成清廷的保台努力窒碍重重，尤其注意避免引起日本的不满，再起争端，而清廷不够坚决的保台态度和活动，最终迫使台民选择“自主保台”之路。张之洞等人对“自主保台”的矛盾反应，同样受制于清廷在保台问题上的立场。因此，李鸿章与张之洞虽然对中日和议及割台问题的看法有别，且互有攻讦，就本质而言，二人并无卖国、爱国的绝对区别，相对而言，张之洞作为南洋大臣，更加关心台湾的命运，但这不意味着要将当时反割台的一切努力都归之于其名下。张之洞的援外保台建言，不少都是由清廷指令李鸿章出面接洽的。李鸿章对援外保台之事虽不热衷，但仍尽力与列强斡旋。列强注意到张之洞在幕后的活动，但并未视之为关键角色，他们更看重总理衙门与李鸿章的态度。④ 就对台援助而言，张之洞虽然一度尽力协助，但当“台湾民主国”成立后，未能再予以积极的援助，更谈不上不顾清廷的谕旨禁令，主动援台，鼓动台民自主保台。当时，内地不少官吏都将援台寄希望于张之洞，两江总督刘坤一便请张之洞承担起责任：“我公为诸侯长，台湾本隶南洋，何忍坐视糜烂而不之救？倘蒙仗义执言，明目张胆，约会北洋，邀请西洋各国为之排难解纷，当亦易于就范，保全生

① 吴密察：《1895 年“台湾民主国”成立经过》，自张炎宪、李筱峰、戴金村主编：《台湾史论文精选》（下），台湾玉山出版社，1996 年版，第 31 – 32 页。

② 翁同龢撰：《翁文恭公日记》（乙未三月二十九日），中国史学会主编：《中日战争》第 4 册，第 550 页。

③ 翁同龢撰：《翁文恭公日记》，中国史学会主编：《中日战争》第 4 册，第 547 页。

④ 这从金璋与姚文栋的谈话中便可看出。参见《英国外交文件下 · 金璋致欧格纳函》，戚其章主编：《中日战争》第 11 册，第 956 – 957 页。

灵亿万，时局赖以维持，功德为无量。”[①] 但此时张之洞正为援台事受李鸿章指责，不愿再冒风险为台民请命。[②] 张之洞还一度被在台湾中南部坚持抗战的官兵义军寄以很大希望，张氏即将援台的传闻不时在当地出现，最终都落空。当清廷在压力下被迫放弃保台努力后，就只能靠台民的爱国激情来延续反割台斗争的进程了。

---

① 刘坤一：《致张香涛》，《刘坤一遗集》第5卷，中华书局，1959年版，第2153页。

② 张之洞：《致福州庆将军、边制台》，《张之洞全集》第8册，第6412页。

台湾闽客关系中的义民因素

汤锦台*

在台湾早期的开发过程中，作为两大主体人口的闽南与客家移民人群，延续了源于原乡本来就不和谐的人群关系，相互之间摩擦事件不时发生。不幸自康熙晚年发生朱一贵、杜君英之乱后，闽客方言人群间的对立加剧，台湾南部客民一万多人自发组成自卫团体，与朱一贵部相互攻伐。此后，每有闽南人群生变，客民即举“义旗”相抗，尤以乾隆晚年漳人林爽文起事，全岛客民群起配合清军反击，“义民”名声上达天听，直到今天，义民精神仍旧是凝聚全台湾客家人的重要力量。了解台湾闽客关系中的“义民”因素，不仅有助于解读今天台湾社会的人群关系，也有助于解析今后台湾的社会走向。

一、明清之际闽粤交界区的闽客关系

客家成为一个成熟的民系，大体是出现于明朝中晚期。从元末起，唐宋以来居住赣南赣州和福建汀州北部宁化、长汀等地的北方汉人移民后人，因战乱开始向闽粤交界处两侧大批移民，至明朝初年，本来人烟较为稀少的汀州武平、上杭与漳州和广东梅州及潮州地面，已移居了不少后来的客家人的

* 作者简介：汤锦台，纽约两岸历史文化研究室。

祖先。①

但是，这些客家先民移居的地区，也是已在此定居的苗瑶族后人即畲族的住区。随着明代当地汉人人口的膨胀与官府的盘剥，从正德年间起，先后发生了多次重大动乱，均由朝廷派闽粤赣三省重兵平定。其中正德年间的乱事平定后，由王阳明在漳州西南地面新设了平和县，安置投降的畲族与汉族“新民”。

也是从正德年间起，葡萄牙人开始频繁出没中国东南海域，闽粤交界区漳潮两州濒海之民纷纷投入与欧洲人和前来寻求贸易机会的日本人的海上走私贸易。即使没有从事海上走私的，如平和、南靖、饶平、大埔等县也多转型成为供应欧洲市场的出口青花瓷生产基地。海外贸易造成了沿海地区与内陆山区的严重经济差距与对立，不论是畲族或汉族山区贫困人民，均以频繁的造反来争取经济利益。

其中又以嘉靖四十年（1561 年）的张琏之乱和和崇祯初年（1628 - 1630 年）的畲族造反声势最大。朝廷先后派出闽南泉州系将领晋江人俞大猷和郑芝龙予以平定。

在这些动乱中，事实上已经逐渐形成了代表官府势力的泉州官商集团、漳州（与潮州）海上走私与打劫集团和山区汉畲贫苦民众等三股势力交叉互动的局面。这三股势力以泉州人控制最多财富为最强，漳州人次之，汉畲山民最弱。最后以郑芝龙全面控制台海两岸，结束了明末这一竞争局面。在此同时，山区汉畲山民之间也完成了相互融合成为成熟的客家民系的进程。这三个方言人群的格局也就是日后台湾汉人移民人群的格局。所谓“台湾之民，不以族分，而以府为气类。漳人党漳，泉人党泉，粤人党粤，潮虽粤而亦党漳；众辄数十万计，匪类相聚至千百人，则足以为乱”，② 即为其

---

① 据《元史》记载，元朝时，漳州人口仅两万多户，较之南宋的十万多户，减少了八成；梅州人口两千多户，较之比北宋元丰年间的两万多户锐减近两万户；潮州人口六万多户，也比元丰年间的七万多户，减少一万户左右。此外，元末住在闽粤交界处山区的畲民在李志甫的领导下大举起事，历时四年才被平定，因此相对来说，从梅州到漳州和潮州地面，都是元末明初赣、汀两者外移移民的理想移居场所。另据福建文史研究者林嘉书的族谱研究，漳州各姓居民的开基主多开基于明初洪武时期，且百分之八十姓氏家族均来自汀州宁化与上杭两县。

② 姚莹撰，《答李信斋论台湾治事书》，《东溟文集卷四 · 中复堂选集》，载于《台湾文献丛刊》之八十三。

写照。

明亡之后，历经朝代的变乱与郑成功的军事抗清，泉、漳、潮均受到战争的重创，但因清领台湾初期，泉州人施琅掌管水师，台海两岸政经大权均继续由泉人掌握，因此清初移民，也是以泉人占优势，但三个人群的力量出现了变化，其中以泉人最众，粤东客家次之，漳人人数为三者中最少。① 其中又以漳州移民为最不稳定的人群。

不稳定因素源于潜藏在漳州原乡的民间反清力量。自明朝灭亡后，各地抗清力量风起云涌，漳州成为下层反清民众活跃地带，尤其是靠近闽粤交界区的平和、诏安一带，原因是这一带向为海上私商和海寇集中之地，进入清代以后，海上收益断绝，民间生活无着。兼且此地地势隐蔽，人员三教九流，是反清力量秘密活动的理想场所。这种反清的思潮也随着移民的东渡，延续到了台湾，并因清初台湾到处游民充斥，社会动荡，反清战火遂一点即燃。

二、清初民变与义民的产生

从康熙晚年起，即清朝统治台湾不到四十年，开始接连发生多起反清民变，带头举事者多为漳州移民。这些民变，最后都演变成为不同方言人群间的争斗，并因效忠对象的不同，而形成了所谓乱民与义民间的武力对抗。

康熙六十年（1721 年），以漳州长泰人朱一贵和潮州海阳人（说潮州话）杜君英为首的联合造反，在台湾南部举起了台湾反清的第一旗，前者率漳州方言人群，后者率下淡水槟榔林（今屏东县内埔乡）客家佣工，迅速攻占凤山县城（今高雄左营）和台湾府城（今台南市），但不幸因争领导权，朱一贵在台湾府城大肆屠杀客家造反人众。

在此同时，住在下淡水溪东侧的客民闻朱一贵等起事后，决定纠合十三

① 据 1928 年 3 月发表的台湾总督官房调查课：《台湾在籍汉民族乡贯别调查》，屏东平原（下淡水）的汉人移民分布，以泉州籍最多，占百分之二十七点八四，嘉应州籍次之，占百分之二十点七七，漳州籍又次之，占百分之十五点三五，潮州籍（按：雍正十一年后程乡自潮州划出，独立成为嘉应州）占百分之二点四。数据转引自林正慧《闽粤？福客？清代台湾汉人族群关系新探——以屏东平原为起点》，《国史馆学术集刊》，2005 年 9 月第六期，第 35 页。

大庄和六十四小庄，含镇平、程乡、大埔、平远、永定、武平、上杭各县移民一万两千多人组织自卫团队，树大清“义民”旗，沿河布防，阻止朱一贵部渡河犯境，“杀贼兵及迫入水死者数万计，尸骸狼藉溪沙涧”。① 朱一贵事件平定后，这些客民开始被称为“义民”，由当时的福建巡抚觉满保罗“旌其里曰怀忠里，谕建亭曰忠义亭，优恩蠲免差徭（立碑县门，永为定例），奉旨：从优议叙，给台地守土义民劄付一百一十五张、引兵杀贼义民劄付三十六张、擒贼义民劄付二十三张”。②

这是台湾不同方言移民人群之间相互攻伐之始，此后积怨日深，“闽每欺粤（指客民），凡渡船、旅舍，中途多方搜索钱文。粤人积恨难忘，逢叛乱，粤合邻庄积类蓄粮，闻警即藉义出庄，骚扰闽之街市村庄，焚抢闽人妻及耕牛、农具、衣服、钱银无算，拥为己有，仇怨益深。”③

雍正十年（1732 年）漳州平和县移民吴福生所带领的闽南人群在凤山造反，粤东“义民”的作用再度显现，清军平乱时，有九百多名客民义民在下淡水人侯心富的率领下，重创造反闽众。④

乾隆三十三年（1768 年），在台湾生长的黄教竖旗作乱，客、闽间发生大规模械斗，有“漳泉庄民递呈三十六纸，皆指名具控粤人客庄管事藉义民名色，率众焚抢之事”；“闽粤各庄，素有仇隙。现因该地有招募义民之事，粤人藉捕贼名色焚抢闽人，闽人又会众报复，彼此俱有杀伤。”⑤

乾隆五十一年（1786 年）年底发生林爽文和庄大田联合起事，在这场据称有十万人以上参与的事件中，“义民”的功能发挥到极限，而且其来源已不再局限于粤东客民的范畴。

林爽文原籍漳州平和县小溪镇人，住彰化县城东二十里的大里杙（今台中县大里市），靠赶车度日。庄大田也是平和县人，原住在诸罗县（今嘉

① 蓝鼎元：《平台纪略》。

② 《重修凤山县志》卷十，人物志，义民（《台湾文献丛刊》第一四六种）。

③ 引自恩贡生林师圣的采访报道，道光九年（公元 1829 年）11 月 10 日，自《台湾采访册》，《纪事》篇“闽粤分类”（《台湾文献丛刊》第五十五种），民国二十八年抄本，第 34 页。

④ 德沛撰：《题议叙义民疏》，《台湾文献丛刊》第一百四十六种，《重修凤山县志》卷十二上，艺文志（上）。

⑤ 《福建巡抚鄂宁折》，《台案彙录己集》（《台湾文献丛刊》第一九一种，卷二，十八，第 66 页）。

义县)，后迁居凤山县笃家港（今高雄市小港），种田度日。

先是乾隆四十七年（1782 年）彰化县的漳、泉移民发生械斗，经官军追捕后，滋事漳民逃到了大里杙，与林爽文结盟。

乾隆五十一年农历十一月，因台湾镇总兵柴大纪巡视营伍，来到彰化，官府又追捕天地会员，林爽文等不安，遂竖旗举事，陷彰化县城，并派员北上攻淡水厅，亲自出兵下诸罗县，攻台湾府城。在此同时，庄大田也在凤山县起事，攻陷县城。

作乱消息传抵福州后，闽浙总督常青急调大军渡台。次年十一月陕甘总督福康安登陆鹿港，将战事平定。

在这场台湾史上最大的民变中，其特点是清军大量动用客籍和泉籍义民对付造反的漳州人。在保卫台湾府城之战中有八百名义民投入了战斗；起事部众分兵北上作战，在各地都遭到义民的打击。“闽、粤各庄皆团结义民，坚壁清野，贼无所掠；与官兵、义民战，又死伤过半，贼党益涣散。”①

在所有义民阵营中，最突出的要数南台湾的客民义民，他们齐聚在朱一贵事件平定后建造的“忠义亭”（在今屏东县竹田乡西势村），“选壮丁八千余人，分为中、左、右、前、后及前敌六堆，设总理、副理事以资管束，推曾中立为主。”

住在山猪毛（今屏东县三地门乡）的客民，虽不在六堆之列，但公议推出一千三百余人，随同官兵打仗，乾隆皇帝御赐“褒忠匾额”，赞其“实属义勇可嘉”。另还传谕内阁奖赏六堆义民，“所有管理义民之教授罗前荫，著加恩赏给同知职衔。曾中立业已赏给同知职衔，仍著赏戴花翎，并加恩给予义勇巴图鲁名号。俱著送部引见。刘绳祖、黄叁、涂超秀、周敦纪，著赏戴蓝翎，用示优奖。……”

对于诸罗（此时已改称“嘉义”，即嘉奖义民也）和北路（淡水）的闽、客义民，乾隆也褒奖有加，称：“嘉义县及淡水等处义民，随同官兵杀贼，并购线侦探、擒捕匪犯，实属奋勉。著福康安即向各义民等详加询问，如伊等情愿顶戴荣身，不欲出仕者，各听其便；其情愿出仕者，著福康安量其才具，分别文武咨送吏兵二部，带领引见，候朕酌量补用实缺，以示

---

① 据《平台纪事本末》（《台湾文献丛刊第十六种》）。

鼓励。”

林爽文、庄大田事件后，又陆续发生陈周全、陈光爱（乾隆六十年）、廖卦、杨肇（嘉庆二年）、汪降（嘉庆三年）、陈锡宗（嘉庆五年）、许北（嘉庆十五年）、杨良斌（道光四年）、黄斗奶（道光六年）等事件。道光十二年（公元一八三二年）又爆发张丙事件。

张丙是漳州南靖移民，住嘉义。因闽人偷摘双溪口（今嘉义县溪口乡）粤东客民张阿凛所种芋叶的小事，阿凛率众焚烧闽人陈办的住处。陈办约张丙率领三百多人袭击双溪口不利，心有不甘，带着族人陈连焚烧附近客民村庄。事态扩大后，官方追捕陈办，杀掉了他的一些党羽。张丙怪官方偏袒客民，专杀闽人，遂举旗在嘉义起事。

张丙起事后，杀嘉义县知县，破盐水港（今台南县盐水镇），陷斗六，在南部又有许成、林海响应，攻凤山，夺罗汉门。凤山的客民李受趁机举起“义民旗”，袭击阿里港（今屏东县里港乡）、礁吧哖（今台南县玉井乡）等七十余处闽南方言人群的村庄，受害男女老少闽人一千八百多人。这场事件延续了三个多月才为清军平定。

同治元年（1862 年）又发生朱一贵、林爽文事件后历时长达四年的台湾第三大民变。举事者戴潮春为漳州龙溪移民后人，住彰化四张犁庄（今台中市北屯区）大地主，原在家办团练，设八卦会，趁太平天国之乱率漳泉人群举事，陷彰化县城和斗六城，部众最多时十余万人，战场主要在中南部，但进攻雾峰林家庄园、大甲、鹿港、嘉义各处均告失利，待清军大部从太平天国战事中抽调大军登陆台湾后，形势急转直下，至同治四年乱事平定。在这场事件中，彰化县东势角（今台中县东势镇）客家人奋勇投入，再度扮演义民角色。

三、“义民”意涵与功能的演化

从以上事件中可以看出，初期的“义民”纯粹是指自发效忠清政府协助清军打击反清势力的有功客民人群而言，从一开始，清政府就予以高度肯定，冠以“忠义”之名，并向有功之人颁发札付。

但是，从乾隆年间起，义民成分不再局限于客民，例如在林爽文事件中，参与讨伐漳人作乱者的人群，已扩大到平埔族和泉州移民，且活动面扩散到全岛。乱事平定后，为了尽量消除天地会的影响，乾隆皇帝对“义民”的嘉奖规格之高前所未有，并为“义民”行为赋予了“忠”与“义”的内涵。

然而，随着台湾开发初期方言人群间摩擦对立的扩大，“义民”脱离了原来的临时性自发性质，在官府的默认下，开始发展成为客庄居民为了自保或是武力对抗闽南人群而有意组成的准军事化常态乡勇组织，与周围人群产生更大的摩擦。因而有漳泉庄民不断向官府递状，“指名具控粤人客庄管事藉义民名色，率众焚抢之事”，或是“粤人（即客民）积恨难忘，逢叛乱，粤合邻庄积类蓄粮，闻警即藉义出庄，骚扰闽之街市村庄”。所以，“义民”已不再单纯扮演帮助政府打击倡乱者的角色。

由于清代台湾“三年一小变，五年一大变”，为了有效制衡不同方言人群，到清朝中后期，无法有效治理台湾的清政府完全容忍这类义民组织的存在，且范围不局限于客民本身。例如同治初年倡乱的漳州籍大地主戴潮春，其所办获官方认可用于维持治安的团练，乡勇人数共达三百之多；到他起事之前，仅数月之间，其八卦会会众更已达数万人，① 最后形成尾大不掉局面。

这类乡勇组织，与同一期间在广东珠江三角洲一带广府、客家人混居地区流行的客民乡勇组织完全类似。例如咸丰四年（1854 年）土（即广府方言人群）客械斗的战火之所以点燃，就是因为鹤山县一位客家地主招募的客家乡勇协助清军击退了洪兵（天地会反清势力）的进攻后，借搜索洪兵之名，到处洗劫当地广府富户人家，鹤山本地地主大户心有不甘，号召广府人报复，遂酿成长达十三年的土客械斗，战事祸延珠江三角洲两侧十七个县份，遇难客民不下数十万人。

然而，尽管存在着上述消极因素，在客家人群的共同推崇下，随着林爽文事件后“义民”信仰的树立，“义民”精神与原乡意识和中原意识同时成为凝聚全台客家人的精神支柱。乾隆五十三年，地方士绅倡议在竹堑（今新竹）枋寮建庙安葬战殁的二百多位客家义民遗骸，并经福康安请准乾隆

① 连横著：《戴潮春列传》，《台湾通史》卷三十三，列传五。

御赐“褒忠”二字，从此褒忠庙与朱一贵事件后建盖的“忠义亭”（台湾光复后改名“忠义祠”）遥相呼应，成为台湾南北客家信仰的中心。至今全台有义民庙四五十座，义民信仰几乎与客家人完全等同起来，①“义民精神”所揭橥的是早年台湾客家人保乡爱土和在不友善的环境中与其他人群抗争的顽强作为。

到日本侵台时，“义民”精神得到进一步发挥，从对内抗争转化为保乡卫土抵抗侵略者。甲午战争后，日军进入台湾，新竹县客家士绅姜绍祖、吴汤兴、徐骧毁家纾难，奋起招募义军迎头狙击南下日军，战场从新竹延伸到彰化一带，卒因力量悬殊，三人先后在新竹、彰化和斗六牺牲。待日军最后进抵屏东平原，六堆客家义军也同样迎敌以待，不幸为日军歼灭。

这些抗日义军在日本占台初期的英勇抗敌行为，激励了大量后来者进行抗日斗争，并导致日本在整个占台期间难以征服台湾民心。

日据时期于1907年开始推行皇民化运动以后，曾试图以日人信仰取代台湾人民的神祇信仰，义民信仰也在取缔之列，但经主事者赴日据理力争后，日人获悉义民信仰在客民心目中已根深蒂固，放弃了取缔行动。在整个日据时期，义民信仰成为维系和巩固台湾客家人群的汉文化信念与抗拒日人皇民化运动的有力手段。

四、从国民党时期到后国民党时期的“义民”意涵与功能的演变

国民党撤退到台湾以后，台湾社会延续了闽客对立的格局，在国民党一党独大和反对地方化的体制下，客家人群在政治上继承了清代认同于强势的统治势力、排斥闽南人群的基本格局，“义民”信仰、原乡意识和中原意识仍为其核心理念，保持了强烈区隔并排斥闽南人群的取向，并在历次选举活动中成为凝聚客家人选票的有效手段。

① 少有的例外是云林县北港义民庙，该庙祀奉的是林爽文事件中战死的闽南籍义民骨骸。庙中供奉有乾隆皇帝御赐“旌义”二字。庙中还同时合葬同治元年（1862年）举事的戴潮春事件中遇难的北港义民骨骸。

同时，这一时期的“义民”信仰，也发挥了延缓经济逐步上升时期的台湾社会中客家人群闽南化速度的作用。换句话说，由于这一时期的“义民”信仰仍旧是传统型态的信仰，是一种维持对闽南人群的较强排斥性的信仰，因此产生了延缓客家人向经济实力较强的闽南人群加速靠拢和认同，即加速闽南化的步伐。

但是，这一时期的客家人，是不敢大胆站在社会前台的人群。他们是社会学家所说的隐形人，即不愿或不敢公开本身客家身份以免为闽南或“外省”人群嘲笑；多数人在政治上保持沉默，经济上难与闽南人群抗衡，因此在台湾的社会权利结构中，除了选票之外，几乎毫无影响力可言。

从 1987 年台湾解严之后，本土势力迅速膨胀，客家人的社会意识觉醒逐渐抬头，在扩大本土的诉求下，设法打破客家人排斥闽南人群的“义民”信仰围墙，建立并扩大客家基本盘，成为本土势力成长的不可少手段。

为此，首先必须破除传统“义民”信仰中效忠统治者（在当时的含义中，可以是过去国民党，也可以是中国）以及排斥闽南人的理念。因而，类似李登辉和陈水扁等本土力量代表人物造访客家义民庙，并题字赐匾，乃是抵消过去因清朝皇帝赐匾而给客家人带来的影响的第一步。

其次是设法淡化“义民”信仰的政治意涵，突出其社会化功能。例如将“义民”信仰作为一种社会文化现象或信仰现象，扩大其凝聚客家人选票的功能或文化活动的功能，冲淡原有的历史意义。

事实上，随着台湾社会的全面开放和人群交流的扩大，即使没有有心者的推动，原来意义的“义民”信仰，也会逐渐流失，代之而来的是一种只具有文化或节庆功能，但不具区隔闽客意涵的信仰活动。

因此，“义民”精神发展到今天，虽然它作为凝聚客家人的功能仍继续存在，但原有的历史意义，正加速消失。这并不是一件坏事，因为有助于消除闽客隔阂。

但从扩大人群的影响力並开创人群的生命力的角度，客家人今天所需要的是一个具有全新意义的新“义民”精神。就此而言，在台湾长期扮演较沉默角色的客家人群，如何利用他们在闽南人群为主的台湾本土社会中的特殊地位，开创两岸的新局，奠定两岸之间厚实的和平基础，是值得探索的新课题。

五、结　　语

“义民”现象是客家汉人移民台湾初期的特定历史产物，曾经发挥过正面积极的作用，如保乡卫土，恢复社会秩序等，特别是在日本侵台初期，曾经表现了在台汉人力抗强权入侵的气概。但是它也曾经造成闽客人群间的对立。

目前，随着台湾社会的全面开放，虽然“义民”信仰仍然是维系台湾客家人群的重要力量，但其传统的意涵与作用已逐渐消失。透过开创性地利用客家人群在台湾的特殊地位，开创两岸新局，将是客家新“义民”精神的体现，也是值得探讨的新课题。

台湾会馆历史沿革初探

费洪伟*

2010年5月7日，北京市台湾同胞联谊会在位于北京市崇文区大江胡同114号的台湾会馆隆重举行台湾会馆重张仪式。台湾会馆是一百多年前台湾同胞在京城建立的活动场所，是北京重要的历史文化遗存。它历经百年沧桑，见证了台湾同胞爱国爱乡的光荣历史，也留下了台湾同胞在京生活的印迹。本文力图对台湾会馆的历史沿革加以梳理和阐释。

一、儒学在台湾的传播及清代台湾会试

1666年，郑经采纳陈永华的建议，在承天府（今台南市）建成台南孔庙。郑经曾率领文武百官举行大典，并在其旁设立学校，称为明伦堂，后又建学院，由陈永华主持，以礼官叶亨为国子助教，开始了儒学在台湾的传播。所以台南孔庙又称“全台首学”。清康熙二十三年（1684年），清政府在台湾开始设立官办的府、州、县学，以后又有社学、义学、书院等教学机构的建立，讲授四书五经等儒家经典，对普及教育和推动科举制度在岛内的实施起到了重要作用。台湾会馆的建立同科举考试有着密切的关系。

康熙统一台湾后，随之举行科举考试，以收人心进而巩固边陲。但台湾长期僻居海外，文教落后，考生稀少，因而朝廷特别为台湾士子在乡试、会试中设立保障名额，以鼓励台湾士子参加科考。

乡试的次年即丑、辰、未、戌年春天，在京师由礼部主持，举行会试，称“春闱”，考中者称“贡士”。考中的贡士还要参加皇帝亲自主持的“殿

* 作者简介：费洪伟，北京联合大学硕士生。

试”，殿试及格称“进士”，再分授不同的官职。

台湾自开行科举考试以来，“中乡试者有人，入会选者未睹”①，康熙、雍正年间只有陈永华之子陈梦球于康熙三十三年（1694年）中进士（“台湾县陈梦球习易经隶籍正白旗”②），是为台湾进士之肇始。中进士者为什么如此寥寥呢？这是因为“会场为天下人文之薮，海外僻处，岂能与内地士子一体较量？且自台抵都，经万里之遥、历重洋之险，辛苦十倍寻常。迨至不第归来，徒劳跋涉，在有志者难免观望不前，而单寒之士更觉畏难裹足”③。乾隆三年巡台御史诺穆布等奏请“台郡士子亦照乡试之例，于福省名额内另编‘台’字号，取中一名；俟数年之后，台郡举人增添数目，再为酌改”④。礼部以“会试取中额数，俱由臣部按省合计人数之多寡，请旨钦定。其边地、海疆来京会试，亦按省编号凭文取中，从无分府编号之例。诚以会试乃朝廷辟门吁俊之大典，最为慎重，非若乡试之独一省而论也。今台郡士子远隔重洋，会试往返固属艰难，但查近科台郡来京会试者，不过三、四人，若遽定中额一名，未免功名太易，启士子侥幸之心；请将来台郡士子来京会试者果至十名以上之多，臣等再行奏闻，恭请钦定中额，以示鼓励”⑤。乾隆七年巡台御史书山再次奏请台湾举人会试另编字号，“台湾乡试，每科取中有两名，积至五考方满十名，而经历一十五年之久，后者方与前者既缺，仍不满十名之数。若照原议，台湾举人虽有会试之名，究无中式之实，嗣后会试举人到京，亦别编字号，不必拘定中额，至期考官凭文酌量有可取者，取中一名；无可取者，仍然缺额，俾使无滥。”礼部驳以台湾士子“若果能文理明通，自能入彀，何至有会试之名，而无中式之实？且近来台湾士子来京会试者，仍不过四五人，则数太少，未便别编字号”⑥。乾隆二十二年（1757年）诸罗县王克捷在没有保障名额的情况下考中进士，乾隆三十一年凤山县庄文进又考取进士。尔后，直到嘉庆末年台湾没有考中

---

① 刘良璧：《重修福建台湾府志》卷二十“艺文”，台湾文献丛刊第七四种，第518页。

② 宋永清、周元文：《增修台湾府志》，成文出版社有限公司，1983年版，第829页。

③ 刘良璧：《重修福建台湾府志》卷二十“艺文”，台湾文献丛刊第七四种，第518页。

④ 刘良璧：《重修福建台湾府志》卷二十“艺文”，台湾文献丛刊第七四种，第518页。

⑤ 刘良璧：《重修福建台湾府志》卷二十“艺文”，台湾文献丛刊第七四种，第518页－519页。

⑥ 转引自张是初：《清代台湾之考试制度》，《文献专刊》第五卷第一二合期，第30页。

一名进士。

道光三年（1823 年）会试，台湾应试举人已达十一人，朝廷准许台湾另编字号取中一名，并声明“嗣后台湾会试士子至十名以上，于题请中额本内声明。”① 是科淡水厅郑用锡考取进士，他是第一个享受到“会试中额”优惠政策的台湾士子。

据统计，从清康熙三十三年（1694 年）台湾县陈梦球成为中国科举史上第一名台湾进士，到清光绪二十九年（1903 年）安平县举人汪春源蟾宫折桂，共有 32 名台湾进士。下为 32 位台湾籍进士名表：

科年	姓名	籍贯
康熙三十三年甲戌科（1694），二甲第三十一名	陈梦球	陈永华子
乾隆二十二年丁丑科（1757），三甲第四十三名	王克捷	诸罗县
乾隆三十一年丙戌科（1766），三甲第七十一名	庄文进	凤山县
道光三年癸未科（1823），三甲第一百零九名	郑用锡	淡水厅
道光六年丙戌科（1826），二甲第六十八名	曾维桢	彰化县
道光九年己丑科（1829），二甲第七十二名	黄骧云	台湾县
道光十五年乙未科（1835），三甲第七十一名	郭望安	嘉义县
道光二十五年乙巳恩科（1845），二甲第六十一名	蔡廷兰	澎湖厅
道光二十五年乙巳恩科（1845），三甲第八十四名	施琼芳	台湾县
同治七年戊辰科（1868），三甲第一百一十八名	杨士芳	噶玛兰厅
同治十年辛未科（1871），二甲第一百一十八名	张维垣	台湾县
同治十三年甲戌科（1874），三甲第六十九名	陈望曾	台湾县
同治十三年甲戌科（1874），三甲第七十九名	蔡德芳	彰化县
同治十三年甲戌科（1874），三甲第二百名	施炳修	彰化县
光绪二年丙子恩科（1876），三甲第二名	施士洁	台湾县
光绪三年丁丑科（1877），三甲第三十三名	黄登瀛	嘉义县
光绪六年庚辰科（1880），三甲第四十八名	丁寿泉	彰化县
光绪六年庚辰科（1880），三甲第六十名	叶题雁	台湾县
光绪六年庚辰科（1880），三甲第一百零八名	张觐光	台湾县
光绪九年癸未科（1883），三甲第一百三十七名	江昶荣	台湾县

① 《清会典台湾事例》（第一册），台湾文献丛刊第二二六种，第 83 页。

续表

科年	姓名	籍贯
光绪十二年丙戌科（1886），二甲第一百零一名	林启东	嘉义县
光绪十二年丙戌科（1886），三甲第二名	徐德钦	嘉义县
光绪十二年丙戌科（1886），三甲第六十四名	蔡寿星	彰化县
光绪十五年己丑科（1889），三甲第九十六名	丘逢甲	彰化县
光绪十六年庚寅科（1890），三甲第六十一名	许南英	安平县
光绪十八年壬辰科（1892），三甲第五十名	陈登元	淡水县
光绪二十年甲午恩科（1894），二甲第八十三名	施之东	彰化县
光绪二十年甲午恩科（1894），二甲第一百零五名	李清琦	彰化县
光绪二十年甲午恩科（1894），三甲第六十名	萧逢源	凤山县
光绪二十四年戊戌科（1898），二甲第八十五名	黄彦鸿	淡水县
光绪二十四年戊戌科（1898），三甲第一百八十四名	陈浚芝	新竹县
光绪二十九年癸卯科（1903），三甲第一百二十名	汪春源	安平县

台湾会馆就是适应台湾举人进京参加会试的需要而建立的。

二、会馆筹建

连横在台湾通史中记载“当璈宦台时，著《巡台退思录》三卷，铭传奏毁其版。后余乃得之，获谂所言。”① 笔者就是在台湾道刘璈著的《巡台退思录》中找到关于全台会馆筹建的一些史料。

光绪九年（1883 年）正月初六日，刘璈提出了在北京“购建全台会馆”与全面振兴台湾科举的动议，并撰写了以《禀筹办全台乡会试馆宾兴及育婴养济义仓各事宜由》为题的禀文：

“查台属文风日起，每届应乡试者约八百余名，应会试者二十余人。此外有志科名、困于旅资者，亦尚不少，宾兴未免缺然。欲振民风，先作士气，此道所宜先修也。今筹款既有成数，拟就此二款内，先提银一万五千元，即在省城贡院左近，购建台南、北两郡试馆，遴委员绅监造，以为全台

① 连横：《台湾通史》卷三十三，列传五，华东师范大学出版社，2006 年版，第 485 页。

乡试士子栖息之所。又提银三千院，函托在京绅友，即在都城购建全台会馆，以备台湾会试举人及供职于京者，借以居住。又拨银六千元，以佐会试宾兴之典：内一千元，即为本年应试举人按数分给，不敷之款再由海东书院膏伙项下拨凑足用。其余五千元，发交培元局绅董，转发典商承领，按月一起分息，合计三年之利，足敷下届会试盘川。酌定：在院肄业新科举人每名给银一百元；当年入学连捷乡榜举人，虽不在院肄业，每名亦给银一百元；其非当年入学连捷之新科举人，每名给银六十元；旧科举人每名给银四十元：台南北闽、粤籍，一体照给，着为定章。每科由应试举子备具领状，呈由各该府厅查报职道衙门，分别提给。不应试者，缴还。将见膏秣有资，无不遂其奋发；关山虽远，自可免其趑趄。且此后乡会诸士，托足有方，无烦租赁之费；即平时京职诸员，栖身得所，亦可谋憩息之安。是不特为台人联桑梓之谊，亦可为圣朝庆茅苑之占矣。”① 同时指出“再购建省城试馆、京都会馆及郡城、澎湖育婴等项经费均已支拨。”②

刘璈的顶头上司、闽浙总督，后兼署福州将军的何璟审阅刘璈上述禀文后，在批语中写道：

> 察核来禀，以台地之款办台地之事，无待外求；惟筹办善举，动用公款，均应斟酌尽善，未便徇一隅之见，不为全局计也。上年省垣筹办乡会两试川资卷金并敬节堂等事，由司局会详，经岑抚部院会本部堂专折，奏蒙俞允，方敢收支动用。今该道此举，尚未请奏，亦不候批示，辄将购建试馆、会馆等费先行支拨。此应酌者一。……究竟善举各用款，将来能否逐一造报，是否不致部诘？此应酌者二。各属购建试馆、会馆，向系自行集赀，从无官为购建之案；况现在台北城工，款难筹集，尚须责派绅民捐助；乃不权缓急，辄提银一万五千元在省购建台南、北试馆，又提银三千元在京讲建全台会馆，固为收拾士心起见。倘各郡士子援此成案，纷纷饶舌，何以应之？举人会试盘川，定给百元及六十、四十元三等，较之省垣已觉过多；且台地举人，在台既领，在省又领，亦无以昭公允。此应酌者三。……该道现为台湾道，只为台湾计

---

① 刘璈：《巡台退思录》，台湾文献丛刊第二一种，台湾大通书局，第112页。
② 刘璈：《巡台退思录》，台湾文献丛刊第二一种，台湾大通书局，第114页。

则易；将来为藩皋督抚，能遍应乎？违道干誉，古所深戒！以上指明各节，……详覆移遵。仍候将军、抚部院批示缴。①

何璟在批复中，左一个“应酌者”，右一个“应酌者”，竟把刘璈欲购建各级试馆与在北京创建全台会馆等费用首先卡死，并训斥刘璈“徇一隅之见，不为全局计也”。在这种情况下，刘璈在光绪九年四月二十四日《申报停办试馆各事宜由》中不得不表示“自应恪遵批谕，未便徇一隅之见，只为台湾计不为全局计也。亟应转饬停办，一面驰函省会、京都各绅董，如原购馆屋可退即退，其已购修有成者，设法召变归价。”②

光绪九年（1883年）八月初八日，刘璈再次借《详台地更正洋药税厘征数并随捐各项善举经费恳请奏咨立案由》的事由，复又呈上秉文：“现已督同绅商筹议在省垣购建台南、北两郡试馆及京都全台会馆，并会试宾兴盘费、广济、孤贫、育婴，添设义仓各善举，按收数多寡，分别次第，酌给办理。自兹怀璞守贞之士，咸得奋志青云；即鳏寡废疾者，亦不致遽填沟壑，是一举而数善皆备”③

何璟在九月十六日批曰：

仰闽省税厘局司道，会同善后局，查照该道各另禀批示，悉心核议，通详察夺。仍候抚部院批示缴④。

在光绪十年三月，刘璈接到张巡抚对其禀文的批示：“查贵道议提洋药杂款，以充培元经费，所有筹办试馆会馆、并会试宾兴公费、育婴、广济、义仓各事宜，均就此款动支。……似应将收支各数通盘确核，以三年约计共可提经费银若干，分款拨用共应需银若干，如内地之善举经费办法，提款有余，方准扩充别项。”⑤

借助张巡抚“收支各项善举经费”，在有条件的情况下“方准扩充别项”的批示，刘璈马上对自光绪七年（1881年）十一月至光绪九年（1883年）十二月底止的“三年”经费，“收支各数通盘确核”，并列出了详细清

---

① 刘璈：《巡台退思录》，台湾文献丛刊第二一种，台湾大通书局，第114－115页。

② 刘璈：《巡台退思录》，台湾文献丛刊第二一种，台湾大通书局，第116页。

③ 刘璈：《巡台退思录》，台湾文献丛刊第二一种，台湾大通书局，第117页。

④ 刘璈：《巡台退思录》，台湾文献丛刊第二一种，台湾大通书局，第117页。

⑤ 刘璈：《巡台退思录》，台湾文献丛刊第二一种，台湾大通书局，第121页。

单：总计“共收库平银五万九千二百零八两八钱，内除拨给台北府外，计收银四万六千六百三十三两五钱二分”。包括“支京都购建全台会馆，价值工料经费银三千四百两”，共“支库平银四万三千一百九十四两零”①，尚存库平银三千四百三十九两零。以此向各级上司展示了手中的经费现状，不但做到了收支平衡，而且确实是“提款有余”！在这个前提下，筹办“在省垣购建台南、北两郡试馆及京都全台会馆”等有利国计民生的大事，难道还有什么异议吗？

为此，光绪十年（1884 年）三月十一日，刘璈在“咨覆收支各项善举经费由”的禀文中再次表示，“一面督同绅商照案酌议善举，如在省购建台南、北两郡试馆及京都全台会馆，并会试宾兴盘费、广济孤贫、育婴、添设义仓各事宜，确按收数多寡，分款拨定，次第酌给办理。”②“支京都购建全台会馆，价值工料经费银三千四百两。前件系由培元局绅陆续承领，函托在京绅友购建，尚未报竣，大约需款不过前数左右。”③

可见，全台会馆早在 1883 年、1884 年就已经开始筹建了，但正式建成竣工的时间尚有待进一步考证，因全台会馆“光绪二十年甲午起，委托福建会馆代管”④，故不可能迟于 1894 年。

三、同乡试馆

全台会馆建立后，成为台湾举人进京参加会试的落脚地之一。

1895 年，清政府被迫与日本签订了丧权辱国的《马关条约》。噩耗传来，正在北京参加会试的台籍举人汪春源、罗秀惠、黄宗鼎与在京台籍官员叶题雁、李清琦等多方奔走，上书都察院，反对割台议和，表明“台地军民必能舍死忘生，为国家效命！”该呈文极有可能是在全台会馆拟议和书写的。都察院后将呈文代奏光绪帝。现摘录呈文原文如下：

都察院代递户部主事叶题雁等呈文折（四月初四日）

---

① 刘璈：《巡台退思录》，台湾文献丛刊第二一种，台湾大通书局，第 123－124 页。
② 刘璈：《巡台退思录》，台湾文献丛刊第二一种，台湾大通书局，第 122 页。
③ 刘璈：《巡台退思录》，台湾文献丛刊第二一种，台湾大通书局，第 125 页。
④ 李景铭：《闽中会馆志》，1943 年。

都察院左都御史臣裕德等跪奏：为据呈代奏事。

据台湾京官户部主事叶题雁等以弃地畀仇、人心瓦解等词，赴臣衙门呈请代奏。臣等公同查阅，原呈内称‘道路传闻有割弃全台予倭之说，不胜悲愤！今台地数千百万生灵皆北向恸哭，誓不与倭人俱生。职等生长海滨，极知台民忠勇可用；但求朝廷勿弃以予敌，必能为国家效命’等语。取具同乡京官印结，恳请代奏。臣等查阅原呈，并无违碍字样；不敢壅于上闻，谨钞録原呈，恭呈御览。伏乞圣鉴！谨奏。

光绪二十一年四月初四日，都察院左都御史臣裕德、左都御史臣徐郙、降二级留任左副都御史臣宗室奕年（感冒）左副都御史臣宗室奕杕、左副都御史臣杨颐（入闱）署左副都御史臣沈恩嘉、左副都御史臣寿昌。

户部主事叶题雁等呈文

具呈户部主事叶题雁、翰林院庶吉士李清琦、台湾安平县举人汪春源、嘉义县举人罗秀惠、淡水县举人黄宗鼎等，为弃地畀仇、人心瓦解，泣吁效死，以固大局；沥请据情代奏事。

窃维君民之义，犹父子也。人子当疾痛惨怛、性命呼吸之顷，不呼父母而诉者，必非人情；况今普天、率土蒙国家叁百年豢养之恩，一旦沦为异类，有不旦夕号泣呼吁于君父之前者哉！职等狂瞽，毫无知识；闻诸道路有割弃全台予倭之说，不胜悲愤！谨就愚衷所见，为我朝廷痛哭陈之。

夫台湾者，我圣祖仁皇帝六十年宵旰经营之地也。仁皇帝悬不赀之赏，劳心焦虑，收此一隅。诚以国家定鼎燕京，全借海疆为屏蔽；无台地，则不特沿海七省岌岌可危，即京畿亦不能高枕。是以既平之后加意抚绥，每岁内地换防，糜数百万金钱而不惜；而台民感列圣之恩，深入骨髓。林爽文之乱，诸罗一县被围半载，义民四万竭力死守，城中以地瓜、野菜充食，卒能力遏凶锋，保全台地；高宗纯皇帝谕旨嘉奖，赐名‘嘉义’县。是台民忠义之气久蒙圣鉴者，二百年于兹矣。甲申法人内犯，敌由沪尾登岸，台民奋力死战，歼毙法酋；此尤明效大验者也。今者闻朝廷割弃台地以与倭人，数千百万生灵皆北向恸哭，闾巷妇孺莫不欲食倭人之肉，各怀一不共戴天之仇；谁肯甘心降敌！纵使倭人胁以兵力，而全台赤子誓不与倭人俱生，势必勉强支持，至矢亡援绝、数千百万生灵尽归糜烂而后已。我皇上圣德如天，数年来畿辅水灾，尚饬各直省督、抚设法赈救；睹此全台惨痛情形，岂有不上廑圣虑！但以议者必谓统筹大局，则京畿为重、海疆为轻故耳。不知弃此数千百万生灵于仇雠之手，则天下人心必将瓦解；此后谁肯为皇上出力乎？大局必有不可问者，不止京畿已也。

夫以全台之地使之战而陷、全台之民使之战而亡，为皇上赤子，虽肝脑涂地而无所悔。今一旦委而弃之，是驱忠义之士以事寇雠；台民终不免一死，然而死有隐痛矣！或谓朝廷不忍台民罹于锋镝，为此万不得已之举。然倭人仇视吾民，此后必遭荼毒；与其生为降虏，不如死为义民。或又谓徙民内地，尚可生全。然祖宗坟墓，岂忍舍之而去！田园庐舍，谁能挈之而奔！纵使孑身内渡，而数千里户口又将何地以处之？此台民所以万死不愿一生者也。

职等生长海滨，极知台民忠勇可用。况台南安平一带，犹称天险；四、五月以后，浪涌大作，无处进攻。凤山、恒春一带，暗礁林立，防守綦严。台北、基隆、沪尾，重兵扼守。统计全台防勇一百二十余营，义勇番丁五、六十营，军火、粮械可支半年；倭人未必遂能逞志。但求朝廷勿弃以予敌，则台地军民必能舍死忘生，为国家效命。

职等谊切君亲、情关桑梓，不已哀鸣；沥恳据情代奏，不胜惶悚感激之至！谨呈。①

这次上书都察院震撼了维新派领袖康有为。康有为在《康南海先生自编年谱》中记：1895 年割台祸起，京师“连日并递章都察院，衣冠塞途，围其长官之车。台湾举人，垂涕而请命，莫不哀之。时以士气可用，乃合十八省举人于松筠庵会议，以一日二夜草就万言书，请拒和、变法、迁都三者”②。当时在京的举人有 1300 多人，在万言书上签字的有 600 余人，汪春源等台湾举人参加，影响甚大，史称“公车上书”。它代表了各界人民的愿

① 《清光绪朝中日交涉史料选辑》，台湾文献丛刊第二一〇种，第 229 – 232 页。

② 康有为：《康南海先生自编年谱》，引自《续修四库全书》第 558 册，上海古籍出版社，2002 年版，第 183 页。

望和要求。此外，康有为还曾赋诗：

东事战败联十八省举人三千人上书。次日美使田贝索稿为人传钞刻遍天下，题曰公车上书记。是时，主和者为军机大臣孙毓汶，众怒甚，孙畏不朝，遂辞位。

海东龙泣舰沉波，上相輶轩出议和。

辽台膴膴割山河，抗章伏阙公车多。

连名三千毂相摩，联轸五里塞巷过。

台人号泣秦桧歌，九城谣谍遍网罗。

杠棺摩拳，击鼓三过，桧避不朝，辞位畏诃。

美使田贝惊士气则那！

索稿传钞天下墨争磨！

呜呼！椎秦不成奈若何？①

诗中“杠棺摩拳，击鼓三过”系指台湾籍的举人抬着棺材，击着传统的进军鼓。“杠棺”表示“宁死不事倭”；“击鼓”表示有进无退的决心。今日读此诗，尤令人热血沸腾。

另《台湾通史》中亦有记载：“当是时，台湾举人会试在北京，闻耗，上书都察院，力争不可。”②

年逾七十的台湾少数民族举人胡盛兴，毅然投笔从戎，返回台湾，深入少数民族地区，组织民众，“诱击倭兵，半年杀过百”，有诗云“抗日援台莫笑狂，万言万里两非常；上书投笔从戎起，不入考场入战场”。③ 万言万里指“公车上书”万言及台湾、北京相距万里。

随着台湾割让给日本，全台会馆的命运也发生了重大改变。“光绪二十年甲午起，委托福建会馆代管”。④

1908 年，全台会馆曾有次失火。许南英著《窥园留草》中的《戊申入都门感兴》诗记载了这次火灾：“故土遗黎祖国来，伤心会馆纪全台。天公

---

① 康有为：《康南海先生诗集》卷之二，文海出版社有限公司，第 88 – 90 页。

② 连横：《台湾通史》，华东师范大学出版社，2006 年版，第 48 页。

③ 金梁：《台湾史料》，第 95 页。

④ 李景铭：《闽中会馆志》，1943 年版。

妒尔名无实，一炬三椽付劫灰。”并在诗后面自注：“全台会馆于三月间失火。”① 这首诗作于戊申年，即清光绪三十四年（1908 年）。当时，许南英正在广东徐闻、福建龙溪（漳州）一带任地方官，为何到北京“入都门”不详。诗中最后一句中之“椽（yuan）”应为“椽（chuan）”之误。“椽”为放在檩上架着屋顶的木条。“一炬三椽”应火势不大。许南英是借失火一事讥讽台湾会馆已名不符实，再次流露出对清政府割台的不满，表达“故土遗黎”忧国思乡的情怀。

此外，清光绪三十四年（1908 年）的《详细帝京舆图》，民国时期老地图·民国初年北京地图、1934 年、1938 年的老北京地图均标明了全台会馆的位置，位于后铁厂胡同。这说明全台会馆存在的时间比较长，一直到二十世纪四十年代左右。

四、精神会所

1905 年，科举制度废除。在新的历史时期，会馆的试馆功能已不复存在，但是它继续发挥聚集先进知识分子的积极作用。试馆经过这样的变革，后来就发展成同乡会性质的会馆了。1919 年五四运动开辟了一个新时代，许多台湾学生慕名而来北京，据洪炎秋讲“平津的台湾同胞，除了来应会试和候选的外，50 年前有陈顺龙先生在北平廊坊头条开设牙科医馆，是为滥觞，自此以后，逐渐增加，天津多商人，北平多学生，他们来此的共通动机，是要避免日本的压迫，所以来的人都是爱国者。民国八年（1919）五四运动发生以后，北平成为文化中心，台湾学生慕名而来者，为数最多……”②

1922 年 1 月成立的北京台湾青年会是五四运动以后，台湾人在北京成立的第一个社团。该会主要人物有范本梁、刘锦堂（王悦之）等台湾学生，以及蔡惠如、吴子瑜、林焕文等台湾名人，同时聘请北京大学校长蔡元培、前财政总长梁启超、北大教务长胡适等为名誉会员，成立的宗旨在“谋求

① 许南英：《窥园留草》，第 84 页。

② 洪槱：《平津台胞动静概况》，见《新台湾》创刊号第 2 页，1946 年。

会员间的互相理解，奖励中国文化的研究”①。北京台湾青年会曾发行会报《北京台湾青年会月刊》，青年会目前唯一存留的机关刊物是《北京台湾青年会月刊·特别号》（闰五月五日发行，即 1922.6.29）。文中提到“我们又想要在这边，建一个青年会馆；可以给台湾底学生，或是来这边游历底台湾同胞住宿。我们台湾原先在这边却有两座台湾会馆；给了一个福州人管理；听说后来着了火；那位福州人给修理了；所以现在若是要他回来；得要八百来元去赎他。我们打算要对台湾同志，捐这一笔钱，来赎回来；可以当做台湾青年会馆。那将来有父兄子弟要来，就方便了。”② 如将《北京台湾青年会月刊· 特别号》翻到最后一页，就能看到该刊编辑兼发行者的大名；他就是台湾进士许南英的儿子、著名作家许地山，当时他正在北京的燕京大学就读。

1926 年，北京台湾同乡会成立，成员有吴子瑜、陈顺龙、林焕文等。林海音的父亲林焕文曾经是台湾同乡会的一位负责人。林海音的文章《家住书坊边》里说“母亲曾对我谈过，父亲生前有志把北京的台湾会馆收回。台湾会馆原在前门鲜鱼口、肉市一带。……台湾会馆之所以不存在，应当是在日本窃据台湾以后，因为它已非中国的一省。民国十二年父亲曾对收回台湾会馆一事努力过，但无结果。父亲死后，家中所存的一叠台湾会馆资料，就被台湾同乡赖先生兄弟取走，他们也想继续努力，但无下文。”③ 文中“父亲死后”指的是 1931 年林焕文去世以后。

从上面两个资料可知，在二十世纪二十年代，有两座台湾会馆同时并存。一座位于后铁厂胡同，另一座位于“前门鲜鱼口、肉市一带”，即现在的前门外大江胡同，然而大江胡同这座台湾会馆建于何时我们就不得而知了。

1937 年后，台湾会馆“由台湾乡人收回自管。”④

---

① 《台湾社会运动史 第一册 文化运动》，台湾海峡学术出版社，2006 年版，第 117 页。

② 邱士杰：《1924 年以前台湾社会主义运动的萌芽》，台湾海峡学术出版社，2009 年版，第 128 页。

③ 林海音：《我的京味儿回忆录》，《林海音作品集》第七册，台湾游目族文化事业有限公司，2000 年版，第 25 – 26 页。

④ 李景铭：《闽中会馆志》，1943 年版。

五、乡谊纽带

1945年9月9日，在京台胞成立台湾省旅平同乡会，选出执行委员7名，即梁永禄、洪炎秋、林朝棨、张我军、张深切、吴敦礼、洪耀勋。监察委员2名，即陈天赐、苏子蘅，并讨论组织章程及大会宣言等。台湾省旅平同乡会收回了位于崇文区大蒋家胡同127号（现大江胡同114号）的台湾会馆。此后，会馆房屋曾一度出租给一些商行，其租金是当时台湾省旅平同乡会开展各项活动的主要经费来源。同乡会成立之初，协助政府帮助愿意返乡的台胞返乡，至1946年底，共有约400多名台胞返回台湾。1946年，同乡会促使当局修订《关于朝鲜人及台湾人产业处理办法》，保护了在京台胞的私有财产。1947年，岛内发生“二·二八事件”，台湾省旅平同乡会等在京台胞组织纷纷发表宣言，声援岛内同胞。台湾省旅平同乡会还创办机关刊物《新台湾》。

六、产权辗转

1949年以后，产生于封建时代的会馆，到了新民主主义革命胜利以后，面临着一个全新的时代。一方面这种以狭隘的地域为依托的会馆，在当时全民欢庆胜利的时刻，未免相形见绌；另一方面会馆仅存的少数几项业务，如房屋之租赁、义园之经营、学校之开办等等，在当时行将全面进行社会主义改造之时，也难于激发经营者的热情。在这种历史大背景下，台湾会馆产权发生数次辗转。

1949年3月25日，北平市军管会发出布告，会馆须作为社会团体进行登记，由市民政局办理。1949年4月，市民政局通告施行。1950年9月12日，经聂荣臻市长签署发布《会馆财产管理暂行办法》，规定“各种会馆财产，应由各该地旅京同乡组织会馆财产管理委员会负责保管经理”。

1949年，按照北平市军管会发布的公告要求，台湾会馆在北京市民政局进行了登记。1951年，台盟驻京办事处成立了“台湾会馆财产管理委员会筹备会”，管理会馆事宜。1952年，北京市房地产管理局向“北京台湾会馆财产管理委员会”发放房屋产权所有证。

据台湾会馆财产管理委员会筹备会调查，“馆有财产，仅坐落前外大蒋家胡同一百二十七号铺房一处，计瓦平房二十三间，每月收入租金小米七百斤，过去曾以五百斤补助台盟华北总支部经费，以二百斤救助同乡，嗣于一九五零年三月，台盟经费由全国委员会发给，本会即停止补助，遂将每月收入小米七百斤，除房地产税外，酌量缓急，救助同乡……”①

另据1951年10月31日的《调查台湾会馆报告》记载：“台湾在京会馆仅有一处，坐落在前外大蒋家胡同一百二十七号，公有房二十三间。现租与察省财经委会驻京销运处住用，每月租小米七百斤。该馆原由台湾旅京同乡会负责经管，近因看到政府公布的‘会馆财产管理办法’，乃改组为台湾会馆财产管理委员会，负责人为台盟华北总支部主委林铿生……”②

经市人委同各省人委协商，征求意见，各省人委先后表态，各会馆财产由北京市人委接收。到1956年6月，市民政局经请示市人委批准，在北京的各省市县会馆房屋全部移交市房地产管理局。至此，存在四百多年的北京会馆宣告终结。

其后台湾会馆的命运如何？“1958年转由北京特殊钢厂租用。1970年4月，北京特殊钢厂将上述房屋交由崇文区房管局管理。市政协委员陈炳基、李河民、叶纪东等11位委员曾于1982年、1989年、1991年三次提出提案，要求腾退台湾会馆，以接待台胞，开展对台工作……1982年市房管局同意撤管台湾会馆房产，产权退还台盟北京市委员会，1985年12月15日正式办理了房产的撤管手续，产权移交北京市台湾同胞联谊会。”③ 1988年北京市房地产管理局向北京市台湾同胞联谊会发放台湾会馆房屋所有权证。

台湾会馆产权移交给北京市台联后，台湾会馆成为在京台胞举办各种乡谊活动的场所。1993年，北京市财政拨专款对台湾会馆进行整修。1994年7月18日，在台湾会馆修复揭幕仪式上，台盟中央名誉主席苏子蘅、北京市政协副主席封明为为台湾会馆揭幕。部分在京台胞出席。全国人大常委会

① 北京市档案馆：《北京会馆档案史料》，北京出版社，1997年版，第797页。

② 北京市档案馆：《北京会馆档案史料》，北京出版社，1997年版，第1311页。

③ 《北京市人民政府办公厅（函）关于尽快腾退台湾会馆的函》，京政办函［1991］113号，其后附有《关于腾退台湾会馆提案座谈会纪要》。

副委员长卢嘉锡出席仪式并为台湾会馆题写馆名。

七、会馆新生

2009年，在前门地区整体改造过程中，政府对台湾会馆进行了全面的修缮扩建。修缮后的台湾会馆保留了原有的清末民居风貌，并适当扩大规模，与毗邻的两个院落合并开发利用，从而形成了地上一层、地下一层的新格局。整体面积由原来的540平方米增加到3800平方米，共分为四个区域：京台交流展示区，贵宾接待区，多功能会展区和民俗文化体验区。

重张后的台湾会馆，享两岸关系和平发展之天时，得前门老北京文化商务圈之地利，沐骨肉同胞血脉亲情之人和，将再次发挥桥梁纽带作用，搭建京台两地合作交流乃至两岸交流的新平台，继续为凝聚两岸的亲情和乡情做出贡献。

小　　结

一百多年来，台湾会馆作为在京台胞活动的重要场所和京台两地交往的历史见证，已经成为台湾同胞尤其是岛内知识分子重要的历史文化符号和象征，它的兴衰以及北京台湾青年会、北京台湾同乡会和台湾省旅平同乡会等爱国主义团体的建立，作为一个缩影，反映了一个世纪以来，包括全体台湾同胞在内的中国人民为反帝救亡而不断抗争的光荣历史和为维护祖国领土完整、推动祖国统一、实现祖国繁荣富强所做出的不懈努力和巨大贡献，同时也反映了台湾意识从来就是扎根在中国意识基础之上。

一百多年来，台湾会馆的历史命运和台湾的历史命运息息相关，密不可分，甚至可以说是台湾一百多年来跌宕起伏历史命运的一个缩影。同乡试馆时代，台湾举人进京参加会试，台湾是中国的一个府，后来为一省；精神会所时代，台湾成为日本的殖民地，台湾会馆的产权也一度丧失；抗战胜利，台湾光复，台湾会馆也收回来了，并且成为乡谊纽带；而今，两岸关系迎来和平发展的好时代，台湾会馆也在此时获得新生，得到了重修扩建，可以想见，随着两岸交流的日益密切，台湾会馆定会发挥更大的作用。

日据时期福建在台“华侨”析论

——以福建省藏档案资料为中心

黄俊凌*

在台湾的开发历程中，绵延不绝的闽粤移民扮演了至为关键的角色，直到甲午战争后，日本帝国主义强行割占台湾，闽粤人民移居台湾遭遇了历史性的中挫。① 此后，凡是大陆赴台民众都从历史上正常的移民变成了所谓的“外国人”，虽然日据期间日本殖民当局颁布了《清国人入境台湾条例》，严厉限制大陆民众赴台，但日本殖民者既没有也不可能完全掐断两岸之间联系，这一阶段依然有一些大陆民众通过不同的渠道来到台湾，其中尤以福建人居多。在福建赴台民众中，除了少数人加入日本籍，成为“日籍台湾人”外，多数人仍保留中国籍，被定位成在台“华侨”。从实质上看，日据时期的台湾“华侨”其实就是历史上闽粤移民的变相存续。② 本文在利用福建省内相关档案的基础上，从微观的视角，以个案的形式，对日据时期福建民众的赴台原因、福建在台“华侨”状况，做一些粗浅的探讨。

一、日据时期福建民众赴台的原因

1. 福建民众的赴台原因

明清以来，大批闽粤民众渡海来台，他们移民台湾的原因，主要是自然灾害和战乱频仍，人口压力大，百姓谋生不易，为了维系生存不得不漂洋过海移民台湾，其中也有为了获得更好的生活条件而移民的情况，如垦荒、从

---

* 作者简介：黄俊凌，厦门大学台湾研究院助理教授。

① 参见陈小冲：《试论日本据台与闽粤移民之中挫——以〈清国人入境台湾条例〉为中心》，《台湾研究集刊》，2009 年第 3 期。

② 参见陈小冲：《日据时期台湾移民问题初探》，《台湾研究》，2010 年第 2 期。

商或者是冒籍考取功名等。① 日本殖民统治台湾期间，福建民众赴台原因跟历史上闽粤赴台移民相比，虽有相同的地方，但也发生了些许变化。

相同点在于，同以往的大陆移民一样，日据时期福建赴台民众，有相当一部分是迫于生活压力，为了谋生而赴台。

如泉州安溪人王吉六，就曾经迫于生计，不得不渡海赴台谋生，其自述经历如下：

> 窃吉六原籍世居安溪县□□□□□□□□□□，匪祸难以谋生，不得已渡台，谋在台湾□□□□屏东郡屏东街，贩卖我国文具书籍及孙总理三民主义革命书籍，不料被倭奴察觉，派日警搜查，将书籍搬抢一空，即将吉六带送日警署，百般毒打，殴打遍体鳞伤，即驱逐出境，不准再涉台地谋生，回国后因生活关系，随即携眷至晋江县第二区永宁镇制造肥皂业度活，迄今五年矣。②

王吉六在台湾售卖有关三民主义的书籍，并称呼孙中山为“总理”，足见他在台时间是民国成立以后，具体赴台时间可能是清末民初。王吉六之所以赴台，主要还是泉州安溪“匪祸难以谋生”，为了生活而“不得已渡台”。在台湾谋生期间，王吉六因售卖中文书籍以及进步刊物时，遭到日本警察的封禁，最后被驱赶出台湾，但“因生活关系”，没有返回祖籍安溪，而是在泉州晋江谋生。可以看出，社会动荡不安以及在家乡谋生不易是王吉六离开福建前往台湾的原因。日据时期，像王吉六这样为了谋生渡海赴台的福建民众还有不少。泉州石狮地区的黄素连娘情况与王吉六类似，其丈夫蔡馨临描述黄氏身世概况如下：

> 窃念素连娘之生身父母原系吾大中国国民，因昔为生活关系，故携眷渡台谋生，越有年，所始生育该素连娘。然当素连九岁时，即行旋国，阅今廿九岁，未曾再涉足台湾，缘当其归国后，即住厦门。迨年及笄，遂适与民，屈指与民相处瞬将十载。③

从有关史料看，蔡馨临这份呈请书写于1938年11月，从黄素连娘回国

---

① 参见李祖基：《大陆移民渡台的原因与类型》，《台湾研究集刊》，2004年第3期。

② 《呈为无辜受累恳请代转省政府准予保释以安生业由》，武夷山市档案馆，2－11－68。

③ 《为晋江县第三区复兴联保保民素连娘累遭押解请求详查准保外由》，武夷山市档案馆，2－11－71。

后“阅今廿九年”，可以推算素连娘从台湾返回祖国是在1909年，而当时她刚好九岁，说明她是在1900年出世，因为其父母移民台湾“越有年”，即生育素连娘，所以黄素连娘父母赴台时间很可能是日据初期。至于移民的目的，“因昔为生活关系”，显然还是为了谋生。日据时期福建民众为了谋生赴台的例子还有不少，如傅细俤在其自述移民经历时，提道“民本闽籍，世居北门三角井，因家景艰难，负担不易，曾随友渡台为伙，□维家计”，直到“前清末叶，先父弃世”，傅细俤才“回籍奔丧”。① 福建闽侯象园乡的杨淑英，其父亲早年“经商台埠，实出于万不得已，生活起见”。② 泉州晋江人黄金针，“十八岁时赴台湾谋生，廿岁回国娶妻许秀花，生下两男一女，再行渡台经营小本生意”。③ 晋江籍吴联取及其妻子林圆娘，“嗣因口腹累重，生活无方，是以复偕其夫渡台谋生”。④ 籍贯同为晋江的邱温，也是“昔年因家计贫苦沦落台湾谋生”。⑤

从王吉六、黄素连娘、傅细俤、黄金针、杨淑英、吴联取、邱温等人的例子中，可以看出日本据台期间，尚有一些福建民众因为匪害或生计艰难，渡海赴台谋生。虽然日据时期，日本殖民当局对大陆民众赴台进行严格的控制，但1900年代初，台湾因生产事业的劳动力需求大于供给，导致劳工工资居高不下，从中国大陆输入劳力成了当务之急，总督府也适当调整了政策来引进大陆劳工⑥，这为福建民众赴台谋生提供了外部的条件，事实上，这一时期在台湾的福建民众确实有不少技术工，如谢发俤赴台从事钟表工⑦；闽侯县的曾天俤及其堂弟曾春灿，1936年赴台做“针工”；籍贯漳州的陈光

① 《为老病随危日夕喘嗽水土不服医药罔效恳请将家属留崇负责暂行回籍就医以免埋骨异乡事由》，武夷山市档案馆，2-11-68。

② 《呈为氏等均悉思念长子在省染病家严跛涉不起不已恳准转请暂行保释回闽医治诸恙见长子以全生命由》，武夷山市档案馆，2-11-66。

③ 《呈为国籍确实，请赐就地释放，或予递解原籍，交保领回，以别是非而体民困由》，武夷山市档案馆，2-11-71。

④ 《为证明吴联取之妻林圆娘确属本国籍份子请求详查准予保外事》，武夷山市档案馆，2-11-66。

⑤ 《呈为恳求恩准释放由》，武夷山市档案馆，2-11-70。

⑥ 吴文星《日据时期在台“华侨”研究》，台湾学生书局，1991年版，第146-147页。

⑦ 《呈为谢发俤之妻简氏素完全系属华籍恳准令饬崇安县政府解回福州交保就医由》，武夷山市档案馆，2-11-65。

复少年时代就随父亲渡台做“紫菜”等。① 另一方面，由于日据时期，中国大陆仍是半殖民地半封建社会，近代工业发展和民族资本主义经济，面临外国资本的高度压制，生存空间狭隘；农村经济市场化程度低，土地占有不均和封建剥削严重，加上军阀混战，使农业发展缓慢，百业凋敝，农村贫困化趋势十分明显。在这样的情况下，福建经济在封建主义和帝国主义双重压迫的夹缝中艰难成长。政治环境上，辛亥革命后，福建政权被北洋军阀窃取，不少军阀割据一方，专制独裁，扩军备战，苛捐杂税繁重，逼迫农民栽种罂粟，每年出产鸦片膏数十万量，闽省烟毒泛滥，军阀政治使福建人民饱受荼毒，经济备受摧残。② 社会动荡不安，民不聊生，面临艰难的生活环境，有移民传统的福建民众自然会选择迁移他处谋生，这就包括已经沦为日本殖民地的台湾。

当然，日据时期福建民众赴台原因也有一些新的变化。其中有少部分人赴台是为了求学，希望得到好的教育机会。在这一时期，殖民当局推行教育的基本目的，是为了培养一批能够服务于殖民统治，且又对日本殖民者俯首帖耳的奴仆。在这种情况下，台湾的各类教育有了一定程度的发展，教育体系逐步完备，尤其是初等教育获得了普及，而在中等教育和高等教育上，日本殖民者采取了差别对待的政策，台湾人在中等教育上的机会比日本人少很多，高等教育更是少得可怜，且主要集中在医学和商学上。当然，这样做的结果，也造成了台湾的现代医学教育比以往发达，据台湾学者的研究，日据时期台湾高等教育的学科“呈现极度失衡现象，以习医者占绝大多数，医学校及台北帝国大学医学部毕业生合计多达1740人，占受过高等教育者总数的69%”。③ 由于台湾的医学教育较突出，福建携眷赴台的民众中，就有让子女选择学医，甚至是专门求学而来的情况。例如涂其源的赴台经历，“缘先父曾渡台谋生，民国前带民至台学医，艺成先父不禄，即于民国十年

① 《日台侨民询查表》，武夷山市档案馆，2－11－65。

② 汪征鲁主编《福建史纲》，福建人民出版社，2003年版，页105～106，页135～136。

③ 吴文星《日治时期台湾的社会领导阶层》，台湾五南图书出版有限公司，2008年版，第101页。

回归祖国南靖县，开业多年”①，从涂其源父亲带其赴台的目的看，就是为了让他得到较好的医学教育。泉州晋江县深沪镇的张亨寅也是如此，张亨寅出生于1894年，“幼十二岁时，即往台湾学医，毕业于民七年，回国在厦门业医，迨十七年，在晋江深沪镇开设济民医院”。② 凑巧的是张亨寅的妻子李金莲也“曾渡台学产科”，夫妻两人约在1918年同回福建晋江。晋江县的周燕福“祖籍晋江祥芝乡，自幼随先父赴台谋生，在彰化基督教医院习医，于民国十一年毕业回国”。③ 还有张士衡，“原籍平和县黄井人”，“曾入台北斗街好生保安二医院习医十年，民国二十三年，由台带同妻女二人回国”。④ 从上述种种情况看，日据时期福建赴台民众中，有小部分人看中台湾教育比内地发达，尤其是医学教育的先进，便将子女带往台湾接受教育。

此外，福建赴台民众中，还有一些人的赴台目的极为特别，他们既非谋生创业，也非求学深造，而是为继承祖上或亲属在台湾购置的产业，算是特殊的赴台群体。如原籍晋江的王诗折，其在台经历如下：

> 民王诗折现年四十八岁，原籍世居晋江县第三区蚶江镇，因先祖自前清时代置有不动产业在台，为数颇多，历世相传，来来往往，迨至台湾割让倭寇，先人在台，不得不隶入台籍，然亦置家眷于祖国。诗折乃在蚶江出生，先人年老，惟恐一旦不禄，产业被倭政府没收，是以欲承继台业者，必须入籍，倭政府方准相继业产。民之先人不得已，将民入籍。然民虽则入籍，永居祖国，到台承接业产权不过一年半载而已。此乃先人不忍祖先建业之艰辛，故将在祖国之后人入籍，否则而无承接权，此种情景实乃迫于无奈。⑤

王诗折赴台的目的是继承祖上在台湾的产业，而要继承产业则必须加入台湾籍（即日本国籍），这跟日本侵占台湾后，台湾人的身份变化有莫大的关系。1895年，清政府被迫签署不平等的《马关条约》，将台湾割让给日

① 《呈为因身体老弱多病不能工作恳乞体恤恩予俯赐准保回籍事由》，武夷山市档案馆，2－11－68。

② 《日台侨民询查表》，武夷山市档案馆，2－11－65。

③ 《呈为恳请转呈准予保释俾赴南安九都服务后方医院事》，武夷山市档案馆，2－11－70。

④ 《漳浦县报台籍医师张士衡逗留本县》，福建省档案馆，1－1－384。

⑤ 《呈为陈情理由恳予恩准开释事》，武夷山市档案馆，2－11－66。

本，台湾就此沦为日本的殖民地。台湾人的身份也随之发生了变化，成了名义上的“日本人”，《马关条约》中所谓“讲和条款”第五条规定，“本约批准互换之后，限二年之内，日本准，中国让与地方人民愿迁居让与地方之外者，任便变卖所有产业，退去界外。但限满之后尚未迁徙者，酌宜视为日本臣民。”① 针对这个条款，台湾总督府还于1896年11月18日，发布府令第35号“台湾及澎湖列岛住民退去条规”，该令规定之一：“台湾及澎湖列岛居民之愿外迁者，无论是否累世居民或暂住居民须写明其籍贯、姓名、年龄、现住址、不动产等于明治三十（1897）年五月八日前向台湾总督府之地方官厅申报。其所携家属亦同”，“限满之后尚未迁徙者，视为日本臣民”。② 在此情况下，王诗折的父辈如不想接受日本的殖民统治，自然要“变卖所有产业，退去界外”，否则产业可能会被没收。但考虑到不动产“为数颇多”，日据初期台湾岛内各种抗日运动风起云涌，此时抛售产业，难免沦为贱卖，因此王诗折的先人“不得不隶入台籍”，留在台湾。至于王诗折本人，考虑到“祖先建业之艰辛”，为了能继承家人在台湾的财产，只能选择渡海赴台。当然，王诗折“移民”台湾从某种程度上是讲也仅是形式而已，所以他“在蚶江出生”，且“永居祖国，到台承接产权不过一年半载而已”，跟其他为了谋生或者求学而渡海赴台的福建民众极不相同。

类似这样为了继承产业而入籍的情况还有一些，如晋江县东石镇的蔡尤职、蔡长细、蔡长帆和蔡长经四兄弟，他们因“先世渡台谋生，置有产业于台地。因遂家，焉讵倭寇领台以后，强迫台民隶入日籍，否则不得享受产业承继权。尤职、长细等随父在台，以财产关系不得已转隶台籍，是所谓身居矮屋下，怎敢不低头”。蔡氏兄弟同王诗折一样，也是因为继承祖产的关系，才赴台谋求“转隶台籍”，其中蔡尤职与蔡长细“随父在台”，而蔡长帆、蔡长经只是名义上渡台，实际上“曾未一履台地，不过亦以承继权所

---

① 王铁崖编《中外旧约章汇编》，第一册，三联书店，1957年版，第615页。

② 台湾总督府警务局编，王洛林总监译《台湾抗日运动史》，第4册，（《台湾总督府警察沿革志》第二篇，上卷），台湾海峡学术出版社，2000年版，第1011页。

关，由乃父为其挂名台籍”，甚至“台湾之位置何方，状况奚若？均未之知”。① 原籍漳州平和的吴文清，因其父吴金树“素在台湾谋生，积劳病故，遗有产业在台”，因“一生血汗所建树产业不忍卒弃”，乃赴台继承遗产。② 福建晋江县的欧黄氏，其丈夫“祖先自昔旅食台湾，在台薄置产业，及后台湾沦亡，欲承继先人祖产者，非加入台籍不得掌管”，由于欧黄氏丈夫早逝，又无子嗣继承产业，在这种情况下，只得由其小叔“为承祖先产业计，不得已被迫入籍。”③ 还有廖荣华“世居漳州，自幼承继其叔故，曾随往台湾”，赴台的原因也是为了承继叔叔的财产。④ 可见，日据时期，有少数福建民众为了继承祖先或亲属在台湾置办的产业，不得不远赴台湾并加入台籍，成了日籍台湾人，是赴台民众中较为独特的群体。

2. 部分福建民众赴台后的身份分化

日本在侵占台湾后，明定1897年5月8日为限期，逾期仍在台湾的本地人，则被视为“日本帝国臣民”，日本人称之为“本岛人”。而此后从中国大陆赴台者，即成了侨居“异国”的“华侨”。所以，日据时期的大陆赴台民众，他们如不能加入“日籍”，便就是所谓的在台“华侨”。在日本殖民统治台湾期间，本来就是极力阻止两岸民众之间的人员往来和各项交流，福建民众赴台本不容易，要想获得“日籍”，同样十分困难。根据台湾总督府颁布的《台湾居民国民身份令》，其中规定都是针对台湾本岛人而言，对于台湾本岛人是否能加入“日籍”，日本殖民当局仍“可依自国之考虑，有将之视为或不视为日本人之自由。”⑤ 在这种情况下，作为“非本岛人”的福建赴台移民，他们想要获得“日籍”自然不容易。当然，也有少部分福建民众可以加入“日籍”，一种情况是祖先或亲属在日据之前就已经移民台

① 《为籍贯关系徒流闽北贫病相连殊深痛苦恳予转呈省府恩准保释还乡以纾穷困而恤艰辛由》，武夷山市档案馆，2－11－70。

② 《为据情转呈查该吴百福确系国籍素且并无轨外行动伏乞转呈省府体恤难民困苦开释保外由》，武夷山市档案馆，2－11－72。

③ 《呈为确属国籍年纪衰老不堪流离恳请体恤无辜恩准开释由》，武夷山市档案馆，2－11－65。

④ 《为女婿廖荣华并女儿陈金蝉前缘台籍关系集中崇安现因水土不服恳请保回深沪医治乞照准由》，福建省档案馆，福建省档案馆，1－1－379。

⑤ 林品洞等编译《台湾总督府档案中译本》，第11辑，台湾省文献委员会，1998年版本，第620页。

湾，1897 年 5 月 8 日后被迫加入日籍，其在福建的亲属为了继承财产或者赴台定居，可以通过在台湾的户主申请加入“日籍”，如上文提到的王诗折、蔡尤职与蔡长细兄弟等，就是这种情况。另一类情况是所谓的“特殊籍民”，1926 年日本驻厦门领事馆领事井上庚二郎就曾分析少数厦门人谋求“日籍”的现象，他提道“厦门人经常眼看着他们的亲戚或邻居，只因割台当时因偶然因素在台居住而获得台湾籍民之身份后，其身体与财产便可享受日本帝国政府之保护，……则千方百计思虑计划如何取得台湾籍”，而日本帝国主义出于扩大侵华势力的需要，“领事馆亦于政策上之考虑，对中国人之申请台籍之取得，不是完全没有放宽处理，于是在依照‘马关条约’取得台籍之外，另有称为厦门籍民之特殊籍民”，且这些人“属于当地政界或经济界之有力人士，其资产以万计者不乏其数。”① 从中可见，当时福建省内有少数颇具财富或权势之人，千方百计谋求加入日本国籍，利用治外法权谋私利，这部分特殊籍民人数不多，但日本帝国主义“亦于政策上之考虑”，对他们的入籍给予放宽。这些特殊籍民并不是真正意义上的赴台移民，有的人甚至连台湾都没到过，有关他们的情况可以不必细察。

总的说来，日据时期福建赴台民众中，有相当部分人是因为生活的关系，因谋生而渡海赴台；日本殖民统治时期两岸关系的变化以及台湾社会教育的发展，也使有些福建民众为了继承遗产或学医而渡海赴台。福建赴台民众除了少数人能够加入日籍，成为日籍台湾人外，其余多数都只能以“侨居者”的身份在台居住，即所谓的在台“华侨”。因此，福建赴台民众多数人的身份是在台“华侨”。

二、日据时期福建在台“华侨”的状况

1. 福建在台“华侨”的人数概况

根据有关研究，日据时期大陆在台“华侨”人数不算太多，情况大致如下：

① 福建省档案馆、厦门市档案馆编《闽台关系档案资料》，鹭江出版社，1992 年版，第 7 页。

1905～1940 年台湾"华侨"总数概况表

年别	1905	1915	1920	1923	1930	1935	1940
人数	8973	18525	23467	30511	49456	57218	45661

资料来源：吴文星《日据时期在台"华侨"研究》，台湾学生书局，1991 年版，页 152。

从表中可以看出，从1905 年至1935 年间，大陆在台"华侨"人数呈总体上升趋势，但人数总量不多，有统计的年份均没有超过6 万人，说明日据时期日本殖民当局阻隔大陆民众赴台的政策取得了相当的效果，在台"华侨"的数量不是很多。1940 年的统计人数比 1935 年还有所减少，主要是因为 1937 年抗日战争全面爆发，很多"华侨"不得不返回祖国大陆，到了1942 年，台湾"华侨"人数进一步减少，根据汪伪政权驻台北领事馆对1942 年4 月至5 月在台"华侨"的统计，有登记在册的"华侨"人数大致为4308 人。① 那么，台湾的"华侨"中有多少人是来自福建呢？根据 1928 年台湾中华会馆委员长杨文辉的统计，当时"台湾华侨数约七八万人之多，其中闽粤籍者占十之八九，而闽人则尤居多数"。② 而据日据初期台湾总督府的调查，大多数大陆在台"华侨"的籍贯隶属福建、广东，且这种情况在相当长的时期都一直没有改变，尤其来自福建的始终占了大陆在台"华侨"人数的70%～80%。③ 由此可见，日据时期福建民众依然是大陆在台"华侨"的主体，人数占各个时期大陆赴台移民的近80%，由此可以推算，从1905 年至1940 年间，福建在台"华侨"人数大致从六千人至四万人不等。

2. 福建在台"华侨"的经济状况

一般来说，日据时期大陆在台"华侨"以劳工居多，"华工"成了台湾"华侨"中的主体。从职业来看，在台"华侨"多数概属技术工或工资低廉的苦力，前者诸如制茶工、木匠、鞋匠、编织工、烟草工、厨师之类的，后

① 《台湾华侨统计表》，中国第二历史档案馆、海峡两岸出版交流中心：《馆藏民国台湾档案汇编》，第 13 册，九州出版社，2007 年版，第 193、245 页。

② 《呈据福建交涉员林实转陈台湾华侨被日帝国主义者施行种种压迫束缚请统筹良策救济等情转请同饬外部妥筹办理以拯侨艰》，中国第二历史档案馆、海峡两岸出版交流中心：《馆藏民国台湾档案汇编》，第 2 册，九州出版社，2007 年版，第 375 页。

③ 台湾拓殖株式会社调查课《本岛に于ける华侨の地位》，页9，转引自吴文星《日据时期在台"华侨研究"》，台湾学生书局，1991 年版，第 159 页。

者多为杂役、人力车夫、农夫、渔夫、矿工等。其中，杂役长期均居在台“华工”之首，平均占了“华工”总数的三分之一，且大部分是临时工。①由此可见，多数台湾“华侨”属于低收入阶层。事实上，大部分福建在台“华侨”的经济生活较为艰苦，他们有不少人是因为家境贫寒或者战乱频仍不得不渡海来台的，所从事的工作以针工、器物修理、紫菜制作、杂货买卖等居多②，收入并不高。

当然，从发现的档案资料看，赴台谋生的福建民众，也有一些经济条件尚可的情况。他们一般具有技术或者资金，从事技术工作或者经商有道，具备一定的发展空间，谋生比较顺利。如福建连江县的谢发俤，赴台湾从事技术类的职业，其在台经历如下。

> 窃俤原籍为连江县浦下乡，于民国十三年间前往台湾台中地方，为钟表技艺。于民国十八年间，虽曰婚娶台籍简氏素为妻，是时该氏已宣告脱离日籍，归夫之华籍，已为华族之登记。但俤已生一子一女，子名天立，年八岁；女命琼琚，年三岁。去岁敌扰祖国，华民侨台者都已返国，俤亦于去冬，率领妻子返国。③

从上述材料看，谢发俤1924年赴台，在台中地区“为钟表技艺”的营生，1929年时娶了当地台籍女子简素为妻，生育了两个子女，直至1937年抗战爆发后才返回祖国大陆。谢发俤从事的是具有一定技术含量的造钟表工作，在台湾待13年之久，且在当地娶妻生子，说明在台湾谋生算是较为顺利。

还有一些福建民众赴台经营商业，也取得一定的发展，如原籍福州的陈旭村，其在台湾经历如下：

> 窃村为福建达道乡人，民国三年间前往台湾凤山郡经商谋活，民国九年间娶台籍女子沈来香为妻。沈自归村已十九年，于兹生有子女五人，长女年十八岁，嫁于闽人张亦俊为室；长男十五岁，次十三，又次十一；次女甫三龄。村在台曾参加组立凤山郡中华会馆，并被选为该会

① 吴文星《日据时期在台“华侨研究”》，台湾学生书局，1991年版，第156页。

② 《日台侨民询查表》，武夷山市档案馆，2－11－65。

③ 《呈为谢发俤之妻简氏素完全系属华籍恳准令饬崇安县政府解回福州交保就医由》，武夷山市档案馆，2－11－65。

馆评议员，而村之妻子全部均已为华族之登记。去岁，敌扰祖国，国民侨台者，尽都返国。村亦于去年十一月间，率领妻沈来香及三子一幼女（长女已出嫁随婿同回）同时返国。①

陈旭村1914年即赴台经商，直至1937年11月方才携家眷回国，能够在台湾经商多年，在当地成家立业并养育多名子女，说明经济上较为宽裕，当选凤山郡中华会馆的评议员，说明他在当地“华侨”中具有一定的威望，算是成功的商人，可以说是在台“华侨”中发展较好的。还有原籍福建晋江的王者令“昔年往台湾贩卖古器，历十余年回国”②，回到泉州后，“王者令之子王添寿等二人”再往“台湾经营医业”，后“因景况不佳，生理冷淡，兼□□年逾六十，体魄孱弱，不堪久居国外，乃于民国廿五年四月间整装返家”。③ 王氏父子在台湾从商的时间很长，尤其从事古董买卖“历十余年”，说明王者令在台湾早期的从商还是顺利的。原籍泉州的许炳南，其父亲“在台湾地方经营茶生理”，估计许氏家族的生意经营得不错，许炳南在当地闽籍移民中颇有威望，于1931年任“中国驻台华侨青年团总务科长，兼任中国驻台总领事外教科员”，1933年由于“受矮奴主（按：注）意，迫回祖国”，只好“在泉州经营糊口”④，总体上看许氏家族在台湾的发展还算是不错的。因此，日据时期，福建在台“华侨”中，一些具有技术或者资金的人，谋生较为顺利。当然，也并不是所有人都一直经商顺利，王者令父子经营医业也有生意冷清的情况。此外还有生意失败的例子，如晋江的郭秀于1920年渡台从商，“嗣后因生意不况收盘”，“全家返国”。⑤

总体上说，福建在台“华侨”的经济状况并不太好。虽然也有一些人如陈旭村、许炳南和王者令等因从商而经济条件尚可者，但这样的人并不多，影响力也有限。根据日本殖民者1934年7月的调查，在台“华侨”中，资产1万至5万日元的有105户，仅占“华侨”家庭总户数12770户的

① 《福建省政府训令成未洽府厅秘福第1702号》，武夷山市档案馆，2-11-66。
② 《日台侨民询查表》，武夷山市档案馆，2-11-65。
③ 《为因王者令等确系国籍民恳请转呈层峰准予释放回家由》，武夷山市档案馆，2-11-71。
④ 《恳请施恩准民还乡由》，武夷山市档案馆，2-11-70。
⑤ 《呈为陈清确系中国籍民请准予释放或保释由》，武夷山市档案馆，2-11-72。

0.8%而已，资产5万日元以上的只有1户。[①] 显然，在台湾的大陆“华侨”富裕者是少数。到了1940年，台湾总督府的调查显示，全台湾的“华侨”13183户中，资产或收入状况低于100日元者4017户（30.5%），收入在100至500日元者为5142户（39%），收入为500至1000日元者为2894户（22%），而当时台湾中等家庭的资产大致是1000至5000日元[②]，可见日据时期在台“华侨”超过九成是经济基础薄弱和收入低微者，其中资产或收入低于100日元的家庭占总数的30.5%，他们过着底层社会的艰苦生活，由于福建民众占大陆在台“华侨”的80%以上，因此多数福建赴台民众的经济状况并不理想。

3. 福建在台“华侨”的社会地位

日本殖民统治台湾期间，台湾人民深受民族歧视，政治上没有平等的权利，经济上受到压榨与盘剥，而这一时期的福建赴台民众，即使是加入“日籍”者，也难免被日本殖民者欺辱和压迫，如上文提到的蔡尤职与蔡长细兄弟，“以财产关系不得已转隶台籍”，但“嗣以不堪倭寇之虐待压迫，乃变卖其所有产业，于十余年前携眷归里”。[③] 原籍福州的杨黄氏“于前清经商台湾，该地当时随割于敌，被迫编入台湾户籍，以不堪奴隶压迫，旋即迁回闽。”[④] 还有如林金妹、郭氏谦、张阿明、刘细磨、陈方氏、杨柳叶、林有才等人，他们自述经历时提到，“祖贯闽侯籍，寓榕城于前清时，或祖上往台经商或父母渡台营业，迨日寇割据台湾，处势力之下，不得不逆来顺受，被迫入籍”，后因不愿被日寇奴役，“嗣各返故乡自谋生业”。[⑤] 至于未能入籍的在台“华侨”，他们更是时常被日本殖民官吏或警察刁难、侮辱，甚至是殴打和拘禁，直至遣送出境。如1927年4月9日，台湾能高郡北溪庄的日本巡查，醉酒后不分青红皂白，殴打两个“补鼎”（按：补锅）“华

① 井出季和太《民族の动静より见た台湾と南支那》，《东洋》，1935年9月，第107页，转引自吴文星《日据时期在台“华侨研究”》，台湾学生书局，1991年版，第166页。

② 澁谷长纪，松尾弘《台湾の华侨》，《台湾经济年报》，1943年，第403－404页，转引自吴文星《日据时期在台“华侨研究”》，台湾学生书局，1991年版，第166－167页。

③ 《为籍贯关系徒流闽北贫病相连殊深痛苦恳予转呈省府恩准保释还乡以纾穷困而恤艰辛由》，武夷山市档案馆，2－11－70。

④ 《杨黄氏请准回复国籍》，福建省档案馆，1－5－1869。

⑤ 《□□□□□□□□□由》，武夷山市档案馆，2－11－66。

侨”，打得两人“鼻血双流十分苦惨”，事后当地的郡役所又以没有“补鼎许可证”为由，将此二人拘禁五日。① 再如上文提到的泉州安溪人王吉六，因在屏东地区卖进步书籍，书刊被日本警察没收，且被“殴打遍体鳞伤”，并被驱逐出境。② 原籍晋江的朱杨氏，回忆在台湾的经历时提到，“随夫渡台谋生，在台添一子朱腾晖，长成之后，□故□□习西医为活，自台湾被敌强占之后，以百般手腕，压迫台胞，无所不用其极，致以中国旅台人民，弃去谋生之地。”③ 晋江赴台移民吴联取，在台湾期间娶妻林圆娘，林圆娘“在台退弃日籍，皈依夫籍”，但抗战爆发后，吴联取“全家被其逐归，沿途惨境，笔难形容”。④ 祖籍福州的杨柳叶随父在台，但“遭日寇苛虐”，不得不返回福州东门老家⑤。这正如 1928 年 1 月，台湾中华会馆就向国民政府外交部递交呈文所提到的那样，“我国人之侨居该地从事经商或劳动工作，无论其是否久居其地，抑系初次入境，而彼方均必设种种不平等之严厉限制，甚至有携照前来因限于苛例或被警吏私意挑剔而不能登陆者，往返徒劳，动辄得咎，忍气吞声，无可告诉……几属华侨不问是非曲直，稍有细故，无不非法凌虐，以奴隶待遇，此实海外华侨中而台湾华侨为最不幸。”⑥ 总之，根据相关学者研究，在台“华侨”概属社会中、下阶层，加上总督府有意的压制，故其社会、政治及经济地位低于台湾人，生活状况普遍十分艰苦。⑦

由于在台“华侨”时常遭到日本殖民当局的欺压，很福建民众不堪忍受殖民统治返回祖国。由此可见，日据时期福建在台“华侨”，因为社会、政治、经济地位都十分低下，时常遭受日本殖民者的欺辱，所以只要条件允

---

① 《不平鸣》，《台湾民报》，第 158 号，1927 年 5 月 22 日，第 15 页。

② 《呈为无辜受累恳请代转省政府准予保释以安生业由》，武夷山市档案馆，2 - 11 - 68。

③ 《晋江三区林宫保迈妇朱杨氏恳请释回独子朱腾晖终养由》，武夷山市档案馆，2 - 11 - 69。

④ 《为证明吴联取之妻林圆娘确属本国籍份子请求详查准予保外事》，武夷山市档案馆，2 - 11 - 66。

⑤ 《为夫任抗敌救国参赴前方工作妻子羁祟久病长子留榕寄养母子分离恳乞垂怜恩准保证回里投亲就医以全骨肉而拯蚁命由》，武夷山市档案馆，2 - 11 - 72。

⑥ 《呈据福建交涉员林实转陈台湾华侨被日帝国主义者施行种种压迫束缚请统筹良策救济等情转请同饬外部妥筹办理以拯侨艰》，中国第二历史档案馆、海峡两岸出版交流中心《馆藏民国台湾档案汇编》，第 2 册，九州出版社，2007 年版，第 372 - 373 页。

⑦ 吴文星《日据时期在台“华侨研究”》，台湾学生书局，1991 年版，第 164 - 165 页。

许，他们便会返回福建故土。

三、结　　语

日据时期，虽然受到日本殖民当局的重重阻挠，但仍有部分福建民众，冲破障碍渡海赴台，他们或是因生活所迫，或是为了求学，或为继承祖上遗产而赴台，渡台的原因比以往相比有新的变化。福建民众赴台后，有少数人因为继承遗产等关系加入日籍，成为“日籍台湾人”，而大多数福建民众仍保留中国国籍，即为福建在台“华侨”，人数占了当时大陆在台“华侨”总数的近80%。但由于受日本殖民当局的欺辱和压迫，福建在台“华侨”的社会地位以及生活状况一般而言都处于社会底层，虽然也有少数经济情况尚可者，但多数境况较为困苦，他们中的一些人因不堪日本殖民者的欺压而返回祖国大陆。总之，日据时期的台湾，已经不是大陆民众移民的福地，这一阶段多数福建赴台民众不得不背负着“华侨”的名称枷锁，被迫与台湾的骨肉同胞进行“国籍”上的切割，无奈地留下耻辱的心灵印痕。

梁启超与台湾的抗日民族民主运动

李跃乾*

日据时期，包含文化运动、政治运动在内的台湾民族民主运动，是台湾近现代史上最重要的反抗日本殖民主义的运动之一。它用和平的合法的手段反抗日本殖民统治，改良台湾社会风俗，提高台湾人民的教育和道德水平，从而提高台湾人民作为中华民族的自信心自豪感，为1945年台湾顺利光复奠定了坚实的社会基础和政治基础。这次伟大的民族民主运动，虽然是以林献堂为代表的岛内地主资产阶级领导的，但最初是接受了梁启超的指导。

一、梁启超是中国大陆救亡图存的政治领袖人物之一

政治斗争和其他事物一样，是有规律可循的，能够指导政治斗争的人，必须是有着丰富政治斗争经验和渊博的政治理论知识的政治领袖。梁启超就是近代中国著名的政治领袖人物之一，对近代中国社会有着广大深远的影响。梁启超，字卓如，号任公。1873年2月23日诞生于广东新会县熊子乡茶坑村。据客家学者邱涛先生研究，梁启超家族所属的两广梁氏是客家人。① 梁启超具有客家人共有的崇文重教、艰苦奋斗、坚忍不拔、不断进取、兼收并蓄、爱国爱乡、反抗侵略等伟大精神。

梁启超自幼聪明好学，被乡亲目为“神童”，5岁从祖父诵读《四书》、

---

* 作者简介：李跃乾，北京联合大学台湾研究院。

① 邱涛：《戊戌时期梁启超的政党思想与客家精神》，丘权政主编：《客家与近代中国》，中国华侨出版社，1999年版，174页。

《五经》，过目成诵。6岁从父亲读中国略史。1884年，12岁参加广州府试，中秀才，补博士弟子员。1887年入广州学海堂研究汉儒的考据学、经史、辞章，以及宋儒的性理之学。这期间，梁启超勤奋努力，饱读儒家经典著作。1889年，梁启超参加广州乡试中举。1891年，梁启超到康有为的万木草堂学习，四年之间，他系统地接受了康有为的托古改制的改革思想。

梁启超不仅中国文化的造诣很深，而且也非常积极地搜求研究西学，是当时中国最先进的人物之一。1890年，梁启超第一次赴京参加会试，落第回乡路经上海，购得徐继畬《瀛环志略》一书，了解到国外的一些情况。为了更多地了解西方世界，他与李佳白、李提摩太等西方传教士来往密切。

康有为、梁启超组织的强学会建立后，又设立强学书局，又称译书局，主要任务就是购买翻译西书西报。梁启超主持的《中外纪闻》（即《万国公报》）中有许多篇幅为翻译的西书。1896年，梁启超曾开过一份西学书目，分政、学两大类，上中下三卷。上卷为自然科学书籍；中卷为西政诸书，计有史志、官制、学制、法律、农政、工政、商政、兵政、矿政、船政等，下卷为杂类之书。1897年，梁启超又编辑《西政丛书》32种。他在《西政丛书序》中指出：西政是国家富强之本。欧洲各国“百年来，更新庶政，整顿百废，始于相妒，终于相师，政治学院，列为专门，议政之权，逮于氓庶”，所以它们富强。①

戊戌变法期间，梁启超更是大力引进介绍西方宪政理论、政党政治理论。他主持的《时务报》上，不断有介绍西方政治制度的文章。如《美国共和党宣传新政》（第3册）《加拿大自由党国政》（第8册）《政党论》（第17册）《德国政党》（第50册）等文，其中介绍西方政党政治发生的条件：“君主专制，黔首无力，国家……安有政党兴起哉。乃文明大进世运方转，教化浃洽，国民智慧渐起，类能通晓治体，而国家亦令国民参与大政、相与论议，于是乎政党始兴。”②

在日本主办《清议报》时，梁启超广泛学习西学，“畴昔所未见之籍，纷触于目；畴昔所未穷之理，腾跃于脑。”此时，梁启超对西方政治制度更

① 梁启超：《饮冰室合集·文集之二》，中华书局，1989年版，第63页。

② 《政党论》，《时务报》，第17册。

加了解，他分类各国政体说：“世界之政体有三种：一曰君主专制政体，二曰君主立宪政体，三曰民主立宪政体。”他还认为“君主立宪者，政体之最良者也。”①

梁启超对日本政治也非常熟悉，日本的君主立宪制度是戊戌变法的学习对象之一。康有为、梁启超等主张变法的改良派，都非常注意研究日本的政治制度政治现状。“却读东史说东故，卅年前事将毋同。——迩来明治新政耀大地，驾欧凌美气葱茏。”② 1898 年变法期间，梁启超和日本友人来往密切。政变发生后，也是日本友人劝他逃亡日本避难。他发誓要像日本维新志士月照和尚、西乡隆盛、高山正之、蒲生秀实、吉田松阴一样，置个人安危于不顾，为国家建功立业。梁启超称日本“东方古称君子国，种族文教咸我同。”“唇齿患难尤相通。”“大陆山河若破碎，巢覆完卵难为功。”③ 可见，他对日本政治的历史与现状，尤其是明治维新的历史非常清楚。他还主张中日互相帮助互相提携的。

梁启超有着丰富的政治斗争经验，1895 年追随师傅康有为发起了“公车上书”，冒险犯难反对清廷与日本侵略者妥协。1898 年 3 月，梁启超带病从上海到北京参加变法活动。他是戊戌变法资产阶级改良派的领袖人物之一。在一百多天的变法过程中，改良派与以慈禧为代表的强大的反动保守势力之间，进行了复杂曲折的尖锐斗争。戊戌政变后，梁启超被迫远离家国，流亡日本，但仍然积极从事变法宣传和武装勤王运动。

总之，梁启超学贯中西，对西方政治和日本政治有着深入了解，知道林献堂他们有和平参与政治的可能。梁启超参加了实际的政治活动政治斗争，了解包括台湾士绅阶级及其知识分子在内的中国士绅阶级及其知识分子的特点，因而能够指导他们。

二、梁启超与林献堂的关系

林献堂对梁启超，是由读其书、慕其名到主动拜访、到折服崇敬的。林

① 《立宪法议》，《清议报》，第 81 册。

② 梁启超：《饮冰室合集·文集之四十五（下）》，第 2 页。

③ 梁启超：《饮冰室合集·文集之四十五（下）》，第 2 页。

献堂，名朝琛，号灌园，字献堂，1881年诞生于福建省台湾府彰化县阿罩雾庄，因出身于大官僚大地主大资产阶级家庭，七岁即在家塾接受儒学启蒙教育，受儒家出世哲学和其父林文钦的影响，他对社会事务一直积极参与。1895年4月17日，中日《马关条约》成议，台湾割让给日本。随后，日军野蛮地进攻澎湖、台湾。年仅15岁的林献堂奉祖母罗太夫人之命，率全家四十多口人，回到泉州躲避战乱。林献堂原籍漳州，在泉州人生地疏，加上当时泉州流行鼠疫，负责全家人生活及安全的责任重大，状极窘困。岛内战事稍平，乃返回。

林献堂酷爱中国书籍，在日本殖民统治下的台湾岛内无中国书报可读，乃求之岛外，如上海的《万国公报》。戊戌政变后，林献堂读到了从横滨而来的梁启超主办的《清议报》、《新民丛报》，继而在东京读到了《民报》创刊号，上面有孙中山的三民主义简介。林献堂方知欲与异族抗衡，必须提高教育，增进我们的理智与固有道德，同时该洗涤被人鄙视的恶劣习惯不良嗜好，尤为迫切。林献堂乃在台湾组织或参加解缠足会、断发会、风俗改良会等各种团体，致力于禁绝鸦片、妇女裹脚的解缠、男子的剪辫、破除一般迷信活动等等，借此重塑台湾人的道德和振奋台湾人的精神。

1907年3月，林献堂第一次到日本东京观光考察。当年秋某日，林献堂、甘得中、甘盛昌到横滨《新民丛报》馆拜访梁启超，梁启超不在。乃转往大同学校拜访林儒校长，询问梁启超的去向。林儒说，请去神户同文学校问汤觉顿校长。无奈，林献堂三人只好返回，傍晚在奈良投宿双涛园旅馆。甘得中翻阅旅馆登记表，发现有三个祖国的同胞在焉。一问，竟然问到了梁启超本人。林献堂邂逅梁启超，其情其景远远胜过他乡遇故知，见到了来自祖国的政治领袖人物，真是急于倾诉家仇国恨。但是林献堂的国语不太流利，梁启超的广东腔国语也很难懂，交流比较困难，由甘得中做翻译。即使这样，交流仍有困难，梁、林二人乃间或用笔谈。梁启超笔锋锐利，议论雄伟，使林献堂、甘得中非常折服。梁启超初落笔则曰："本是同根，今成异国，沧桑之感，谅有同情……今夜之遇，诚非偶然。"① 林献堂也情不自

① 甘得中：《献堂先生与同化会》，严家淦等著：《林献堂先生纪念集年谱·追思录》，台湾海峡学术出版社，2005年版，第57页。

禁地倾诉起来。梁启超有诗句纪实曰：“穷秋访我双涛园，自溯所历泪如此”。① 诉完台湾同胞所受的日本殖民压迫苦难之后，林献堂又请教道：“我们处异族统治下，政治受差别，经济被榨取，法律又不平等，最可悲痛者，尤无过于愚民教育，处境如斯，不知如何而可?”梁启超答称：“三十年内，中国绝无能力可以救援你们，最好仿爱尔兰人之抗英，在初期爱人如暴动，小则以警察，大则以军队，终被压杀无一幸存，后乃变计，勾结英朝野，渐得放松压力，继而获得参政权，也就得与英人分庭抗礼了。”②

会面中，林献堂还邀请梁启超去台湾，梁启超当即答应。林献堂并嘱咐梁启超，在去台湾之前最好取得日本中央政要致台湾总督的介绍信，以免受日本警察的刁难。林献堂还把两人笔谈的底稿带回台湾，送给族侄林幼春一阅。之后，两人时有书信往来。

1910 年，受到梁启超鼓励的林献堂，参加了早在 1902 年就已经成立的诗社——栎社，使这个本来充满着亡国之音遗民气息的颓废情绪的社团，染上了积极奋发的民族民主运动的政治色彩。为此，台湾总督府警务局乃禁止栎社诗集第二集出版发行。

1911 年 4 月下旬，梁启超应约去台湾时，果然受到基隆水上日本警察的阻挠，不让入境，幸亏梁启超早已准备好了伊藤博文致台湾总督的介绍函。林献堂率数名台湾知名士绅，亲自到基隆码头欢迎梁启超，安排他住在自家莱园五桂楼。此时，日本在台殖民统治已经 16 年，台湾与祖国完全隔绝，台湾教育仍基本上是旧式书房教育，日本殖民者办的教育，目的在养成便利统治的工具，除教授日语外，内容匮乏。台湾士绅及知识分子对祖国的变化、对近代思想、近代知识、国际情势，缺乏了解。梁启超在台湾十多日，与台湾士绅及知识分子广泛接触。梁启超披沥自己的抱负，援引世界上亡国埃及、印度、安南等例，极力鼓吹民族主义。林献堂等人十分感动。“樽前相见难啼笑，华表归来有是非。万死一询诸父老，岂缘汉节始沾衣。”“破碎山河谁料得，艰难兄弟自相亲。”③ 梁启超台湾之行触动了台湾士绅和

---

① 梁启超：《赠台湾逸民林献堂兼简其从子幼春》，罗万俥、严家淦等人著：《林献堂先生年谱·追思录》，台湾海峡学术出版社，2005 年版。

② 甘得中：《献堂先生与同化会》，《林献堂先生年谱·追思录》，第 56 页。

③ 严家淦等人著：《林献堂先生纪念集·追思录》，台湾海峡学术出版社，2005 年版，第 58 页。

知识分子关心祖国前途和发愤图强的情怀。连台湾总督府也认为，林献堂等台湾中部士绅知识分子受到了梁启超的启发和鼓舞，才去策动文化运动、政治运动。因此，他们对梁启超在台湾的活动严密监视。①

1913 年 5 月，林献堂去北京游历，在梁启超介绍下，与北京政府、国民党要人有所接触。随后，林献堂转往东京，经同乡友人王学潜介绍，认识了日本政坛元老板垣退助。

上述梁启超、林献堂的一系列交往活动，以 1907 年秋天的初次见面最为重要。梁启超在这次见面中对林献堂的建议，寥寥数语就为台湾同胞勾画出了一条完整的非暴力抗日民族民主运动路线，实际上成了后来台湾地主资产阶级及其知识分子抗日民族民主运动的行动总方针。

三、梁启超向林献堂提出的建议的意义

梁启超的建议基本上是符合当时中国、日本及其殖民地台湾的实际情况的。这个建议内容丰富深刻，它包括台湾抗日民族民主运动的背景分析、主要策略、目标三大部分。

（一）台湾抗日民族民主运动发生的背景。台湾自古是中国的一部分，台湾问题也是中国问题的一部分。十九世纪末到二十世纪上半叶的时代主题是战争与革命。中国大陆相继发生戊戌变法、义和团运动、辛亥革命等重大历史事件，但却没有从根本上改变中国半殖民地半封建社会的命运。在西方列强的联合宰治下，中国是政府腐朽、军阀混战、民不聊生、国将不国。在东亚地区，日本是强国，中国是弱国，这种基本格局基本态势短时期内很难改变。在列强的侵略政策下，积贫积弱的中国大陆自顾不暇，内忧外患不断，根本无力收复台湾或者援助台湾同胞反抗日本殖民统治。

通过血腥的军事镇压，日本殖民统治日渐巩固。在军事上，日本占据台湾 20 多年，武力镇压大小百余次抗日流血事件，大批屠杀台湾人民。著名的武装抗日事件有：1895 年 5 月到 6 月，“台湾民主国”主要领导人唐景

---

① 台湾总督府警务局编、王乃信等翻译：《台湾社会运动史（1913 - 1936）》，第一册，文化运动，台湾海峡学术出版社，2006 年版，第 3 页。

崧、丘逢甲、刘永福等人领导的抗日军事斗争；1895年底到1896年，胡嘉猷、简大狮等人领导的抗日武装斗争；1907年11月，蔡清琳领导的北埔暴动；1912年3月发生的林圯埔暴动；1915年8月的西来庵事件等。这些武装斗争，虽然都能给殖民统治造成一些冲击，但最终都被日本殖民政府的军警血腥地镇压下去。台湾人民为此付出了巨大的牺牲。这说明台湾人民无法用武力推翻日本殖民统治。

在政治上，1896年3月30日，日本政府公布法律第六十三号，给予台湾总督得在其管辖区域内发布与法律有同等效力之命令，此即所谓“六三法案”。根据这个法令，台湾总督府1898年公布《匪徒刑罚令》和《保甲条例》，1900年发布《保安规则》。1904年1月12日总督府发布《罚金及笞刑处分条例》、3月11日发布《犯罪即决令》。这些法律置台湾人民于殖民压迫的重重网罗之中。1923年底到1924年，台湾总督府就是利用这些法律，镇压台湾议会设置请愿运动，逮捕审判了蔡惠如、蒋渭水、杨肇嘉、蔡培火、林呈禄、蔡式穀、彭英华、郑松筠、连温卿、陈逢源、石焕长等人，这些人都是积极参加民族民主活动的骨干，使台湾民族民主运动遭遇首次严重挫折。这就是著名的“治警事件”。

（二）台湾抗日民族民主运动的主要策略：面对强大凶残的敌人，台湾同胞不要轻举妄动，而做无谓的牺牲，要在日本殖民统治体制内进行和平的合法的抗争，并寻求日本中央政府开明人士的帮助，利用他们去牵制台湾总督府，使其不敢过分压迫台湾人民。后来的实践证明，这个策略是切实可行的。日本是个君主立宪国家，宪法规定人民有集会结社请愿出版等项权利。日本是个多党制国家，各党派之间有分歧。日本是个后起的殖民国家，在如何处置殖民地问题上，其统治阶级内部有矛盾。由于受到欧美社会主义、自由民主等各种思潮的影响，日本社会也是分化的。这些都是可以利用的矛盾。

林献堂等人正确地运用这个策略，积极争取板垣退助等日本政界人物对台湾民族运动的支持。林献堂于1913年到东京求见板垣退助伯爵，诉说台湾总督府的暴虐。板垣说：“我自昔于日本帝国国是，则主张南进北守，尤必须日支提携，进而团结亚洲各有色民族，方得以安固东洋永远之和平，勿论为东洋大局计应当如是，即为日本国家将来安全计，也应如此，如木户孝允，后藤象次郎，西乡从道，皆同此感，迄今虽庙议未定，然余之主张，固不因时而改，不幸因日清战争，彼此敌视，为东洋将来，实属堪虞。你们台人原是汉民族，与大陆人民情如手足，今为日本臣民，与大和民族谊似同胞，君等处在两民族之间，持有情谊之柄，用以沟通双方意志，言归于好，作为日支亲善之桥梁，另有一事，须君等觉悟，台湾处于列强环伺之中，支那既无海军，台湾又孤悬海外，终必有白人占据之一日，如缅越印度各民族食苦必多，今隶属帝国，既是同文同种，犹同是孔子弟子，与日人相处，较为轻松愉快。”接着又说：“台湾总督政治，不足以佐百姓，反是为虐，这是完全不对的。”林献堂听毕致谢，邀请板垣退助访台。①

1914 年春，板垣退助在台中公会堂演说：“你们相处该和谐合作，为帝国建设新台湾，示范亚洲各有色民族，使近者悦，远者来，进而团结，以保东洋永远之和平，欲达成这伟大目的，日本人要反省，反省什么呢？切不可以征服者姿态以临岛民，当视岛民如弟弟，爱之教之，你们岛民也应自觉，自觉是么呢？今台湾隶属帝国，你们岛民是为日本臣民，与内地人就是同胞，当事之如兄，敬之重之，互相爱护合作，欲达成上述目的决非难事。”②

板垣创立同化会的目的是：“体天皇一视同仁之旨，披德泽于新附岛民，知所悦服，同时提高他们之智能，成为日本忠贞之臣民，以示范南方各有色民族，使近者悦远者来，进而互助团结，以巩固东洋永远之和平。”③ 11 月中旬，林献堂等到东京拜访板垣。板垣出示《同化会创立趣意书》及朝野名士对台湾之意见书，并叫林献堂去访问这些人。林献堂乃各处诉说台湾人的处境：“自‘六三号法案’通过后，对台湾所有立法，皆由总督律令行使，台湾几为总督府之台湾，疑似与日本帝国无涉，若现在之总督政治，虽经二十余年之久，始终以警察为政，既不足以佐百姓，徒使民畏惧，勿论为台湾计，为日本国家计，终非良策。物质文明略有进步，但精神文化落后

---

① 甘得中：《献堂先生与同化会》，严家淦等著：《林献堂先生纪念集年谱 · 追思录》，第 60 页。

② 甘得中：《献堂先生与同化会》，严家淦等著：《林献堂先生纪念集年谱 · 追思录》，第 61 页。

③ 甘得中：《献堂先生与同化会》，严家淦等著：《林献堂先生纪念集年谱 · 追思录》，第 63 页。

如故，如初等教育，能就学者只20%余，连一个中等学校也没有。”林献堂所见的政界人士有尾崎行雄、大木远吉、犬养毅、大隈重信等几十人。他们对林献堂的观点表示一定程度的赞同。大木远吉认为日本统治台湾的方针是错误地照搬英法等老牌殖民国家的。犬养毅也认为日本国会把台湾立法权委任给台湾总督是畸形。大隈重信则鼓励林献堂回台湾协助发展同化会，可以与他直接联系。但是，林献堂也招来台湾总督府的嫉恨。①

1914 年 12 月初，板垣率领同化会理事、干事六、七人去台湾，林献堂邀王学潜、蔡惠如等十几人到基隆码头迎接。同化会因为板垣退助是总裁而得到总督府批准成立，随后在台北、台中、台南举办会议招募会员。在台北，林献堂、蒋渭水等 170 多人参加。台中、台南两个会场都极拥挤，板垣受到台人热烈欢迎。在台南，蔡培火、谢石秋等人最积极，并在会上发言。②

板垣退助的“同化”和台湾总督府的同化政策在内容上有差别。板垣的“同化”：日中本为兄弟之邦，其文化文字同一根源，欲东亚民族能与欧美民族相媲美，必须中国民族与日本民族互相融合一致，结成整个力量，其第一着手须由台湾做起，在台湾所谓内地人（日人）与本岛人（台人）必先取消民族感情而不互相差别，在政治经济上，必须站在同一线上；在文化生活上，也必须融合一致，方能达到目的。③ 这样可以消灭台湾人的反抗意志，但也可以减轻日本的殖民压迫，因此林献堂、蔡培火等人积极加以利用。但台湾总督府及台湾岛内的日本移民坚持歧视台湾人，几个月后就解散了同化会。

1914 年秋，得到板垣退助之助，林献堂偕林烈堂晋谒日本政坛要角大隈重信于早稻田私邸，陈述台湾庶政。

在领导台湾议会设置运动期间，林献堂、蔡培火等也积极争取日本国会议员的支持。从 1921 年第一次台湾议会设置请愿活动到 1934 年的最后一次

---

① 甘得中：《献堂先生与同化会》，严家淦等著：《林献堂先生纪念集年谱 · 追思录》，第66－68 页。

② 甘得中：《献堂先生与同化会》，严家淦等著：《林献堂先生纪念集年谱 · 追思录》，第 72 页。

③ 蔡培火：《灌园先生与我之间》，《林献堂先生年谱 · 追思录》，第 3 页。

请愿活动，总共进行了15回请愿，每次都有日本的国会议员帮助递交请愿书。这几个国会议员是江原素六、田川大吉郎、清濑一郎、山脇玄、神田正雄、渡边畅、中野寅吉、土井推太、清水留三郎。例如，1920年，为向日本国会提出台湾议会设置请愿，通过众议院议员岛田三郎、植村正久邀请一些议员和记者在东京某餐厅开会，林献堂、蔡培火等演说请愿宗旨。① 林献堂对帮助他们的日本政要，也是极力给予回报的。1924年，日本帝国议会众议员田川大吉郎到台湾，住在林献堂家，被待为上宾。田川大吉郎同情台湾民族民主运动，不仅是台湾议会请愿活动的介绍人，而且这次在“治警事件”之后来台，对重振台湾民族民主运动的士气有助益。

1922年春，林献堂访问日本内阁首相高桥是清，说明台湾议会设置运动的宗旨。高桥态度诚恳，谓殖民地与本国关系如柿熟自落乃自然之势，要求自治无可非议云云。1925年2月11日，带领杨肇嘉、邱德金、叶荣钟赴日，向国会提出台湾议会设置请愿书，在东京帝国饭店设宴招待日本朝野政要名流百余人，致辞说明设置台湾议会的宗旨、呼吁改革台湾政治。1932年9月9日，林献堂、蔡培火、田川大吉郎，晋谒5月26日才上任的日本内阁首相齐（斋）藤实，建议改革台湾政治问题四要项：台湾米谷问题应予合理解决；台湾地方自治制度应予早日实施；台湾义务教育制度早日实施；汉文须恢复为必修科目。

（三）台湾抗日民族运动的目标：减少台湾总督府对台湾人民的压迫，提高台湾人民的经济文化水平，争取台湾人民的参政权。具体地说，首先要废除“六三法案”。

1918年，林献堂在东京巢鸭购房定居，开始与东京的台湾留学生密切接触。1920年3月，东京台湾留学生成立新民会，12月被推为会长。该会成为台湾民族运动中心，一直到1937年被日本军阀压迫而自然消灭为止。

1921年1月，在东京林呈禄和蔡惠如两人的寓所，林献堂和一些留学生反复研讨废除“六三法案”的后果：其一是日本法律实施到台湾，等于承认了日本当局主张的同化政策；其二是台湾选举民意代表组织议会，审议总督府的律令、预算决算，这可以说是台湾的自治路线。如何选择这两种看

① 神田正雄：《林献堂先生与我》，《林献堂先生年谱·追思录》，第87页。

法？林呈禄等人主张争取台湾自治，认为这是台湾政治运动应走的方向，赞成者很多。林献堂和蔡培火认为，台湾人实力和客观环境不允许，不能把自治思想发展成实际的政治运动，主张自治刺激日本政府很大，表面上自治一字不提，先用台湾议会设置请愿方式，采取行动。他们说服了蔡惠如、林呈禄、蔡式穀等人，也得到了在东京的大部分台湾人的支持，于是开始台湾议会设置请愿运动。[①] 2 月，林献堂被公推为台湾议会设置请愿运动领袖。

第一次台湾议会设置请愿书，林献堂领衔，178 人连署，递交日本帝国议会。以后每年提出，而签署者也逐年增加，但日本议会态度冷淡，每次审议，均以不了了之。1921 年 10 月 17 日，台湾文化协会创立，被推为该会总理，展开有组织的民族民主启蒙运动。

台湾总督府欲镇压议会请愿运动，但碍于运动合法，程序上无可訾议，只能采取经济等手段压迫林献堂等人。

四、结　　论

日据时期台湾的民族民主运动是有路线、有组织、有领导、有指导思想的，不能把它们割裂开来研究。从 1913 年开始到 1936 年结束，这场历时 23 年的民族民主运动，有一条一以贯之的总方针总的指导思想，这就是 1907 年秋天梁启超给林献堂的建议。这个指导思想主要是要求在日本殖民统治的体系内部进行和平合法的斗争，斗争的内容是减轻殖民压迫改良台湾社会，这个指导思想也决定了这场民族民主运动的性质、内容和发展方向，以至于最终的结局。

这场民族民主运动的组织者和领导者是林献堂、蔡惠如、蒋渭水、蔡培火、林呈禄、罗万俥、杨肇嘉、陈炘、王敏川等人，他们能够把握梁启超建议的精神实质，善于和敢于同日本殖民者作斗争，成效卓著。

这场民族民主运动促使台湾的知识分子去研究近代民主政治，学习先进的科学文化知识，教育台湾民众，改良台湾社会，推动台湾社会近代化。这场民族民主运动改善了台湾地主资产阶级的政治待遇，促使台湾人的中华民

① 吴三连：《缅怀灌园先生的高风亮节》，《林献堂先生年谱・追思录》，第 104 页。

族意识觉醒，保存了中华民族的文化。到了 1936 年，日本殖民者哀叹道：台湾改隶日本 40 年，台湾人的汉民族意识牢不可拔，各种风俗习惯不改，对祖国仍充满着感情。① 1945 年 9 月，第二次世界大战结束之后，台湾能够顺利回归祖国，这场民族民主运动实与有力。

① 王乃信等译、林书扬等编辑：《台湾社会运动史》第一册，序说，第 2 页。

海峽兩岸媽祖信仰文化學術研究之探討

施志勝*

一、前　　言

媽祖，是中國歷史上的一個奇蹟，是極少數女性成神的例子之一，更是在這些女神中受人信仰供奉最盛的神祇。在中華民族歷史發展的長河中，媽祖信仰文化存在著具有民間信仰的精神價值，稱得上是中華文化的一個組成部分。

相傳媽祖誕生於宋太祖建隆元年（960 年），為五代末期福建莆田官宦子弟林維慤之女，名默或稱默娘。林默娘生時藉宗教力量，在莆田地區生人福人，不以死與禍恐人，故人人愛敬，事之如母。死后，湄洲故鄉有祠，至此媽祖信仰開始在民間流傳，但仍屬淫祠性質。宋徽宗宣和五年（1123 年）朝廷賜順濟廟額，媽祖開始成為合法祠祀。①

媽祖信仰在中國民間已流傳千年，以其孝道濟世之博愛精神，符合中華文化孔孟之道，廣受民間崇仰，歷久彌新。近年來，兩岸媽祖信仰文化交流熱絡，媽祖信仰與文化的學術研究呈現蓬勃發展之勢，在此一背景因素下，我開始著力於媽祖信仰文化的探索，尋找媽祖文化的學術研究價值，本文將從歷史的變遷中，回顧、探討兩岸媽祖文化學術研究的過去與未來，前瞻兩岸關係發展。

---

* 作者簡介：施志勝，英瑋閭台文史工作室負責人。

① 蔡相煇：《媽祖信仰研究》，台灣秀威資訊科技股份有限公司，2006 年 10 月，第 1 頁。

二、兩岸媽祖信仰文化研究回顧①

（一）大陸地區

媽祖受到宋朝以來歷代帝王的誥封、揄揚，近千年來所累積的相關文獻很多，最早的文獻是南宋時期廖鵬飛撰《聖墩祖廟重建順濟廟記》，見於筆記小說記載者，有李俊甫《莆陽比事》、洪邁《夷堅志》、趙翼《陔餘叢考》，《三教搜神大全》，《西洋記》等；后人收集媽祖各種靈異傳說，歷朝褒封誥文，將之整理成書者不少，如《天妃顯聖錄》、《照應錄》、《敕封天后志》、《天上聖母源流因果》、《城北天后宮志》、《湄洲嶼志略》等皆是。

關於近代以來的媽祖研究，上世紀初廣東中山大學顧頡剛教授創辦《民俗週刊》從事民俗研究，首開學術界對媽祖研究的風氣。1929 年 1 月，中山大學《民俗週刊》第 41・2 期合刊〈神的專號〉刊出顧頡剛、容肇祖所撰的〈天后〉各一篇，正式將媽祖研究引進學術殿堂。此一時期的中國學術界對媽祖的研究，已經開始引用宋元史料探討媽祖信仰，但受到時代風氣影響，以媽祖信仰為迷信當總結，大致反映出當時學術界反封建、反迷信的風氣。此后，因中日戰爭及之后的內戰，學術界對媽祖信仰研究於焉中斷。

1949 年 10 月 1 日后，中共主張無神論，視所有宗教及民間信仰為迷信；20 世紀 60 年代文化大革命時期，各種宗教及信仰都受到衝擊，著名的媽祖廟宇如湄洲天后宮及泉州天后宮均嚴重受損，宗教研究乏善可陳。1978 年以后，中國社會發生了翻天覆地的變化，各種宗教都重新開始傳播。②

（二）台灣地區

台灣地區的媽祖研究概分為日據時期和光復以后兩個階段。日本學者對

---

① 本論文第二、三節在於綜合論述過去及現在媽祖文化研究情況，其參考資料除作者蒐集相關文獻，並參用前揭蔡相煇《媽祖信仰研究》第一章，做有系統之整理、敘述，內文不另註解。

② 徐曉望：《平潭縣媽祖信仰調查》，台灣《2010 年台中縣媽祖國際學術研討會論文》，2010 年 5 月，第 10 頁。

媽祖研究開始於統治台灣時，1895 年，台灣總督府為了統治之需要，在台灣展開各項社會習俗調查，寺廟及其相關活動為調查項目之一，透過行政體系進行田野調查。1919 年編印《台灣宗教調查報告書第一卷》。當時在台灣參與其事的漢學家伊能嘉矩首開媽祖學術研究之先河，曾於 1918 年在東京帝國大學的雜誌發表《台灣漢人信仰的海神》，其中討論媽祖部分佔了大半的篇幅，凸顯出媽祖信仰與台灣歷史的密切關係；其在《台灣文化志》中的《天妃及其他海神信仰》也對媽祖信仰來源、台人崇敬原因、顯靈事蹟等詳加介紹，並特別提及澎湖天后宮、北港朝天宮、關渡靈山廟。昭和 18 年（1943 年），日本京都帝國大學史學科畢業生愛宕松男及早稻田大學哲學科畢業生李獻璋分別以《天妃考》及《媽祖的研究》為畢業論文。愛宕松男之論文於同年發表於《滿蒙史論叢》第 4 輯，其內容重於媽祖信仰的社會功能探討，認為媽祖除為水神外，並具有鄉土神的性格，媽祖廟也具有同鄉會館功能。李獻璋則以宋元文獻為基礎從文學角度分析比較媽祖起源的傳說。除了學術研究外，也有居台日人以《媽祖》為名發行雜誌。昭和 9 年（1934 年），居台日人西川滿在台北發行《媽祖》雜誌，曾刊出西川滿的《媽祖昇天》，及增天福太郎的〈天上聖母傳〉，介紹媽祖靈蹟。

二次大戰日本戰敗，台灣回歸中國管轄。學術界自五〇年代開始台灣史及媽祖學術之研究。1957 年 6 月，《台灣文獻》第 8 卷第 2 期，莊德發表《媽祖史事與台灣的信奉》。1962 年 7 月及 10 月，夏琦在《幼獅學誌》第 1 卷第 3 期、第 4 期發表《媽祖傳說的歷史發展》、《媽祖信仰的地理分佈》，1974 年 9 月，林衡道在《台灣文獻》第 25 卷第 3 期發表《大天后宮》，詳細記錄大天后宮之匾額文物。

旅日華僑李獻璋在戰后仍繼續從事媽祖信仰研究，也曾回台灣蒐集民間傳說，並先后在日本《東洋學報》、《東方宗教》、《宗教研究》、《華僑生活》等刊物發表〈媽祖信仰的起源與傳播〉等 8 篇論文。除了日文撰述外，李獻璋在 1960 年代也以中文在台灣刊物發表論文，計有《媽祖傳說的原始形態》等六篇。1979 年，李獻璋將前此有關研究論文彙集，題為《媽祖信仰之研究》，交東京泰山社印行，是近代研究媽祖信仰最久，成就最高的一位研究者。

三、兩岸媽祖信仰文化研究現況

（一）大陸地區

朝代更迭，湄洲媽祖廟歷盡滄桑，幾經興廢。大陸改革開放以后，鑑於媽祖誕生地的湄洲是海內外媽祖信徒共同認同象徵，斥資重建湄洲天后宮，定調為媽祖祖廟，成為推動兩岸媽祖信仰交流的主要基地。1985 年湄洲祖廟以紀念媽祖誕生 1025 周年名義首度舉辦媽祖學術討論會，但尚無具體論文撰寫發表。之后，在文化部門支持下，透過福建省博物館行政系統進行天后宮及媽祖史料普查，並由廈門大學學者對相資料整理研究，正式開啟大陸媽祖研究的大門，文史學者與專家開始投入媽祖研究工作。

1986 年，湄洲祖廟辦理紀念媽祖誕辰 1026 周年慶祝活動，莆田縣邀請廈門大學學者、博物館界人士及地區文史工作者，舉辦了媽祖學術研討會，相關論文以《媽祖研究資料匯編》為題，於 1987 年 8 月由福建省人民出版社出版，踏出了大陸學界編印媽祖史料的第一步。1987 年 10 月，湄洲祖廟以舉辦媽祖逝世千年紀念活動為名，函邀台灣各地媽祖廟前往參與祭典，由莆田市社會科學聯合會辦理學術研討會，並依廈門大學朱天順教授建議，成立「媽祖研究會」，由湄洲祖廟董事長林文豪為會長，莆田市中共黨史部蔣維錟任副會長，結合莆田地區文史工作者推動媽祖研究。在這些研究單位的共同推動下，歷年來召開媽祖學術研討會，出版論文集以及專著，數量相當可觀。

1988 年 10 月，莆田市邀請北京及沿海各省之學者、官員、觀光業者及新聞從業人員，召開媽祖學術研討會，相關論文由廈門大學朱天順篩選出《媽祖與湄洲灣》等 31 篇，編成《媽祖研究論文集》，於 1989 年 10 月交廈門鷺江出版社出版。1990 年 5 月，媽祖研究會、福建省社會科學聯合會、莆田市社會科學聯合會、湄洲媽祖廟董事會、北港朝天宮董事會，在莆田聯合辦理「媽祖研究國際學術討論會」，與會者來自海峽兩岸及美、日、韓、加拿大等國，論文 88 篇經篩選出 43 篇，以《海內外學人論媽祖》為題，由中國社會科學出版社於 1992 年 7 月出版。

2004年10月31日，「中華媽祖文化交流協會」在福建省莆田市湄洲嶼成立，並於次日舉辦「中華媽祖文化學術研討會」，與會學者來自海峽兩岸、香港、澳門及馬來西亞等國，共提出論文39篇。另者，在中共中央文化部門的支持下，莆田市文史界對媽祖史料研究，特別探索閩台關係。而福建省泉州海外交通史博館於1986年首先印行《泉州海外交通史蹟調資料—天妃資料專輯》；並於次年6月發行的《海交史研究》第一期即為《天妃史蹟的初步調查》。1987年8月，福建省人民出版社出版了由羅永俊、蕭一平編撰的《海神天后東渡台灣》一書。同年，莆田縣政協出版了蔣維錟負責編撰的《湄洲媽祖》一書。

由於官方政策的支持，大陸學術界、文史工作者投入媽祖研究工作人數日增，出版品有林祖良主編的《媽祖》圖畫冊、吳金棗的《江海女神媽祖》、黃炳元主編的《泉州天后宮》、林瑤棋與陳國強合編的《漳浦烏石天后宮》、董季群編撰的《天津天后宮》、陳國強主編的《媽祖信仰與祖廟》、蔣維錟主編的《媽祖文獻資料》、《清代媽祖檔案史料匯編》及《媽祖研究文集》先后印行，林慶昌著《媽祖真跡》、李露露著《媽祖信仰》、羅春榮著《媽祖文化研究》、《媽祖傳說研究》等，不一一詳載。

經過多年的持續研究，大陸媽祖研究論文與著作甚豐，但品質參差不齊，有些內容不夠嚴謹，一般說來，以大學教授群為主所做的研究成果，因為有較高水平的專業，論述具有系統性，比較具有參考價值。例如陳國強、朱天順將媽祖研究導入學術研究層次，蔣維錟致力於媽祖原始史料編印，對研究品質與研究水平的提昇都具有貢獻。

（二）台灣地區

八〇年代是台灣媽祖信仰研究的重要時期，研究主題環繞在台灣中南部的幾座大廟，例如台中大甲鎮鎮瀾宮、彰化南瑤宮、雲林北港朝天宮等，研究成果頗為豐碩。散見於期刊雜誌的論文有黃美英《訪李亦園教授從比較宗教學觀點談朝聖進香》、《大甲媽祖進香記》；王嵩山《從進香活動看民間信仰與儀式》、《戲曲與宗教活動——大甲進香之例》；蔡相煇《明鄭時代台灣之媽祖崇祀》、《媽祖信仰起源考》、《台灣之媽祖崇祀》。在有關媽祖研究專著方面，1980年，林明峪撰《媽祖傳說》由台北東門出版社出版，是較為通俗性的讀本；1989 年蔡相煇的《台灣的王爺與媽祖》由台北台原出版社印行；另有石萬壽將歷年發表之論文彙集成冊，以《台灣的禡祖信仰》為名，於 2000 年由台原出版社發行。

台灣各大學研究所研究生在八〇年代開始有媽祖信仰相關研究，分別從社會學、歷史學、地理學、文學、建築學等角度探討禡祖信仰及其相關課題，截至目前為止已有相關博、碩士論文 60 餘篇，例如蔡相煇：《明清政權更迭與台灣民間信仰的關係—清初台灣政治與王爺媽祖信仰之關係》，林淑英：《寺廟政策與寺廟活動之研究—以兩座媽祖廟為例》、黃美英《權力與情感的交融：媽祖香火儀式分析》、張榮富：《民間信仰與媽祖神格的建構》、吳艷珍：《媽祖顯聖研究》、《北港朝天宮宗教藝術之探討》、曾月吟：《日據時期朝天宮與北港地區之發展》、許谷鳴：《神性、溝通與詮釋—媽祖信仰叢結的社會交往》、姚文琦：《台灣媽祖信仰的進香態度及其變遷—從信眾的觀點進行觀察》、范明煥：《新竹地區客家人媽祖信仰之研究》、林嫣嫣：《觀音與媽祖的相關性研究》，餘不一一列舉，另有蔡泰山以「媽祖文化與兩岸關係發展」為論文，取得廈門大學博士學位。

八〇年代中期，台中地區民俗愛好者賴健祥等人，在台灣省政府支持下成立了民俗研究會，並發行《媽祖信仰之研究》雜誌，除蒐集媽祖相關資料外，也不定期與台灣各地主要媽祖廟負責人座談。1989 年 11 月，該會在台中縣豐原市慈濟宮首度召開以媽祖信仰為研討主題的學術座談會，論文結集以《全國首屆媽祖學術討論會》為名，刊印於《媽祖信仰之研究》第三輯。純粹以學者為核心召開的學術研討會是 1996 年 8 月台灣省文獻委員會與財團法人北港朝天宮董事會於北港舉辦的「媽祖信仰國際學術研討會」，邀請海內外學者專家二百餘名參與研討，發表論文計有《媽祖信仰與海洋文化》等 20 篇，由台灣省文獻委員會以《媽祖信仰國際研討會論文集》印行。

2001 年 5 月，財團法人北港朝天宮董事會於北港舉辦媽祖信仰與現代社會國際學術研討會，委請台灣宗教學會承辦，“中央研究院”民族學研究所協辦，邀請美國、日本、香港、大陸等海內外學者專家 200 餘名參與研討，發表 22 篇論文最后經審查委員會審查通過 15 篇論文，修訂后取名《媽祖信仰的發展與變遷》於 2003 年 3 月由台灣宗教學會與北港朝天宮共同發行。此外，環繞媽祖廟主題之相關研究有1993年財團法人北港朝天宮董事會印行，李乾朗撰《北港朝天宮建築與裝潢藝術》、1998年南華管理學院印行鄭志明、孔健中撰《北港朝天宮的神明會》、1997年台灣省文獻委員會印行林美容撰《彰化媽祖信仰圈內的曲館》、2003年“中央研究院”民族學研究所出版張珣《文化媽祖——台灣媽祖信仰研究論文集》、2006年3月林美容《媽祖信仰與台灣社會》及2006年10月秀威資訊科技公司出版蔡相煇《媽祖信仰研究》等。

1987年，媽祖成道千年，台中縣大甲鎮瀾宮董事會等一行17人，突破政策禁忌，由日本取道上海轉赴湄洲參加紀念活動，與媽祖祖廟取得直接聯繫，此后與祖廟的文化交流日益頻繁，儼如湄洲祖廟在台灣的代理人，因緣際會，鎮瀾宮逐漸成為台灣媽祖信仰文化研究的另一重鎮。由該宮組織發起的「台灣媽祖聯誼會」，參與的海內外媽祖宮廟計42座，積極推動媽祖文化事業。在民俗文化活動方面，每年農曆3月「台灣瘋媽祖」的盛況，大甲鎮瀾宮8天7夜的繞境進香活動更是獨領風騷，今年開始9天8夜的繞境活動於4月25日結束，據該宮估計，參與人數約120萬人，香油錢約新台幣2400萬元、金牌1400多面，創下新高。① 在此之前，該宮委託台中教育大學文學院於4月15、16日辦理「2010年海峽兩岸媽祖信仰文化論壇」，筆者全程與會，對所發表的12篇論文印象深刻，是一場媽祖文化學術交流的盛會。

四、媽祖學術研究趨勢

近百年來的媽祖研究，廣東中山大學顧頡剛於1929年創辦《民俗週刊》從事民俗研究發其端，將媽祖研究正式引進學術殿堂。此一時期學界所撰述以媽祖的生日、死期、身世、誕生、生前、昇化、死后、靈異事蹟、崇拜天后的原因、天后廟的發展等為主，並未深入探討相關文獻之真偽，且研究總結以「充滿靈異傳說的神祇……不必認為必有其人。」顯示當時正逢五四新文化運動之際，學術界對媽祖信仰歸於迷信的位階，因此，未再深入

① 《百萬人繞境追媽祖》，《台海》雜誌（總第47期），廈門日報社，2010年6月。

研究而無代表性研究成果。其后復因中日戰爭與內戰，媽祖研究遂告中斷。

大陸文革期間，奉祀媽祖的廟宇、神像、文物遭嚴重破壞，更遑論研究工作。1980 年代對台政策以和平統一為基調，開放台灣廟宇謁祖尋根，透過湄洲祖廟重建以形塑媽祖信仰中心，並以宗教交流活動吸引台灣媽祖信徒參加。政策的轉變促使大陸學者及文史工作者投入媽祖議題的研究，希望把媽祖研究向更縱深的方向發展，因此，從事媽祖研究投入者眾且快速發展，研究論文、專著、爭相出籠，並陸續舉辦多次媽祖學術研討會。整體觀察，該期間大陸的媽祖研究已有相當的成果，論述與著作很多，惟品質參差不齊，仍有很大發展空間。就研究發展趨勢，媽祖研究應朝向專業化發展，尤其更應致力於媽祖文獻、文物的考證，才能提升研究品質與成果。

大陸學者徐曉望在《平潭縣媽祖信仰調查》研究指出「許多地方的媽祖廟都在二十世紀反傳統的文化浪潮中被毀，祭祀媽祖的活動也是斷斷續續，已經沒有當年的味道。」他認為「因基督教與天主教的流行，島上的媽祖信仰正在失去信眾。所以，平潭島的媽祖文化亟待保護和維護。要不然，再過幾十年，平潭島的媽祖文化也有可能在外教的傳播中被覆蓋、消失。」「基督教的傳播導致媽祖信仰衰退，在福建並不是個別情況，而是普遍性的。」① 至於實際情況是否如此，必須有深入的調查瞭解，去做有系統的分析研究。

台灣地區的媽祖信仰，源自於早期閩粵移民引進，並已發展成為民間主要信仰之一，是受人供奉最旺的女海神。在台灣，媽祖的研究始於日據時代，該時期台灣總督府所進行的寺廟調查資料，對現今研究媽祖的學者提供了極具價值的一手資料。台灣光復之初，受限於當時的社會環境，從事民間信仰研究的條件不足，媽祖研究亦乏學術論著。直至六〇年代中期以后官方推動文化復興運動，傳統文化研究興起，隨著該時期的經濟發展及大學院校增加，媽祖信仰的研究登上學術殿堂，七〇年代學術研究奠定了相當深厚的基礎，八〇年代以來，大量學術論文發表、學術研討會的舉辦及專書、廟志等研究成果甚著。此期間，對媽祖研究有較大貢獻者，首推旅日華僑李獻璋

---

① 徐曉望:《平潭縣媽祖信仰調查》，2010 年台中縣《媽祖國際學術研討會論文》，2010 年 5 月，第 2 頁。

為代表；台灣學者蔡相煇從歷史學角度分析媽祖信仰與台灣的關係，蔡氏並以史料為依據編撰《北港朝天宮志》為爾后台灣各宮廟聘請學界編撰宮志開風氣；林美容從社會角度開發了媽祖信仰圈及附帶相關社團的研究；張珣、黃美英等從人類學角度探討媽祖信仰的儀式與空間，李豐楙、鄭志明等則在媽祖神學致力較多。

綜觀當代有關媽祖信仰的研究，雖然研究者迭起，也有許多具體成果，然而媽祖信仰已傳衍千年，關於其信仰起源問題及在世界各地的傳播狀況，以及媽祖稱謂的演變等，尚須研究考證，如今媽祖信仰文化研究的風氣已經形成，福建莆田也於 2004 年 10 月成立中華媽祖文化交流協會，發行《中華媽祖》雙月刊，伴隨媽祖信仰活動融入各地社會經濟體系，媽祖信仰已經成為許多社會的活信仰，學界也會對媽祖研究持續下去，永不止息。

五、媽祖文化學術研究的展望

2006 年 1 月，中共總書記胡錦濤在福建視察工作時強調「媽祖信仰深深地紮根在台灣民眾的生活當中，福建要運用好這一豐富資源，在促進兩岸交流中更好地發揮作用。」① 近年來，兩岸媽祖信仰文化交流就是在此一基礎上發展，例如，在兩岸主要媽祖廟共同努力下，媽祖信俗於 2009 年 10 月成功列入聯合國「世界人類非物質文化遺產代表作名錄」。② 申遺成功是兩岸媽祖信眾的共同大事，更是保護媽祖文化的一個起點，對媽祖文化的傳播和繼承，具有歷史性的重大意義；對兩岸進一步發掘、整理媽祖文化，促進海內外媽祖文化學術交流，都具有深遠影響。

2009 年 12 月，福建省地方誌編纂委員會與台灣媽祖聯誼會簽訂了共同編纂具有權威性的資料文獻《媽祖文化誌》協定，這是兩岸媽祖文化交流合作的探索與深化。③ 按照初步的篇幅及結構來看，希望這是媽祖文化研究極具份量的作品，可以成為該方面學術研究者的重要參考文獻。

---

① 陳鈞：《媽祖傳奇》，東方出版社，2008 年 5 月，第 3 頁。

② 《媽祖信俗申遺成功 兩岸大喜事》，《中國時報》，2009 年 10 月 4 日。

③ 《媽祖文化誌編纂計畫》，《2010 年海峽兩岸媽祖信仰文化論壇大會手冊》，大甲鎮瀾宮、台灣媽祖聯誼會，2010 年 4 月，第 70 頁。

媽祖文化學術研究的深化，必須透過媽祖宗教組織素質的昇華，不斷組合和實踐媽祖文化的情感知識來達成最高境界的發展。媽祖信仰若要有發展性，首先要脫離神術思維，發揚其特有的文化精神，提昇其宗教的信仰素質和理論素質。① 例如台灣幾個縣市地區媽祖文化節的系列活動，掀起了媽祖熱的現象，以及學術研究校園化、國際化，已經呈現媽祖文化不同的風貌和時代意義。

就媽祖信仰的傳播發展的歷史來說，大陸文化學者鍾春榮認為媽祖信仰文化研究的作用「在學術研究上具有重要意義，那麼媽祖傳說的動能作用表現在，它不但是歷史的，而且是現實的，今天的…媽祖傳說的內涵也必然反映當今社會的時代特徵。人們尊奉媽祖為新時代的『和平女神』…得到華夏子孫的認同。」② 所謂「人同根、神同源」，把媽祖信仰放在兩岸關係來看，媽祖文化在兩岸的歷史情緣中，已然從「海上保護神」演變為「海上和平女神」，提供給兩岸媽祖文化交流寬廣的發展空間。

媽祖信仰研究趨勢，在既有研究成果基礎與成果，須要學術界更多的學者及文史工作者參與，才能將媽祖研究導入更專業的領域發展。值得欣喜的是這種趨勢正在發展形成中。媽祖研究走向專業化，按目前發展趨勢看，將是從文化層面的細部分工，朝向反映中華傳統文化的豐富內涵方向發展，因此，可以預想分從社會學、歷史學、心理學、地理學、建築學、文學（文史）藝術等多個面向來探討媽祖信仰的過去、現在與未來，讓媽祖研究在現代社會脈絡之下展現生生不息的力量。

六、對兩岸媽祖文化學術研究的幾點看法（代結論）

兩岸媽祖文化學術研究已取得相當程度的研究成果，從研究趨勢來說，媽祖研究要走向學術化、專業化與國際化，筆者有以下幾點看法：

---

① 羅文玲：《媽祖故事的文化傳承與時代意義》，台中：《2010 年台中縣媽祖國際學術研討會論文》，2010 年 5 月，第 3 頁。

② 羅春榮：《媽祖傳說研究》，天津古籍出版社，2009 年版，第 215 頁。

（一）大陸地區近三十年來對媽祖研究已累積了相當的成果。而台灣地區媽祖研究不泛代表性著作，尤其隨著大學院校宗教系所的開設，研究分類趨向多元，分從文學、歷史學、政治學、地理學、建築學、藝術等角度探討媽祖信仰及其相關課題。但是，從這些不同學門的視角關注媽祖信仰或媽祖文化，還需要有系統性的研究與論述，才得以進一步深化。

（二）宋代以來，我們有「文以戴道」的話。「道者，萬物之所由，萬理之所稽；所以變化身而之正理者也。」（莊、韓、管。）依這個說法，則凡是描寫宇宙的奧妙，或人心的隱微的，都可以算是「戴道」。準此觀之，自宋朝黃公度撰〈題順濟廟詩〉以來，媽祖的史料成篇累牘，這些文獻是否具有「戴道」的事實以及學術價值，都值得探討。

（三）文學的發生及長成，和人的社會發展有密切的關係。有謂「文學是人學」，媽祖信仰流傳已近千年，媽祖文化也是以人為本的文化，媽祖信仰已經發展成為華人社會的一種文化現象，而且是一種尚在傳播的活信仰，因此，結合文獻史料從兩岸社會現狀中研究媽祖，關注其與兩岸關係發展的關聯性，是具有時代意義的發展方向。

（四）兩岸學術界人士及文史工作者投入媽祖文化研究，成果琳瑯滿目，研究範圍日益擴大，前述福建省地方誌編纂委員會與台灣有關社團合編《媽祖文化誌》，深具歷史意義。寄望本於學術研究求真、求時的精神，做客觀的探討與論述，成就一項具有參考價值的重要文獻。

（五）「和平女神」是媽祖文化在新時代的象徵，其博愛精神為世界和平帶來無限希望。緣於兩岸人民的媽祖信仰同根同源，從歷史傳承來看，兩岸的媽祖文化交流越熱絡，雙方民眾的感情就更拉近，所以，媽祖文化是兩岸人民精神聯繫的重要紐帶，因此，「海上和平女神」媽祖文化的弘揚，有賴兩岸媽祖文化工作者共同努力，從學術研究領域豐富和深化媽祖文化的內涵，藉以凝聚海內外華人的媽祖情懷，呈現出具有時代意願的媽祖文化。

參考資料

1. 林清標《敕封天后志》，台北市莆仙同鄉會，1987 年版。
2. 第一歷史檔案館《清代媽祖檔案史料匯編》，中國檔案出版社，2003 年版。

3. 蔡相煇《台灣的王爺與媽祖》，台原出版社，1989 年版。
4. 蔡相煇《媽祖信仰研究》，秀威資訊科技股份有限公司，2006 年版。
5. 蔣維錟《湄洲媽祖》，福建省莆田縣政協，1987 年版。
6. 蔣維錟《媽祖文獻資料》，福建人民出版社，1990 年版。
7. 蔣維錟《媽祖研究文集》，海風出版社，2006 年版。
8. 朱天順《媽祖研究論文集》，鷺江出版社出版，1989 年版。
9. 朱天順《海內外學人論媽祖》，中國社會科學出版社，1992 年版。
10. 林美容、蔡相煇、張珣《媽祖信仰的發展與變遷》論文集，台灣宗教學會，2003 年版。
11. 李獻璋《媽祖信仰之研究》，日本東京，泰山文物社，昭和 54 年。
12. 陳鈞《媽祖傳奇》，東方出版社，2008 年版。
13. 羅春榮《媽祖傳說研究》，天津古籍出版社，2009 年版。
14. 《2010 年海峽兩岸媽祖信仰文化論壇大會手冊》，大甲鎮瀾宮、台灣媽祖聯誼會，2010 年 4 月。
15. 2010 年台中縣《媽祖國際學術研討會論文》，2010 年 5 月。

台湾端午习俗与文化认同研究

张彩霞*

端午节是汉文化圈中最重要的民俗节日之一。2008 年，祖国大陆端午节成为首个法定节假日，民间的传统端午习俗文化氛围更加浓厚。台湾亦很重视端午节，本文即以台湾端午习俗为分析基点，探讨在中华传统节日中，强调两岸大众的共同参与，通过节庆中的纪念仪式和体验参与，增强共同的集体记忆和文化认同，使民俗文化在凝聚共同意志发面发挥“润物无声”的作用。

一、台湾龙舟赛是“习自平埔族人”吗？

据台湾学者研究，端午节与龙舟赛二者的关联，其实并非完全地叠合，而有各种因地制宜的可能交集，所以“端午不必竞渡，竞渡不必端午”。①然而，在台湾，龙舟竞渡却是端午节中主要的民俗事象之一，具有大众集体狂欢娱乐的特点。那么，台湾龙舟赛始于何时呢？台湾龙舟赛真的“主要是习自平埔族人”吗？要弄清这两点疑问，得从台湾民俗工作者刘还月关于端午节的书写谈起，先摘录一段其书中关于台湾龙舟赛起始时间的文字：

> 台湾地区端午节俗中，最热络、最受欢迎的龙舟赛会，相传始于清乾隆廿九（西元一七六四）年，台湾知府蒋元焄在台南法华寺半月池，举行一场仿大陆龙舟赛的女子划船比赛，自此以后，除“好事者于海口浅处用钱或布为标，舢板渔船争相夺取，胜者鸣锣喝彩，土人亦号曰

---

* 作者简介：张彩霞，厦门大学台湾研究院助理教授。

① 陈熙远：《竞渡中的社会与国家——明清节庆文化中的地域认同、民间动员与官方调控》，《中研院历史语言研究所集刊》，79 本第 3 分，2008 年 9 月，第 417 页。

斗龙舟。”（王必昌/台湾县志）外，更有从“五月初一至初五日，各寺庙及海岸各船鸣锣击鼓，名曰龙船鼓，谓主一年旺相。”（同前引）宜兰县①

上述所引文字，有两处基本史实错误：第一，在清乾隆二十九（1764）年间，任台湾知府的是蒋允焄，而不是“蒋元焄”；第二，乾隆十七年（1752 年）王必昌的《重修台湾县志》是不可能“预言”台湾的赛龙舟“始于”乾隆二十九年的。文中所引斗龙舟的资料，刘还月标明出自王必昌修《台湾县志》。其实，稍稍查阅一下史料就可知道，鲁鼎梅主修，王必昌总纂的《重修台湾县志》，为乾隆十七年（1752 年）刊本。《重修台湾县志》中确有“斗龙舟”这样一段记载。这只能说明，台湾“斗龙舟”的历史早于乾隆十七年，而不可能是“相传始于清乾隆廿九（西元一七六四）年”。遑论康熙三十四年高拱乾所修的《台湾府志》中就有闽南移民正式赛龙舟的记载了。

刘还月还以宜兰礁溪上二龙村淇武兰和下二龙村洲仔尾之间的龙舟赛会为例，说，“台湾龙舟赛其实与屈原无关，主要是习自平埔族人”②。事实真是如此吗？

根据资料查证，就行政区划沿革来说，宜兰礁溪乡二龙村就是清代噶玛兰村社的淇武兰社。噶玛兰人在“夏秋划蟒甲，载鹿脯、通草、水藤诸物，顺流出近社与汉人互市”③，过着以农耕为主，渔猎为副的生活方式。刘还月在其 1989 年出版的书中写道，“二龙村的龙舟赛，传已近两百年历史”，就是说，大概在 1789 年后，二龙村才有龙舟赛。可是，1787 年左右的噶玛兰，已有漳浦人吴沙组织众人开垦，并在 1800 年左右，由泉州人负责开垦三十九结（今礁溪乡二龙村）等地④。噶玛兰人是滨水而居的族群，可是从台湾学者对噶玛兰的研究成果中，我却没有找到关于淇武兰社有“祭河神”

---

① 刘还月：《台湾岁时小百科》，台湾台原出版社，1989 年版，第 338 – 339 页。

② 刘还月：《台湾人的岁时与节俗》，台湾常民文化，2000 年版，第 114 – 115 页。

③ 周钟瑄：《诸罗县志》卷八“风俗志・番俗”，康熙五十六序刊本，台湾成文出版社有限公司，1983 年版，第 172 页。

④ 詹素娟、张素玢：《台湾原住民史：平埔族史篇（北）》，南投：台湾省文献委员会，2001 年版，第 39 页。

或者“驱逐水鬼”的仪式活动，所以无法确定“赛龙舟”习俗是噶玛兰人既有的行为，还是受到闽南移民的影响。

假设历史上噶玛兰人有赛龙舟习俗，刘还月却在两个版本中给出两个不同的举办时间：

相传这个习俗原为驱逐水鬼而来，都在三、四月农历时进行……（刘还月：1989，第339页）

（赛龙舟）举办的时间并不是在端午节，仍然选在秋收之后，主要的原因是他们一比赛就是十二天，……（刘还月：2000，第116页）

退一步说，毋论噶玛兰人每年举办赛龙舟的准确时间，最关键的，笔者以为，不能以二龙村的个例，以一概全，就武断地下“台湾龙舟赛习自平埔族人”的结论。其实，在郑氏时代，就已经有台湾赛龙舟的记载，而且是在汉人端午节那天进行的；在清代台湾地方志史料中，更加清楚地记载赛龙舟习俗是由闽南汉人带到台湾的，下文将有详细介绍。

二、史料中反映的台湾端午习俗

台湾是移民社会，历经荷据时代、郑氏时代到清初，移居福建汉人已有一定数量①，他们将传统节日端午习俗传入台湾。因此，台湾端午习俗和福建地区大同小异，如史料所记载：“凡此岁时所载，多漳、泉之人流寓于台者，故所尚，亦大概相似云。”②

目前发现的最早对台湾端午习俗描述的史料，是郑经的诗作《端午》：“士女满沙洲，鼓声出素流。风吹彩旗动，日映画桡浮。争胜喧江岸，夺标闹浦舟。归来天薄暮，齐唱过南楼。”③ 描绘了郑氏时代端午赛龙舟的喧闹

---

① 据陈孔立估算，荷据时代，在台大陆移民有4.5万–5.7万人；郑氏时代，汉族移民增加到10万–12万；从康熙二十三年到乾隆后期一个世纪间，台湾人口增加了七八十万，其中大部分属于移入增长，到嘉庆十六年（1811），达到1901833人（含土著居民）。参见陈孔立《清代台湾移民社会研究》（增订本），九州出版社，第30、32页。

② 高拱乾纂辑，方豪校订：《台湾府志》卷七“风土志·岁时”，台湾成文出版社有限公司，1983年版，第185页。

③ 郑经：《端午》，全台诗编辑小组编撰《全台诗》第1册，台湾文学馆，2004年版，第122页。

场面。

康熙二十三（1684）年，清廷收复台湾。关于清代台湾端午节习俗的记载散见于不同时期所修撰的府县地方志，以及士人的咏端午诗中。康熙二十四（1685）年《台湾府志》载："五月五日，家折松艾，悬之门首，以五色丝系儿童臂上，呼为长命缕；又以茧作虎子形，帖儿额上，到午时，脱而投之。所在竞渡，船不过杉板、小艇，大海狂澜，难以击楫，仅存遗意。亦渍米裹竹叶为角黍。"① 此时台湾甫定，在端午节中，民众门悬松艾，给儿童系长命缕，贴虎子，包粽子，举行所谓的赛龙舟活动，没有真正的龙舟，只有以杉板、小艇权充。十年后所修《台湾府志》就提到了赛龙舟："无贵贱，咸买舟出游。中流箫鼓，歌舞凌波；游人置竿船头，挂以锦绮，捷者夺标而去。"②

清康熙四十四（1705）年，调迁台湾海防同知的安徽桐城人孙元衡，之后在台担任知县等职，逾三年多，其将"目览耳闻"作诗，著有《赤嵌集》四卷，内收描写端午诗篇"五日当庭斫绿瓜，蒲觞聊与酌流霞。香罗细葛思难到，白海青潮景未斜。粳稻垂楣同艾叶（台俗用新稻一枝插门楣间，杂以艾叶），扶桑照眼胜榴花。心知南国音书少，醉听回帆鼓一挝"③，深刻勾勒出康熙年间的台湾端午民俗风情。

乾隆三十九（1774）年的《续修台湾府志》，对台湾端午习俗有着更为翔实的记述：

> 五月五日清晨，燃稻梗一束，向室内四隅熏之，用楮钱送路旁，名曰："送蚊"。门楣间艾叶、菖蒲兼插禾稗一茎，谓可避蚊蚋；榕一枝，谓老而弥健。彼此以西瓜、肉粽相馈遗。祀神用诸红色物。自初五至初七，好事者于海口浅处用钱或布为标，杉板鱼船争相夺取，胜者鸣锣为得采，土人亦号为"斗龙舟"。午时，为小儿女结五色缕，男系左腕，女系右腕，名曰神炼。三月尽，四月朔望，五月初一至初五日，各寺庙

① 蒋毓英：《台湾府志》卷六"岁时"，陈碧笙校注，厦门大学出版社，1985 年版，第 60 页。

② 高拱乾纂辑，方豪校订：《台湾府志》卷七"风土志 · 岁时"，第 186 页。

③ 孙元衡《端午》，《全台诗》第 1 册，第 335 页。

及海岸各船鸣锣击鼓，名曰龙船鼓，谓主一年旺相。①

综上所述，我们大致可以知道，至清代前中期，台湾的端午节已经传承延续了中华民族传统习俗，大致不变，一直被保留至今。但对台湾端午习俗事象细加考据，却又会发现其中的“地方性知识”，即台湾端午习俗还有自己特有的民俗事象。

台湾端午习俗大致有：插菖蒲、艾蒿和榕树枝；包粽子；竞渡；佩戴长命缕、五毒符和香包；打午时水；打石战；喝雄黄酒；立蛋。其中，在民间流传极广的打午时水和台南地区吃“煎锤”的习俗来历传说，就附丽在与郑成功收复台湾的历史事件上。据说当年郑成功和军队到达台中县大甲镇铁砧山时，因“水多漳毒”，郑成功便拔剑斫地，果然得清冽泉水，之后，这口井被称为“国圣井”。② 谚语道“午时洗目睭（眼睛），明到若乌鹫”，又说“午时水饮一嘴，较好补药吃三年”。台南吃“煎锤”习俗也与郑成功有关。据说，当年郑成功收复台湾时，军粮匮乏，端午节没米包粽子，百姓就把花生、薯粉、豆类等献给军队。军队将这些食物掺拌在一起，油煎成锤状的食品，以度端午节。可见，郑成功收复台湾事件，深刻地影响了台湾民众对历史的集体记忆，同时也影响了台湾端午习俗的结构性特征。

端午风俗在传播和流变的历史过程中，一些民俗事象不断衍生或者附丽上去，如上述打午时水和台南地区吃“煎锤”的习俗，就具有浓厚的地方民俗特色。就打午时水习俗来说，在大陆有些地方，是在端午节早晨用露水洗脸，俗传中午的水已被蛇虫爬过，有毒，已经起不到祛病避疫的效果。由此看来，台湾的特有民俗事象丰富了中华传统文化内涵，然而，“有一点是相同并且两千年一贯的（至少在汉民族区域是如此），这就是避邪祟、止恶气、驱毒虫、防疫病的企图和祈求健康长生的意愿”③。

其实，在本文所收集的台湾地方文献资料中，关于人们在门上悬挂蒲

---

① 余文仪主修：《续修台湾府志》卷十三“风俗”，清乾隆三十九年序刊本影印，台湾成文出版社有限公司，1984年版，第897－898页。

② 陈培桂修，杨浚纂：《淡水厅志》卷十三“考三·古迹考”，清同治十年刊本，台湾成文出版社，1983年版，第815页。

③ 王利华：《端午风俗中的人与环境——基于社会生态史的新考察》，《南开学报》（哲社版），2008年第2期，第23页。

艾、榕枝，包粽子，竞渡，佩戴长命缕、五毒符，等等一系列民俗事象的记载，其深层次原因，就是驱邪避疫。这个观点在康熙三十四（1695）年的《台湾府志》中，已有明确的表达，“所在竞渡，虽云弔屈，亦以辟邪”①，即台湾端午竞渡虽然是延续了大陆纪念屈原的习俗，但因应台湾特殊的生态环境，更多地蕴涵着辟邪祛疫的功能。

尽管关于端午节的由来，说法甚多，如纪念历史人物说（屈原、伍子胥、曹娥等），夏至说，恶月恶日说，龙图腾祭说，等等，但是，就历史上的台湾地区来说，端午节就是一个辟邪祛疫、祈求健康平安的节日。仲夏时节，台湾地区气候湿热，毒虫滋生、蚊蝇猖獗，疫病流行，对移民的身体健康和生命安全造成严重的威胁②。虽然移民对台湾地区的瘴毒预防及治疗有一定的认知和经验，如“台南、北淡水均属瘴乡。南淡水之瘴作寒热号跳发狂治之得法病后加谨即愈矣；北淡水之瘴瘠黝而黄脾泄为痞为鼓胀，盖阴气过盛，山岚海雾郁蒸中之也深。又或睡起醉眠，感风而发，故治多不起，要在节饮食，薄滋味，慎起居，使不至为所侵而已”③，但是，在缺医少药、医药防疫水平低下的时代，民众不得不求助于神道祈禳，祈求祛病避疫以达到身体健康的目的，虽然诸如此类的做法，往往为正统观念所反对④。在依赖于神道巫术之外，当时的人们以常年积累的经验，认识到菖蒲、艾叶、洒雄黄水等都有消毒灭虫功用，以此来预防疾病。人们在传统节日中诚心诚意地做好每一个民俗事象，祈求身体健康平安，这也是人们应对节俗的普遍的态度，或者说有着一致的文化认同。

---

① 高拱乾纂辑，方豪校订《台湾府志》卷七“风土志·岁时”，第186页。

② 清康熙三十六年（1697），郁永河从福建到台北采硫。他细腻地记录了自己遭受“水土之恶”的窘境，从中可窥早期移民艰苦开垦境遇之一斑。参见郁永河《裨海纪游》，台湾文献丛刊第44种，第16－17、26－27页。

③ 周钟瑄：《诸罗县志》卷十二“杂记志”，第782－783页。

④ “尚巫，疾病辄令禳之。又有非僧非道，名曰客仔师，携一撮米往占病者，谓之‘米卦’，称说鬼神，乡人为其所愚，倩贴符行法而祷于神，鼓角喧天，竟夜而罢，病未愈费已三五金矣。不特邪说惑人，亦靡财之一窦也”。参见周钟瑄《诸罗县志》卷八“风俗”，第462－463页。

三、端午习俗：两岸文化认同中的凝聚力

端午节是我国民间夏季最重要的传统节日，经过一代一代的传承，端午习俗已成为两岸普通百姓日常生活的一部分。即使在日据时期，台湾汉人过端午节日的习俗仍未中断①。台湾作家萧丽红以其细腻的手笔，在其著作《千江有水千江月》中，书写了1970年代家乡嘉义县布袋镇的端午习俗：新娘子在过门后的第一个端午节，要把亲自做好的馨香包分送邻居小孩的礼俗，"到她祖母的那个时代，似乎还很认真地执守着"；"每到日头正中晒时，家家户户，便水缸、面盆的，一一自井中汲满水，这水便叫做：午时水"；"另以午时水放入菖蒲、榕叶，再拿来洗面，浴身，肌肤将会鲜洁、光嫩，杂陈不生"；主人公贞观一早"先就听到谁人清理水缸的响声；勺瓢在陶土缸底，努力要取尽最后点滴的那种搜刮声"；还有吃粽子，等等习俗，在贞观看来，"大概连她的外祖母都不能清楚说出：这项风俗习惯在民间已经沿袭下来多久了，贞观甚至想，极可能高祖太爷公几百年前自闽南移迁来时，就这样了"。②

小说虽然描写的是贞观对端午习俗的个人记忆，但实际上却反映了台湾普通百姓关于端午习俗、家族记忆以及移民历史的集体记忆，以及追宗寻根的情感认同。正如史家E·霍布斯鲍姆所言，具有仪式或象征特性的一整套实践活动，通过重复来保持与过去的连续性。周而复始的民俗节庆，不仅强化着人们的文化认同，而且在凝聚民族成员方面有着巨大的社会作用，"默默地把你跟别的成员的行为、心态牢牢凝结在一起"。③

端午节为中国重大传统节日之一，历史悠久，已成为维系两岸重要的感情纽带。随着医学的发展，插艾草榕枝、系五色线、吃粽子、赛龙舟等民俗事象的祛病避疫含义渐渐淡薄，但是，赛龙舟作为现代体育竞技项目却受到

---

① 《台湾日日新报》载："嘉义风俗，旧时代起，每年端午日，儿童掷石为戏，以除疠疫。后来相沿。"1910年6月16日，04版。

② 萧丽红：《千江有水千江月》，人民文学出版社，2006年版，第38－42页。

③ 钟敬文：《民俗文化学：梗概与兴起》，中华书局，1996年版，第54页。

两岸民间的日益欢迎。①。近年来，在端午节日中，海峡两岸积极搭建舞台，举行以龙舟文化为中心的系列民俗活动，如端午文化论坛、民俗文化表演以及经典诵读等，诸如此类的在场体验和参与，加深了台湾民众的中国认同。

“建构过去是一项工程，通过有选择地组织与当代的主体有连续关系的事件，对一直发展到当前的生活创造出一个恰当的表述，即这是一个在自我界定的行动中形成的生活史。”② 因此，在现今两岸都很重视中华传统民俗节日的空间下，以何种方式方法拉近台湾民众的认知，“润物无声”地消融彼此隔阂，增强台湾民众的中国文化认同，凝聚共同意志，继而形成“共谋中华民族伟大复兴的精神力量”，仍是值得继续关注和努力的时代课题。

---

① 在厦门集美龙舟池已举行过五届海峡两岸龙舟赛2010年5月，12支台湾代表队参加比赛，规模再创新高。

② ［美］乔纳森·弗里德曼：《文化认同与全球性过程》，郭建如译，高丙中校，商务印书馆，2003年版，第117页。

附录：

近年来大陆台湾史研究的回顾与展望

陈小冲*

所谓历史为何？史学理论家们有着诸多的解释，仅就其原始字面意义而言，汉朝许慎《说文解字》云：历，过也，传也。史，记事者也；从又持中，中，正也。历史二词的综合意思，就是对过去的事情所做的“持中”的、客观的记录。《新不列颠百科全书》则称：“这是一门研究事件（影响国家和民族的事件）的编年纪录之学科，它奠定于对原始史料的考证基础之上，并对这些事件的缘由做出解释。”在此，东西方显然不约而同地提到了几个关键词：史料、解释、客观。史料是对过往事件的记录；解释是治史者依据个人知识训练、学术能力对史料进行的整理、理解和阐述；客观则是对史学工作者解释历史时的理想要求。史学史上的所谓唯物论与唯心论、客观性与主观性、史料学派与史观学派等等，万变不离其宗，都离开不了史家与史料的关系，离开不了客观与主观的争执，当现今史学界中有人往往以金庸武侠小说中所谓名门正派自居而视他人为邪门歪道之时，却不自知名门正派其实也是派这一浅显的事实。换句话说，绝对客观的史学研究，实际上是一种众人追求的理想状态，是很难真正实现的。

很凑巧，台湾历史的研究是一开始就与政治有着千丝万缕联系的一门学问，这种联系并不是哪一个个人所期待的，也不是哪一个个人想回避就能够回避得了的。在台湾，它与政权的更迭及政党政治轮替、“颜色变化”密切相关，于是有了所谓“大中国历史沙文主义”和“台湾主体论述”的交错；

* 作者简介：陈小冲，厦门大学台湾研究院历史研究所所长、副教授。

在大陆，它与“一定要解放台湾”和后来的“一国两制、统一中国”两个世代交替又密不可分，于是有了郑成功收复台湾、康熙统一台湾的论述以及历史上两岸三通的回顾和对台湾人祖地原乡渊源关系的强调。似乎，要想使台湾史研究与政治影响因素相脱离，简直就是缘木求鱼。

不管是不是能做到客观，历史的研究总是要进行的，对台湾史研究的回顾与展望既是对过往学术研究的总结、也能为今后台湾史研究进一步发展提供必不可少的借鉴，正缘于此，这篇回顾与展望的文章仍不失其价值。

基于会议的安排，台湾地区的台湾史研究自有台湾史学界前辈的点睛之论，笔者只是不揣简陋，尝试着对近年来大陆地区的台湾史研究略作回顾与展望，以求教与大家。这里有几点需要说明：第一，我们主要回顾了2004－2008年五年间的大陆台湾史研究情况，更多的研究有待于将来；第二，在研究资料的收集上，集中于公开发表的论文，暂不涉及各大学和研究机构青年学子的博硕士论文，显然，那是一个值得进一步挖掘的方向；第三，本研究的资料收集虽自认为已竭力而为，不过定有遗漏的地方，如有未收纳本文中者，自属笔者之失误，敬请指出并容后予以补充。

一、早期大陆地区台湾史研究的发展

1949年以来，大陆的台湾史研究明显的以1979年的《告台湾同胞书》为界分为前后两个时期。前期在“一定要解放台湾”的大政方针下，有关台湾历史的研究主要围绕台湾是中国领土不可分割的一部分进行论证，兼之批驳“台湾地位未定论”。相关研究方向上，郑成功收复台湾被赋予了特殊的意义。较著名的著作有王芸生的《台湾史话》①，刘大年、丁名楠、余绳武的《台湾历史概述》②以及厦门大学历史系编《郑成功研究论文集》③和《郑成功收复台湾史料选编》④，不过附注内部发行，体现了那个时代的特

① 王芸生：《台湾史话》，中国青年出版社，1955年版。

② 刘大年、丁名楠、余绳武：《台湾历史概述》，读书、生活、新知三联书店，1962年版。

③ 厦门大学历史系编：《郑成功研究论文集》，上海人民出版社，1965年版。

④ 厦门大学郑成功历史调查研究组编：《郑成功收复台湾史料选编》，福建人民出版社，1962年版，1982年出版增订版。

征。1980年，大陆地区第一个综合性台湾研究机构——厦门大学台湾研究所成立，内设台湾历史研究室，它标志着大陆地区的台湾史进入了专职、系统研究的新阶段，台湾各个时期历史均有了学者进行专门的研究。这一时期较有影响力的成果是陈碧笙的《台湾地方史》① 及其点校出版的台湾史料：杨英《先王实录》②、江日升《台湾外志》③、蒋毓英《台湾府志》④；陈在正、孔立、邓孔昭的《清代台湾史研究》⑤ 及李祖基的《近代台湾地方对外贸易》⑥。此外还有陈孔立的《清代台湾移民社会研究》⑦、施伟青的《施琅评传》⑧。1990年代初江西人民出版社组织的台湾研究丛书陆续出版发行，从而掀起了早期大陆地区台湾史研究的第一次高潮，主要成果如邓孔昭的：《〈台湾通史〉辨误》⑨、杨彦杰的《荷据时代台湾史》⑩、杨友庭的《明郑四世兴衰史》⑪、黄福才的《台湾商业史》⑫，另还有林仁川、黄福才的《闽台文化交融史》⑬ 等等。尤其值得一提的是陈孔立主编的《台湾历史纲要》⑭ 一书，这是由中国史学会、全国台湾研究会发起组织的全国台湾研究学者集体编撰的台湾历史研究专著，是那个时代大陆地区台湾史研究的代表性成果。本世纪初厦门大学出版社还出版了林仁川、黄福才合著的《台湾社会经济史研究》。⑮ 另外，由厦门大学台湾研究所与相关单位合编的台湾史料集也得以发行，如《康熙统一台湾档案史料选辑》⑯、《郑成功档

---

① 陈碧笙：《台湾地方史》，中国社会科学出版社，1982年版。
② 陈碧笙校注：《先王实录》，福建人民出版社，1981年版。
③ 陈碧笙校注，江日升著：《台湾外志》，上海古籍出版社，1986年版。
④ 陈碧笙校注，蒋毓英著：《台湾府志》，厦门大学出版社，1985年版。
⑤ 陈在正、孔立、邓孔昭：《清代台湾史研究》，厦门大学出版社，1986年版。
⑥ 李祖基：《近代台湾地方对外贸易》，江西人民出版社，1986年版。
⑦ 陈孔立：《清代台湾移民社会研究》，厦门大学出版社，1990年版。
⑧ 施伟青：《施琅评传》，厦门大学出版社，1987年版。
⑨ 邓孔昭：《台湾同史辨误》，江西人民出版社，1990年版。
⑩ 杨彦杰：《荷据时代台湾史》，江西人民出版社，1992年版。
⑪ 杨友庭：《明郑四世兴衰史》，江西人民出版社，1991年版。
⑫ 黄福才：《台湾商业史》，江西人民出版社，1990年版。
⑬ 林仁川、黄福才：《闽台文化交融史》，福建教育出版社，1997年版。
⑭ 陈孔立主编：《台湾历史纲要》，九洲图书出版社，1996年版。
⑮ 林仁川、黄福才：《台湾社会经济史研究》，厦门大学出版社，2002年版。
⑯ 厦门大学台湾研究所、中国第一历史档案馆编：《康熙统一台湾档案史料选辑》，福建人民出版社，1983年版。

案史料选辑》①、《郑成功满文档案史料选译》② 等，为史家研究明末清初台湾史提供了珍贵的一手资料。另外还有庄为玑、王连茂编《闽台关系族谱资料选编》③，为我们提供了丰富的福建移民台湾的第一手资料。值得注意的是，对海外学者台湾史研究的翻译介绍工作也开展起来，较具代表性的为何保山的《台湾的经济发展（1860－1970）》④。这一阶段的台湾研究的主要学术园地无疑当数厦门大学台湾研究所编辑出版的《台湾研究集刊》，这是一份大陆台湾研究领域年代最久且迄今最具学术水平的台湾问题研究刊物，颇受大陆台湾研究学界的重视。

从以上对1949－2003年大陆地区台湾史研究的简要描述中，我们可以发现以下几个特点：其一，早在1960年代，大陆地区的台湾史研究就已经初步形成了厦门与北京两个中心；其二，1980年代后，随着厦门大学台湾研究所的成立加上厦门大学历史系长期以来对台湾史的关注，厦门及福建学者业已占据了大陆地区台湾史研究的制高点。而此一时期北京的台湾史研究除了中央民族学院的若干台湾高山族研究外，基本上处于缺失的状况。其三，毋庸讳言的是，政治性因素普遍地存在于台湾史研究的各个领域，当然史料的点校或可除外。北京的中国社会科学院作为国家的最高文科研究机构，在享受丰厚资源的同时理所当然地肩负起一定的政治责任，即顺应着中央对台政策进行必要的学术支持，因此最早的台湾历史小册子出现在中国社会科学院近代史研究所，并非偶然。以厦门为中心的福建学者对台湾历史的关注则更多的出于天然的地缘及文化联系，往早的说，历史上台湾本来就是福建的一部分，即所谓“八闽”之后的“九闽”。台湾的住民也本就是从福建、广东迁徙过去的，其中闽南的漳泉地区民众构成为早期移民的主体。即便是现在走进闽南农村，老年会或宗亲组织拿出的泛黄族谱上，大多记载着某某公在康熙某年或乾隆某年到台湾，寺庙里伴有裂纹的碑刻上说不准就会

① 厦门大学台湾研究所、中国第一历史档案馆编：《郑成功档案史料选编》，福建人民出版社，1986年版。

② 厦门大学台湾研究所、中国第一历史档案馆编：《郑成功满文档案史料选译》，福建人民出版社，1987年版。

③ 庄为玑、王连茂编：《闽台关系族谱资料选编》，福建人民出版社，1984年版。

④ 何保山：《台湾的经济发展（1860－1970）》，上海译文出版社，1981年版。

看到来自台湾的认捐，福建就是这样与台湾有着密不可分的亲缘关系。福建当局现时提出的所谓闽台关系“五缘六求”，若只以政治口号视之未免太不了解闽台两地深厚的渊源历史了。同样的，在台湾历史研究上福建携其天然优势而走在前列，一点也不值得大惊小怪。

二、近年来大陆地区台湾史研究：专著与史料

在谈到本题之前，有必要对目前大陆地区台湾史研究的地理分布来个再认识。首先，历史形成的北京、厦门南北两个中心的模式非但没有改变，且有固化的趋势。这里较具意义的是中国社会科学院台湾史研究中心的成立，这是北京地区第一个专门的台湾史研究机构，依托实体为中国社会科学院近代史研究所台湾史研究室，主要的研究方向是台湾近现代史，负责人为张海鹏与王键研究员，近年来主办了若干次有影响力的学术研讨会。凭借着近代史研究所的雄厚学术积淀，相信该中心有广阔的发展前景。在福建，除了厦门大学台湾研究所升格为台湾研究院，原历史研究室相应升格为台湾历史研究所，并继续在大陆地区台湾历史研究领域处于领先地位外，福建师范大学也成立了闽台区域研究中心，近年主要着力于闽台民间信仰、闽台关系史和涉台福建历史人物的研究，现负责人为谢必震教授。其次，一个时期以来大陆地区台湾研究机构如雨后春笋，到处设立，台湾研究已为显学。但大多数的台湾研究所（或中心）均仅限于研究台湾当代政治经济，涉及台湾历史研究的只有武汉的中南财经政法大学台湾研究所、北京联合大学台湾研究所和福建社会科学院现代台湾研究所等少数几家。就学术研究成果的积累和研究课题的广泛性而言，中部武汉的存在尚不足以撼动台湾历史研究的南北两极地理布局。这与大陆地区台湾研究领域以中国社会科学院台湾研究所和厦门大学台湾研究院南北二所“分庭抗礼”有异曲同工之处。再次，若干学者的个人研究亦应占用相当的地位。在专门的台湾研究学术机构之外，各地还有一些对台湾研究颇有建树的研究者，他们的贡献同样不容忽视。如中国闽台缘博物馆的杨彦杰研究员、福建社会科学院历史研究所的徐晓望研究员等，前者主要研究荷据台湾历史、客家文化及闽台关系史，后者主要研究早期台湾历史、台湾民间信仰和闽台关系史。

近年来的大陆地区台湾史研究应当说成果是丰硕的，其中最引人瞩目的：一是若干重大成果的出炉，二是史料整理工作的重大进展。

台湾史研究成果的代表性论著方面，其一为徐晓望教授的《早期台湾海峡史研究》，全书共分六章，时间跨度从两汉一直到荷据时期，整体而言属海峡两岸关系史的范畴。本书较具特色的是第五章“晚明福建官府对台湾、澎湖的管理及问题”，作者以福建地方史料和明末清初之稀见文献为基础，以晚明福建官民对台湾的经营为切入点，描述了海峡两岸的密切联系，指出早在众所周知的颜思齐、郑芝龙前，袁进、李忠、林谨吾等一批海盗集团就在台湾开展了一系列的商贸活动且建立了自己的据点，同时还揭示福建官方对台湾也给予了强烈的关注，已有在台湾岛开展“屯田”并“郡县彼土”的计划。① 对此笔者亦发表论文进一步佐证：在著名的《东西洋考》作者张燮的文集——《扉云居续集》中披露了以赵秉鉴为首的水师右翼军和厦门、澎湖官军共同结成的联合军队已于万历45（1617）年进驻台湾西南部海岸，建设堡垒，实施管理。换句话说，在荷兰殖民者到来的7年之前，中国政府已经对台湾本岛进行了有效管辖。② 后来许维勤教授也呼应了这一观点。③ 这样一来，中国在台主权与早期台湾历史无疑达成了完美的无缝链接。其二为笔者的《日本殖民统治台湾五十年史》，该书为中国社会科学院中日历史研究中心的重大课题，也是迄今为止海内外学界首部日据时期台湾历史的断代史研究专著。尽管有资料来源不足的先天局限性，但在现有条件下我们还是对日据时期台湾历史开展了全面的研究工作，并就若干重点课题展开深入分析，譬如探讨了民族运动中的阶级斗争问题、中国意识与台湾意识的关系问题、日据时期的海峡两岸关系问题。其中既充分肯定了日据时期台湾民族运动积极意义，又实事求是地指出了其作为本地民族资本和士绅知识分子主导的政治运动的妥协、不彻底的特征。在两岸关系上，利用档案资料重现了割台后海峡两岸经贸关系的再重组过程，和台湾籍民在被日本帝国主义利用来“以台制华”造成的殖民地伤痕，等等。④

---

① 徐晓望：《早期台湾海峡史研究》，海风出版社，2006年版。

② 陈小冲：《张燮〈扉云居续集〉涉台史料钩沉》，《台湾研究集刊》2006年1期。

③ 许维勤：《闽台行政建置关系》，福建人民出版社，2008年版。

④ 陈小冲：《日本殖民统治台湾五十年史》，社会科学文献出版社，2005年版。

在史料的收集整理方面，出现了令人鼓舞的重大进展。首先是2005年由厦门大学人文学院与福建师范大学闽台区域研究中心合编之《台湾史料汇刊》出版发行。我们知道，台湾史研究的基础性史料就是二十世纪五十年代以来台湾银行和台湾省文献委员会编辑出版的《台湾文献丛刊》四百余种，它给台湾历史研究者以莫大的便利。然而由于众所周知的原因，丛刊局限于台湾所藏史料，对大陆地区浩瀚的历史文献未能涉及，这次汇刊收集了大批古籍、档案、民间文献、族谱和契约等十辑近一百余种，它的出版大大地弥补了台湾历史文献资料建设数十年的缺憾。其次是海峡两岸出版交流中心、第一历史档案馆、第二历史档案馆编辑出版的《馆藏民国台湾档案汇编》，它以庞大的档案史料，使得近现代台湾史料的薄弱的局面得到了大的改观，譬如日据时期驻台领事馆开设问题资料、台湾中华会馆资料、光复初期接收资料、善后救济总署台湾资料及"二二八事件"资料等等。史料集达到300册之巨，为研究台湾史提供了翔实的原始史料。①

另外，台湾史的研究专著和史料整理成果还有，许维勤的《闽台行政建置关系》②、陈名实的《闽台儒学渊源》③、麻建敏：《闽台粘氏满族谱牒研究》④、刘登翰的《中华文化与闽台社会》⑤、李理：《日据台湾时期警察制度研究》⑥、褚静涛：《二二八事件实录》⑦。此外，张春英主编的《海峡两岸关系史》（四卷）是大陆首部对台海两岸关系的系统历史回顾，该书特点是着重在1945年后的海峡两岸关系描述，这与毛磊、张春英教授等武汉学者的国共两党关系史研究背景有着相当的关联。⑧ 史料校注方面，有李祖基点校的《巡台录、台湾志略》（清：张嗣昌、尹士俍撰）⑨ 和《蓉洲诗文

---

① 海峡两岸出版交流中心、中国第二历史档案馆：《馆藏民国台湾档案汇编》，九州出版社，2006年版。

② 许维勤：《闽台行政建置关系》，福建人民出版社，2008年版。

③ 陈名实：《闽台儒学渊源》，福建人民出版社，2008年版。

④ 麻建敏：《闽台粘氏满族谱牒研究》，海风出版社，2008年版。

⑤ 刘登翰：《中华文化与闽台社会》，福建人民出版社，2008年版。

⑥ 李理：《日据台湾时期警察制度研究》，海峡学术出版社，2007年版。

⑦ 褚静涛：《二二八事件实录》，海峡学术出版社，2007年版。

⑧ 张春英主编：《海峡两岸关系史》（四卷），福建人民出版社，2004年版。

⑨ 李祖基点校：《巡台录·台湾志略》，香港人民出版社，2005年版。

稿选辑、东宁政事集》（清：季麒光撰）①，史料汇编则有林真编：《台湾义勇队档案史料》②。

近年的大陆地区的台湾史研究日趋活跃，其标志之一就是各地多种规模的台湾史学术研讨会的召开，来自海峡两岸的学者对台湾各个时期历史进行了深入的探讨。诚然，一两场时日短暂的学术会议未必能有什么突破性的成果出现，但学者们相互交流所获取的学术信息和人脉联系，却一定程度上可说是扩大研究视野所必需的。因此，学者在交流学术的同时也收获了“诗外”的工夫。谨将近年台湾史学术会议的概况简列于下：

2004 年，厦门：海峡两岸台湾史学术研讨会。

2004 年，福州：沈葆祯巡台 130 周年学术研讨会。

2005 年，厦门：台湾研究的基础与前沿学术研讨会。

2005 年，长沙：纪念台湾光复 60 周年暨海峡两岸关系学术研讨会。

2005 年，厦门：纪念抗日战争胜利 60 周年暨台湾建省 120 周年学术研讨会。

2006 年，厦门：海峡两岸二二八事件学术研讨会。

2008 年，福州：闽台地缘关系学术研讨会。

2008 年，开封：林献堂、蒋渭水——日据时期台湾历史人物及其时代学术研讨会。

三、近年来大陆地区台湾史研究之结构分析

近年来大陆地区台湾史研究的发展，有突飞猛进之势。我们试将 2004—2008 五年间台湾史研究论文搜索归类，发现居然有台湾史论文 351 篇之巨，这一数字即便是身在大陆台湾史研究圈内自认对该领域有所了解的笔者，也不免有不看不知道的意外之感。况且这一数字仅是初步的统计，肯定还有遗漏的地方（在完成本文之后我们还看到新的文章不及纳入）。都说台湾史研究已成显学，上述数字为此说法增添了有力的佐证。

---

① 李祖基点校：《蓉洲诗文稿选辑·东宁政事集》，香港人民出版社，2006 年版。

② 林真编：《台湾义勇队档案》，福建人民出版社，2006 年版。

我们收集整理的大陆地区台湾史论文为带 CN 刊号的正规学术杂志和正式出版的会议论文集，所以在年份上或有所交叉，譬如 2004 年出版的论文集有可能是之前年份的会议文章，而 2008 年学术会议论文也有可能迄今未及出版，故本文仅以出版年份来作为确定论文收集的依据，这是首先要说明的。以下我们尝试就近年来大陆地区台湾史研究成果进行结构性探讨。

第一，大陆地区台湾史研究的整体状况。在我们收集的 351 篇论文中，有总论 48 篇，早期台湾历史研究 8 篇，荷据时期台湾历史研究 3 篇，郑氏时期台湾历史研究 19 篇，清代台湾历史研究 42 篇，近代台湾历史研究 49 篇，日据时期台湾历史研究 94 篇，光复后台湾历史研究 52 篇，少数民族研究 36 篇。以年代分，2004 年有 77 篇，2005 年有 57 篇，2006 年有 67 篇，2007 年有 35 篇，2008 年有 115 篇。

表 1　2004～2008 年大陆台湾史各断代研究情况

	总论	早期	荷据	郑氏	清代	近代	日据	光复	少数民族
2004	3	1	2	7	13	18	18	8	7
2005	7	2	0	6	2	5	18	10	7
2006	10	3	0	2	12	4	18	10	8
2007	6	0	0	1	3	3	15	5	2
2008	22	2	1	3	12	19	25	19	12
总计	48	8	3	19	42	49	94	52	36

众所周知，大陆地区台湾史研究最早是以郑成功与清代台湾历史为重点的，而由上述统计看来，经历了数十年的发展，逐渐有向近现代历史转移的趋向，尤其是日据时期台湾历史研究更是获得了长足进展。上表数据可见，2004 年来日据时期台湾史研究一直都是以年均 20 篇的相对多的篇数稳定发展，并以总计近百篇居于榜首。这一方面是学术界对于台湾历史上承前启后的日据时期台湾历史越来越重视，另一方面中国社会科学院台湾史研究中心近年对日据时期台湾史研究的推动亦功不可没。

第二，大陆地区台湾史的研究领域。长期以来，大陆地区台湾史研究乃以人物和清代台湾历史为主攻方向，而清代历史中又以政治史（如郑成功收复台湾、康熙统一台湾、林爽文起义、抗法斗争等）、社会史（如移民研究、罗汉脚及流民问题研究、民变或民间械斗研究等）重点面向。承接此一历史传统，近年来大陆地区台湾史研究中人物与政治史、社会史的研究依然得到重视，总体的研究领域构成未发生实质性的改变，其情形有如下表：

表 2　2004～2008 年大陆台湾史研究分年状况

分类 年份	政治史	经济史	社会史	文化教育史	宗教及民间信仰	人物
2004 年	22	8	7	16	1	23
2005 年	20	8	9	9	3	8
2006 年	18	3	21（自然 2）	14	2	7
2007 年	12	3	6	7	2	5
2008 年	32	18	25（自然 1）	20	9	10
总计	104	40	68＋3	66	17	53

总计 351 篇台湾史论文中，政治史 104 篇，社会史 68 篇，人物 53 篇，都是大陆地区台湾史研究的传统领域，不过值得一提的是文化教育史研究的展开，特别是一批文学研究者加入，使得文化史、文学史的研究逐渐兴盛。较为薄弱的环节为经济史和宗教及民间信仰方面。

第三，各断代研究领域之结构性差异。台湾历史上的各个时代由于其各自的时代特点和研究者兴趣及学术训练之不同，而呈现出研究领域上着重点的差别。先看以下统计数据：

表 3　台湾各断代历史研究内容分类

分类 年份	政治史	经济史	社会史	文化教育史	宗教及民间信仰	人物
总论	10	2	15	8	13	0
早期历史	2	2	（自然 3）	0	0	1
荷据时期	0	3	0	0	0	0
郑氏时期	4	5	0	3	1	6
清代早期	6	9	18	4	0	5
近代历史	13	4	6	2	0	24
日据时期	38	9	10	29	3	5
光复后	27	4	4	10	0	7
少数民族	4	2	15	10	0	5

台湾各时期历史研究中的一个普遍规律，乃是政治史研究的独树一帜，以总论、近代、日据、光复后等时代而论，政治史的研究所占比例始终位居前列，总论中民间信仰的篇数略为居前，乃源于论文归类时将妈祖、王爷信仰等划归于此而导致；近代台湾史中人物研究较多的原因是正好有沈葆祯巡台及台湾建省纪念研讨会，造成人物类论文骤然增多。政治史研究的热络，其实并不令人诧异，收复台湾、抗日斗争、殖民统治等等，无不与政治有关，同时也是与台湾历史两次殖民地历史遭遇、反抗外来侵略的激烈斗争乃至两岸众所周知的政治现实等等密不可分，政治与学术之纠缠密结，放眼历史学科恐无过于此。

四、台湾史若干重要论文介绍

如上所述，2004－2008 年间大陆地区台湾史研究就有约 350 余篇的论文，仅仅是台湾这样一个历史不太久的地方历史呈现出如此热络的情形，这在以往是不可想象的。不但是数量的突飞猛进，经过史学工作者的不懈努力，台湾史的研究水平较也有了相当程度的提高，以下我们就中选取若干较为重要的论文予以简要介绍，选取的标准为发表在文科顶级刊物上的文章。

郝时远：《荷兰殖民占领时期台湾原住民人口辨析》（《历史研究》2004 年 2 期）。荷据时期历史一直都是大陆学界台湾史研究的薄弱环节，该文是有关荷据历史研究的一篇较有分量的论文。作者认为，台湾历史文献中对于少数民族人口较具系统性的记载是在荷据时代，不过学界对这一时期少数民族的人口规模及其消长缺乏研究，以至于有人人为地夸大了少数民族人口的基数，以为所谓的“台湾民族论”张目。文章指出，根据荷兰殖民统治时期的相关文献和“番社”户口调查资料，台湾少数民族纳入统计的人口约为 5 至七万人。荷兰退出台湾时，全岛少数民族人口约为 11.83 万－15.8 万人，由于疾疫的流行、荷兰殖民者的屠杀、部落之间的争斗及自然灾害等原因，造成少数民族人口的锐减。最后他说，那种认为荷兰殖民统治时期台湾少数民族人口基数为 50 万人的说法，是不符合历史事实的。

作者采行的方法是统计出荷兰殖民统治时期的村社数量、各村社的平均人口，然后估算出当时台湾少数民族人口的总量。这一方法虽无法准确计算出当时少数民族的数量，但作为大致的估算还是简便有用的。文章所使用的史料为《荷兰人在福尔摩萨》、《巴达维亚城日记》及清代台湾地方志，并大量参考了中村孝志、村上直次郎的研究成果，应该说中西史料兼备，但仍如我们说过的，西方资料多为译著，一手的直接史料尚嫌不足。最后，文章驳斥的有人肆意夸大少数民族人口基数的论调，就我所知，此论并非台湾学术界主流，且就其所引内容看，乃是少数网络文章，这至少是不那么值得认真对待的靶子。

郝时远：《清代台湾原住民赴大陆贺寿朝觐事迹考》（《中国社会科学》2008 年 1 期）。这是一篇清代台湾史、少数民族研究的力作，作者挖掘了雍正、乾隆年间台湾少数民族三次赴大陆贺寿、朝觐事件，认为尽管三次事件的缘由、背景不同，但均属于清代台湾“理番”事务中的重要事件。雍正年间经历了大甲西社少数民族反抗事件后，地方官员组织番社首领赴省“恭祝皇上万寿”，但并未得到雍正帝的认同，反而斥之为“虚浮事也”。不过，这次事件实际乃官府平息“番乱”后的宣恩抚番之策，它开启了台湾少数民族通过官方渠道赴大陆参访的先声，是朝廷与少数民族在皇朝仪轨范畴互动的开端。乾隆年间有两次的台湾少数民族赴京朝觐事件，第一次是在镇压林爽文起义后，福康安奏请“照四川屯练土司之例”令“生番”进京朝觐。第二次是乾隆五十八年皇帝“八旬万寿”，台湾南北中三路十二番社首领分别在北京和承德入觐朝见，乾隆帝并还表扬了台湾番社在平定林爽文起义中的功劳，赞赏其倾心向化。这两次觐见可说是清政府“理番”政策剿抚并重之策中施恩有加的高峰，它标志着理番政策一定程度的变革，对后来的影响较大。

让人感兴趣的是，文章中还谈及镇压林爽文起义时福康安力主征调四川屯练藏人两千人赴台征讨一事，据说这些屯练在战斗中发挥了很大的作用。在善后处理朝觐事件中福康安又特意提到了的“四川屯练土司”，这是平定大小金川后在当地推行的一种由降番丁壮组成的地方少数民族武装制度，日常从事生产，有事随军调遣。这一制度与台湾的番屯、番丁制究竟有着怎样的关联性，史学界似尚未见详细的探讨，值得关注。

除了上面两篇论文外，较为重要的还有李祖基的《大陆移民渡台的原因与类型》（《台湾研究集刊》2004 年 3 期）、笔者的《台湾 1937：皇民化运动与林献堂》(《台湾研究集刊》2008 年 4 期)和许维勤的《新发现乾隆时期台湾彩绘地图之考证》(《台湾研究》2008 年 4 期)等。

五、大陆台湾史研究存在的问题与展望

通过上述分析我们应当可以得出一个基本的结论，近年来大陆地区台湾史研究已经步入了一个崭新的发展历程，其中最突出的一点是全国各地有了众多研究者的加入，这从发表台湾史论文的杂志和作者所在地的广泛性可见一斑。不过，从研究的深入性和论文品质而论，仍然以福建及北京南北两地为重镇。

纵观近年来大陆地区台湾史研究，我们觉得存尚存在着以下若干问题亟待解决：

(1) 各个历史时期研究的不平衡。正如我们前面提到过的那样，早期大陆地区台湾史研究较多的集中于人物和清代的研究，而近年来来有着朝近现代历史靠拢的趋势，反映为近代、日据和光复后三个历史时期的研究得到了更为广泛的开展。诚然，各个时期学者们的研究重点有所不同乃是正常的现象，但从长期以来大陆地区台湾史研究的规律性特征来看，各断代历史研究此消彼长过程中，早期历史和荷据时期无疑是历年来最薄弱的环节。早期台湾研究涉及考古学、人类学和古文献的发掘整理工作，由于台湾地区考古在近年来并无新的重大发现（或者说台湾历史自身的原因难以有新的重大发现），导致学者们在讨论远古时代台湾历史时，甚至仍然使用数十年学者前的资料，如张光直（在大陆发表时以笔名韩起）的考古论述等。荷据时期的台湾史研究之所以得不到大的发展，则纯粹属于客观因素造成的。其中最大的障碍就是语言问题，古荷兰语自不必说，就是现代荷兰语在大陆史学界也只能用“查无此人”来戏称了。基于同样的原因，西班牙占据台湾北部历史的研究，则更是难言进展。虽然有早期的村上直次郎、中村孝志等日本学者及近年来来台湾、荷兰学者对荷兰、西班牙史料的整理和翻译以供研究之需，但作为专业研究人员倘若只能陷于无法阅读原文且等米下锅的境地而无主动权的话，那么此类研究局限性之大便可想而知了。当然也不至于就此无所作为，利用明末清初福建文献，我们依然可就当时大陆与

台湾在政治、经济等各个方面的互动关系做一一梳理，乃至于在人名、地名的考证上与荷西文献相印证，这方面的工作事实上也正是有研究者在进行着的。

（2）研究水平参差不齐。尽管台湾史研究在大陆各个地区日渐广泛的开展了起来，但研究水平仍处于一种不平衡的状态之下。这种不平衡现象的产生，既有研究者自身对台湾历史的认识和科研能力的局限，也有史料收集的不易这一客观原因的存在，因为内地科研机构或图书馆的台湾史资料收藏和积累是大多是相当有限的。反映在台湾史研究中出现了较多空洞无物或泛泛而谈的文章，类似因原始资料缺乏而大量使用二手转引史料的现象也较为常见。不客气地说，我们还发现若干论文存在引用他人成果不加注释、过度引用他人成果或明显是转引二手资料却直接按一手资料加注处理等等学术不端行为，在此呼吁学界对此应严格予以规范。另外，由于以往大陆地区多数高校要求在学硕士生、博士生必须发表一至两篇论文才能参加答辩，这一硬性规定使得个别学生不得不投机取巧地以缴交版面费的办法发表论文，而收到版面费的某些杂志则对论文水平把关不严，从而人为制造了一批学术垃圾。当然，这一现象不单单是台湾史研究领域独有的。随着该制度广受社会诟病，许多高校已经取消此规定，被逼而作的所谓论文少了，有感而发的文章多了，唯如此将来台湾史研究的学术环境方可得到大的净化。

（3）研究领域偏颇状况较为严重。在台湾史研究中，政治史、文化史和人物研究较为兴盛，社会史和民间信仰的研究也得到一定的发展，但经济史的研究则为薄弱环节。以往的台湾经济史研究主要集中于郑氏时期和清代，譬如郑氏海商集团、移民渡台、开垦开发、水利建设、郊商贸易等等，而其他台湾历史时期的经济史研究就显得明显的不足了，荷据时期是如此，近代历史除了早期李祖基的《近代台湾地方对外贸易》外，迄今亦未见有分量的著述出现；日据时期也是大致相同，经济史论文数量少，且多为现象描述之作，深入探讨而有突破者稀见。光复后的经济史研究，大多仅是为了找寻二二八事件背后的经济因素，针对那个时代的社会经济运行机制和微观经济透析，则做得十分不够。另外值得注意的是，相对于文学评论家之于台湾文学史、文化史研究的努力，经济学科的学者对台湾史研究的参与明显不足。因此，台湾经济史变成了史学圈自己房前屋后的一亩三分地，缺乏不同学科之间的融汇交叉，这对于研究方法创新和视野的开拓，都是相当不利的。

说实话，展望大陆地区台湾史研究远景这样的任务委实有点强人所难，因为我们都只不过是历史的研究者而非未来的预言家。不过，“温故而知新”，从近年来大陆台湾史研究的简单回顾中，我们还是能够就未来的若干可能性做出一定程度的预测。一是越来越多的学者介入台湾史研究是一个大的趋势。由于诸多的因素，内地学者对台湾史研究的兴趣日渐浓厚，这从几次学术会议上的学者名单上我们都可以感受得到。二是年轻一代研究者的兴起。在不少高校和研究机构博硕士生中，以台湾史作为研究选题的越来越多，就笔者看到的博硕士学位论文来看，厦门大学、福建师范大学、中央民族学院乃至江西、武汉、广东等地都有，他们当中有一部分人今后将从事（或兼职从事）与台湾史研究有关的工作，为研究队伍的传承补充新鲜血液。三是与台湾历史学界的交流将得到大的发展。近年来两岸台湾史研究的交流十分频繁，学者们穿梭往来，但迄今为止两岸学界的交流仅止于人员互访、参加对方的学术会议等浅层次交流上，深入的实质性的合作研究并不多见，展望未来期待能够有进一步的进展。四是研究特色之发挥将得到加强。与台湾学者相比较，大陆地区台湾史研究面临先天不足，那就是资料的缺乏和总体研究水平在一定程度的差距。不过，台湾毕竟是数百年来与大陆有行政隶属性等等密切联系。诸多的官方档案资料、官员或游历者的记载、私家契约族谱等等，在大陆仍有相当数量的留存，大陆学者携地利之便挖掘整理这些资料以为两岸学者研究台湾史共享，相信也是一件有特色、有意义的工作。

附：

总　论

1. 王冠玺：《台湾历史观的拨乱反正》，《湖北大学学报（哲学社会科学版）》2005年5期。
2. 徐鲁航、薛军力：《台湾文化的形成与特点》，《汕头大学学报（人文社会科学版）》，2006年。

3. 汪小平：《“台湾民族论”与台湾史论述——以王育德〈台湾：苦闷的历史〉为例探讨》，《中国社会科学院近代史研究所青年学术论坛（2006 年卷）》，2006 年。
4. 王宏：《略论明清时期福建传统汉族民俗在台湾的传播》，《地缘、根缘、家园——闽台地缘关系研究论文集》，2008 年。
5. 林震明：《族谱与闽台文化交流》，《地缘、根缘、家园——闽台地缘关系研究论文集》，2008 年。
6. 张文彪：《“道东之传”——明清时期儒学在台湾的传入》，《福建论坛（人文社科）》，2008 年 1 期。
7. 吴敏霞：《论台湾佛教的历史渊源》，《佛学研究》，2005 年。
8. 黄海德：《台湾道教的历史、现状及其宗教特征》，《宗教学研究》2005 年 2 期。
9. 李国梅、卿希泰：《论道教对台湾民间信仰的影响》，《厦门大学学报》2007 年 4 期。
10. 刘大可：《传承与变迁：海峡两岸客家民间信仰的比较》，《福建省社会学 2008 年会论文集》，2008 年。
11. 周雪香：《民间信仰与移民社会——以台湾的闽粤客家移民为例》，《赣南师范学院学报》2008 年 2 期。
12. 黄辉金：《关帝文化在台湾的传播和影响》，《福建史志》2006 年 3 期。
13. 姜红星：《明清时期妈祖信仰传台过程及影响寻踪》《东南传播》2008 年 1 期。
14. 金文亨、彭程：《妈祖文化在台湾的传播》，《地缘、根缘、家园——闽台地缘关系研究论文集》，2008 年。
15. 王秀华：《泉台民间信仰人文性探讨》，《福建论坛（社科教育版）》，2008 年 S2 期。
16. 范正义：《民间信仰与历史记忆的形成——以闽台保生大帝信仰的祖宫记忆为例》，《华侨大学学报》2007 年 4 期。
17. 徐义强：《闽台王爷信仰的起源与嬗变》，《地缘、根缘、家园——闽台地缘关系研究论文集》，2008 年。
18. 陈萍：《崇蛇习俗与闽台渊源关系探析》，《福建史志》2008 年 4 期。
19. 俞黎媛：《闽台地区神灵崇拜的生态学分析》，《福建师范大学学报》2008 年 3 期。
20. 谢重光：《客家文化在台湾的承传》，《华侨大学学报（哲学社会科学版）》，2004 年 4 期。
21. 许维勤：《历史视野下的台湾海峡文化圈》，《东南文化》2006 年 5 期。
22. 庄礼伟：《百年来台湾文化的源流、属性与变迁》，《东南亚研究》2005 年 3 期。
23. 赵云田：《台湾建省以来和大陆的文化联系》，《割让与回归：台湾光复 60 周年暨海峡两岸关系学术研讨会论文集》，2008 年。

24. 张春英：《台湾百年历史变迁与国共两党关系》，《党史研究与教学》2007 年 2 期。
25. 郭上人：《闽台的家族文化传承》，《福建史志》2006 年 3 期。
26. 古远清：《台湾文学与祖国大陆的历史渊源》，《学习与实践》2008 年 3 期。
27. 陈光辉：《台湾漳籍移民的祖先崇拜及其意义》，《现代台湾研究》2005 年 6 期。
28. 张日庆：《从谱牒看海峡两岸闽南人的渊源关系》，《福建史志》2004 年 5 期。
29. 郑宗太：《从地名看福建移民的故土情结》，《福建师大福清分校学报》2006 年 3 期。
30. 许正文：《历史时期大陆向台湾的移民与往来》，《地缘、根缘、家园——闽台地缘关系研究论文集》，2008 年。
31. 林国平：《闽台关系论纲》，《福建师范大学学报》2007 年 2 期。
32. 汪毅夫：《闽台关系史丛谈》，《东南学术》2006 年 1 期。
33. 汪毅夫：《闽台社会史札记》，《台湾研究集刊》2005 年 3 期。
34. 翁英：《明清时期闽台海岛文化初探》，《福建史志》2008 年 5 期。
35. 许正文：《侧论台湾是中国的神圣领土——从台湾名称的由来和和演变说起》，《陕西师范大学继续教育学报》2004 年 1 期。
36. 陈榕三：《福建经略台湾历史经验启示》，《现代台湾研究》2008 年 2 期。
37. 刘锡涛、于亚娟：《台湾历史时期行政区划漫谈》，《福建史志》2007 年 2 期。
38. 谢德优：《台湾政区史略》，《地缘、根缘、家园——闽台地缘关系研究论文集》，2008 年。
39. 卢美松：《从台湾地方志编修看国家主权行使》，《台湾建省与抗日战争——纪念抗日战争胜利 60 周年暨台湾建省 120 周年学术研讨会论文集》，2008 年。
40. 陈榕三：《闽台历史上的直接三通》，《现代台湾研究》2008 年 3 期。
41. 陈榕三：《闽台地缘与对渡港口历史关系》，《地缘、根缘、家园——闽台地缘关系研究论文集》，2008 年。
42. 张环宙：《从台湾历史人口的构成看台湾与祖国大陆的渊源关系》，《安徽师范大学学报（自然科学版)》2005 年 4 期。
43. 陈长安：《渊源深远的漳台关系》，《福建史志》2006 年 6 期。
44. 石狮市委党史研究室：《宝岛之根——石狮与台湾的关系》，《福建党史研究》2006 年 7 期。
45. 蔡尔輦：《石狮、台北隔海峡、两个洋坑根连根》，《福建党史研究》2006 年 7 期。
46. 林其泉：《从茶叶生产看台湾与福建的密切关系》，《福建史志》2008 年 6 期。
47. 郭双燕：《1946 年前闽台两省中药材的交流》，《福建中药学院学报》2007 年 4 期。
48. 胡文生：《中国历史上三次收复台湾之比较及其启示》，《北京联合大学学报（人文社会科学版）》2008年1期。

早期台湾历史

1. 林仁川、黄俊凌：《从古地理学和考古学论大陆与台湾的地缘关系》，《地缘、根缘、家园——闽台地缘关系研究论文集》，2008年。
2. 孙英龙：《从闽台动物化石看两岸亲缘关系》，《东南文化》2006年2期。
3. 陈毅峰、陈宜瑜、何德奎、隋晓云：《台湾海峡两岸生物地理学现状与展望》，《动物学杂志》2006年1期。
4. 陈榕三：《古越人浮海东渡移民台湾探讨》，《现代台湾研究》2005年5期。
5. 陈孔立：《澎湖不属同安考》，《台湾研究集刊》2005年2期。
6. 陈小冲：《张燮〈扉云居续集〉涉台史料钩沉》，《台湾研究集刊》2006年1期。
7. 何池：《略论颜思齐的开台事功及其历史意义》，《漳州师范学院学报》2004年2期。
8. 何池：《"台湾"之称与大陆开发台湾的历史渊源关系》，《地缘、根缘、家园——闽台地缘关系研究论文集》，2008年。

荷据时期台湾历史

1. 陈小冲：《十七世纪的御朱印船贸易与台湾》，《台湾研究集刊》2004年1期。
2. 郝时远：《荷兰殖民占领时期台湾原住民人口探析》，《历史研究》2004年2期。
3. 刘建涛：《荷据时期大陆汉民有组织移台及其影响》，《安康学院学报》2008年1期。

郑氏时期台湾历史

1. 邓孔昭：《明郑台湾建置考》，《台湾研究集刊》2004年3期。
2. 靳维柏：《论沿海文化——兼论以郑成功为代表的郑氏政权的文化特征》，《东南文化》2004年1期。
3. 张太新：《浅析郑成功收复台湾及其政权败亡之原因》，《太原城市职业技术学院学报》2004年2期。
4. 黄新宪：《明郑时期台湾的教育与科举》，《教育理论与实践》2004年21期。
5. 陈洋：《关于朱成功三个历史问题的探讨》，《台湾研究集刊》2005年3期。
6. 高致华：《台湾地区郑成功信仰之历史研究》，《史学集刊》2006年5期。
7. 余丰：《从明末清初郑氏的海上经营看中国古代的海权维护》，《福建省首届海洋文化学术研讨会论文集》，2007年。
8. 王恩重：《17世纪郑氏海商集团地位论》，《学术月刊》2005年8期。

9. 徐翠红：《明末清初郑氏三代与日本贸易》，《第三届闽南文化学术研讨会论文集（下）》，2005 年。
10. 张曙光：《郑成功父子对台湾经济发展和安全的影响》，《甘肃行政学院学报》2004 年 1 期。
11. 张维义：《郑氏军队屯垦及其对台湾地名的影响》，《福建论坛（人文社会科学版）》2008 年 6 期。
12. 李天赐：《泉州人民参加郑成功抗清复台斗争与台湾文化建设》，《黎明职业大学学报》2004 年 2 期。
13. 陈名实、林国平：《郑成功的儒学思想及其影响》，《闽台文化研究》，2006 年。
14. 林联华：《郑成功复台船队来源初探》，《福建史志》2008 年 3 期。
15. 邓孔昭：《郑成功在闽西北地区的抗清活动与“延平王”爵号的由来》，《福建论坛（人文社会科学版）》2005 年 12 期。
16. 寒冬：《性格的悲剧——熟论郑成功和施琅从合作到对抗的个性因素》，《贵州文史丛刊》2005 年 3 期。
17. 徐晓望：《论郑成功与施琅发生冲突的原因》，《福建论坛（人文社会科学版）》2005 年 11 期。
18. 孙国政：《论姚启圣对郑氏集团的招抚》，《贵州文史丛刊》2008 年 1 期。
19. 马东玉：《郑经叛国据台覆灭记》，《决策与信息》2004 年 3 期。

清代台湾历史

1. 李祖基：《大陆移民渡台的原因与类型》，《台湾研究集刊》2004 年 3 期。
2. 周典恩：《也谈明清时期大陆移民渡台的原因与类型》，《湛江师范学院学报》2008 年 4 期。
3. 孙清玲：《清政府对台湾劳动力资源的配置》，《福建师范大学学报》2006 年 6 期。
4. 邓孔昭：《台湾移民史研究中的若干错误说法》，《台湾研究集刊》2004 年 2 期。
5. 周典恩：《清代汉人移垦台湾的原因与类型辨析》，《皖西学院学报》2008 年 4 期。
6. 丁玲玲：《清代前期移民开垦台湾对泉州的影响》，《地缘、根缘、家园——闽台地缘关系研究论文集》，2008 年。
7. 江春晖：《浅谈康熙统一台湾的现实意义》，《桂林师范高等专科学校学报》2006 年 4 期。
8. 姜亚沙：《清代有关福建台湾奏议研究》，《图书馆》2008 年 3 期。
9. 赵书刚：《清朝在台湾的施政建设》，《北京大学学报（哲学社会科学版）》2004 年

1 期。
10. 黄腾华、李小稳：《清代台湾地区的妈祖碑刻述论》，《福建省社会主义学院学报》2008 年 1 期。
11. 徐文彬：《清代台湾慈善事业简析》，《福建省社会主义学院学报》2008 年 4 期。
12. 卢建一：《试论清代闽台区域一体化的形成》，《东南学术》2004 年 2 期。
13. 李春光：《清康熙时与台湾郑氏之和战及其历史启示》，《辽宁大学学报（哲学社会科学版）》2005 年 3 期。
14. 郑以灵：《浅论康熙朝海峡两岸的和谈》，《福建论坛（人文社会科学版）》2004 年 5 期。
15. 吴温暖：《施琅〈恭陈台湾弃留疏〉的战略指导价值》，《厦门大学学报（哲学社会科学版）》2004 年 1 期。
16. 蒋素芝：《论康雍乾时期台湾儒学的区域性特征》，《韶关学院学报》2007 年 2 期。
17. 李颖：《清代台湾儒学文化的地域分布原因》，《福建史志》2006 年 6 期。
18. 陈名实：《清治以后台湾朱子学的兴起》，《厦门大学学报》2007 年 6 期。
19. 刘新惠：《论清领台湾时期闽台之间的商贸往来及其影响》，《沧桑》2008 年 6 期。
20. 丁玲玲：《清代泉台贸易对泉州沿海港口的影响》，《福建论坛》（社科教育版）2008 年 2 期。
21. 丁玲玲：《清代泉台郊商的善举》，《泉州师范学院学报》2008 年 5 期。
22. 汪毅夫：《清代台湾的幕友》，《东南学术》2004 年 1 期。
23. 黄跃荣：《清代台湾的盂兰会刍议》，《现代台湾研究》2006 年 1 期。
24. 汪毅夫：《林树梅作品里的闽台地方史料》，《台湾研究集刊》2004 年 1 期。
25. 汪毅夫：《讼师唆讼——清代闽省内地和台地的社会问题》，《厦门大学学报》，2006 年 2 期。
26. 汪毅夫：《闽台地方史料丛抄——拙稿续证录》，《福建师范大学学报》2006 年 4 期。
27. 陈支平：《从碑刻、民间文书等资料看福建与台湾的乡族关系》，《台湾研究集刊》2004 年 1 期。
28. 杨彦杰：《追寻祖先——闽台〈江氏祖谱〉的比较分析》，《福建师范大学学报》2007 年 6 期。
29. 孙晟、舒萍：《从族谱看清代闽南赴台移民家庭——以〈南靖书洋书山派萧氏族谱〉为蓝本分析》，《求索》2006 年 3 期。
30. 卢建一：《从清代方志看台湾岛民俗》，《地缘、根缘、家园——闽台地缘关系研究论文集》，2008 年。

31. 刘正刚、刘文霞：《从清代方志看河南人与台湾开发的关系》，《中国地方志》2004年11期。
32. 许维勤：《新发现乾隆时期台湾彩绘地图之考证》，《台湾研究》2008年4期。
33. 刘殊芳：《闽籍士绅对清代台湾社会的影响》，《教育评论》2008年6期。
34. 杨彦杰：《客家移民台湾的历史记忆》，《福建论坛（人文社科版）》2005年12期。
35. 陈孔力：《乾隆年间台湾刑案与社会生活》，《台湾研究集刊》2004年4期。
36. 周翔鹤：《关于"垦首"及"垦首制"研究的订正与补充》，《台湾研究集刊》2006年4期。
37. 李云章：《闽台民间械斗的比较与研究》，《福建史志》2006年5期。
38. 刘仲华：《清代首任巡台御史黄叔璥生平及其学术成就简述》，《唐都学刊》2006年6期。
39. 杨先保：《论蓝鼎元经营台湾的主张》，《武汉理工大学学报（哲学社会科学版）》2006年4期。
40. 李祖基：《尹士琅与〈台湾志略〉》，《中国地方志》2004年1期。
41. 康玉庆：《缅怀历史先贤、弘扬晋阳文化——纪念杨二酉诞辰300周年》，《太原大学学报》2006年3期。
42. 方英：《试论姚莹对台湾游民的整治》，《历史档案》2004年2期。

近代台湾历史

1. 吴巍巍：《近代闽台地区樟脑贸易述论》，《福建省社会主义学院学报》，2008年2期。
2. 杨国桢：《林则徐与台湾》，《台湾研究集刊》2004年3期。
3. 陈俱：《"船政—福建—台湾三位一体"复议》，《地缘、根缘、家园——闽台地缘关系研究论文集》，2008年。
4. 叶伟奇：《沈葆桢开发台湾东部的战略意义》，《福建史志》2005年3期。
5. 李理：《李仙得为日本政府提出的"攻台计划书"》，《割让与回归：台湾光复60周年暨海峡两岸关系学术研讨会论文集》，2008年。
6. 萧致治：《日本首次侵台与沈葆桢巡台抚台》，《沈葆桢生平与思想——沈葆桢巡台130周年学术研讨会论文集》，2004年。
7. 方毓宁：《铁锚固海疆——沈葆桢的海防思想与保台措施》，《沈葆桢生平与思想——沈葆桢巡台130周年学术研讨会论文集》，2004年。
8. 高晓星：《中国海军甲戌巡台述评》，《沈葆桢生平与思想——沈葆桢巡台130周年学术研讨会论文集》，2004年。

9. 王尔敏：《论沈葆桢巡台之交涉与设防》，《沈葆桢生平与思想——沈葆桢巡台 130 周年学术研讨会论文集》，2004 年。

10. 史滇生：《沈葆桢和台湾防务》，《沈葆桢生平与思想——沈葆桢巡台 130 周年学术研讨会论文集》，2004 年。

11. 钱立勇：《论沈葆桢驱日保台的斗争策略》，《沈葆桢生平与思想——沈葆桢巡台 130 周年学术研讨会论文集》，2004 年。

12. 钱春霞：《台湾事件与清政府反应》，《沈葆桢生平与思想——沈葆桢巡台 130 周年学术研讨会论文集》，2004 年。

13. 沈骏：《论沈葆桢与清廷保卫台湾决策的分歧》，《沈葆桢生平与思想——沈葆桢巡台 130 周年学术研讨会论文集》，2004 年。

14. 季云飞：《沈葆桢“治台”政策述论》，《沈葆桢生平与思想——沈葆桢巡台 130 周年学术研讨会论文集》，2004 年。

15. 张瑞娟、经盛鸿：《试论沈葆桢的治台政策》，《沈葆桢生平与思想——沈葆桢巡台 130 周年学术研讨会论文集》，2004 年。

16. 孙佳：《沈葆桢治理台湾平地民政策》，《沈葆桢生平与思想——沈葆桢巡台 130 周年学术研讨会论文集》，2004 年。

17. 赵国营：《台湾近代化的先驱——沈葆桢》，《沈葆桢生平与思想——沈葆桢巡台 130 周年学术研讨会论文集》，2004 年。

18. 张继东：《沈葆桢巡台与台湾的近代化进程》，《沈葆桢生平与思想——沈葆桢巡台 130 周年学术研讨会论文集》，2004 年。

19. 朱宝琴：《浅析沈葆桢在闽台的洋务实践》，《沈葆桢生平与思想——沈葆桢巡台 130 周年学术研讨会论文集》，2004 年。

20. 崔之清：《晚清台湾建省考论》，《台湾建省与抗日战争研究：纪念抗日战争胜利 60 周年暨台湾建省 120 周年学术研讨会论文集》，2008 年。

21. 邓孔昭：《试论刘铭传的台湾建省方案》，《台湾研究集刊》2005 年 4 期。

22. 李祖基：《台湾建省的历史进程》，《台湾建省与抗日战争——纪念抗日战争胜利 60 周年暨台湾建省 120 周年学术研讨会论文集》，2008 年。

23. 胡沧泽：《台湾建省与福建地方行政管理体制的变迁》，《台湾建省与抗日战争——纪念抗日战争胜利 60 周年暨台湾建省 120 周年学术研讨会论文集》，2008 年。

24. 邓孔昭：《台湾建省与福建协饷》，《台湾建省与抗日战争——纪念抗日战争胜利 60 周年暨台湾建省 120 周年学术研讨会论文集》，2008 年。

25. 宋淑玉：《台湾建省及其意义》，《台湾建省与抗日战争——纪念抗日战争胜利 60 周年暨台湾建省120周年学术研讨会论文集》，2008年。
26. 郑镛：《论台湾建省前后国家与社会的互动——以板桥林家、雾峰林家为研究对象》，《台湾建省与抗日战争——纪念抗日战争胜利60周年暨台湾建省120周年学术研讨会论文集》，2008年。
27. 陈俱：《丁日昌在台湾建省过程中的贡献》，《台湾建省与抗日战争——纪念抗日战争胜利60周年暨台湾建省120周年学术研讨会论文集》，2008年。
28. 徐斌：《从〈闽省会报〉看福建人民对台湾建省的关注》，《台湾建省与抗日战争——纪念抗日战争胜利60周年暨台湾建省120周年学术研讨会论文集》，2008年。
29. 柴生高：《浅谈刘铭传在台湾建设中的创新》，《哈尔滨学院学报》2005年9期。
30. 何伟福、吴静：《刘铭传的商务思想及其在台湾的实践》，《甘肃联合大学学报（哲学社会科学版）》2008年4期。
31. 来新夏：《刘铭传与台湾开发——兼论历史人物评价应从大节着眼》，《探索与争鸣》，2006年5期。
32. 陈九如：《刘铭传人才思想论析》，《安徽商贸职业技术学院学报（社会科学版）》2007年4期。
33. 沈和江：《刘铭传抚台期间筹办铁路事体考论》，《河北师范大学学报（哲学社会科学版）》2004年5期。
34. 徐翠红：《刘铭传经营基隆煤矿之探讨》，《台湾建省与抗日战争——纪念抗日战争胜利60周年暨台湾建省120周年学术研讨会论文集》，2008年。
35. 叶纲：《百余年来1874年日本侵台事件研究述评》，《军事历史研究》2008年1期。
36. 陈双燕、唐晓淘：《近代中国的挑战与机遇——从福建船政局与1874年日本侵台事件的关系看晚清的近代化》，《厦门教育学院学报》2004年3期。
37. 张彦辉：《中法战争中南洋水师援台备战略论》，《高校社科信息》2005年3期。
38. 张孙彪、王民：《中法战争时期清政府在“台湾封锁”问题上的外交努力》，《台湾研究集刊》2006年1期。
39. 谢俊美：《从台湾建省到台湾割让的历史反思》，《盐城师范学院学报（人文社会科学版）》2006年1期。
40. 毛力坤、张金苹：《晚清时期香港与闽台地区的贸易关系》，《中国社会经济史研究》2008年3期。
41. 柯平：《甲午战争与日本割台计划的实施》，《东岳论丛》2004年3期。
42. 戚其章：《日本割台与列强》，《割让与回归：台湾光复60周年暨海峡两岸关系学术研讨会论文集》，2008年。

43. 陈名实、林国平：《台湾儒学传统与反割台斗争》，《台湾建省与抗日战争——纪念抗日战争胜利60周年暨台湾建省120周年学术研讨会论文集》，2008年。
44. 徐翠红、何丙仲：《马革倘能归故里、招魂应向日南洲——易顺鼎反割台始末》，《台湾建省与抗日战争——纪念抗日战争胜利60周年暨台湾建省120周年学术研讨会论文集》，2008年。
45. 惠翔宇、齐春晓：《台湾民主国历史上下限研究》，《哈尔滨学院学报》2008年6期。
46. 刘学照；《论丘逢甲诗中的“新中国”思想》，《厦门大学学报》2005年2期。
47. 汪毅夫：《台湾内渡文人与清末民初社会变迁和社会问题——以台湾进士许南英、丘逢甲和汪春源为例》，《台湾研究集刊》2006年1期。
48. 汪毅夫：《赤脚婢女、奶丫头及其它——从晚清诗文看闽台两地的錮婢之风》，《福州大学学报（哲学社会科学版)》2007年1期。
49. 黄乃江：《从〈诗畸〉看清末台湾社会》，《台湾研究集刊》2007年4期。

日据时期台湾历史

1. 来新夏：《日本帝国主义对台湾的统治》，《福建论坛（人文社会科学版)》2006年10期。
2. 李艾丽：《日据时期日本对台湾的殖民统治》，《学术论坛》2004年2期。
3. 汪思涵：《日据时期台湾民间状况与“殖民地近代性”》，《东南学术》2006年2期。
4. 秦美婷、汤书昆：《1895－1898年日本售台言论的形成与舆论影响》，《台湾研究集刊》2006年1期。
5. 王键：《日本殖民统治对近代台湾社会经济进程的影响》，《纪念七七事变70周年学术研讨会论文集》，2007年。
6. 周翔鹤：《日据前期在台湾日本人的工商业活动》，《台湾研究集刊》2006年2期。
7. 吴本荣：《试析日本据台时期对台农业移民及其危害》，《中国社会经济史研究》2005年3期。
8. 于亚娟：《试论殖民时期台湾甘蔗种植业的发展》，《广西农学报》2006年5期。
9. 唐次妹：《日据时期台湾的“市区改正”及其对城镇发展形态的影响》，《台湾研究集刊》2005年4期。
10. 范建满：《日据时期台湾警察与经济殖民政策之推进》，《中国社会经济史研究》2008年1期。
11. 白纯：《抗战时期在台日本殖民政府的经济政策及其对战后台湾经济的影响》，《民国档案》2005年3期。

12. 冯国华：《对日索赔索赔问题之相关史料介绍——以日据时期台湾地区发行之马克债券为例》，《中国近现代史史料学国际学术研讨会论文集》，2004 年。
13. 陈耕、吴慧颖：《日本侵略者对台湾文化政策的演变及其恶果——纪念台湾光复 60 周年》，《台湾建省与抗日战争研究：纪念抗日战争胜利 60 周年暨台湾建省 120 周年学术研讨会论文集》，2008 年。
14. 林小芳：《简析台湾日据时期殖民地教育下的文化冲突》，《台湾建省与抗日战争研究：纪念抗日战争胜利 60 周年暨台湾建省 120 周年学术研讨会论文集》，2008 年。
15. 张羽：《日本在台湾和东北沦陷区殖民文化政策的比较研究》，《台湾建省与抗日战争研究：纪念抗日战争胜利 60 周年暨台湾建省 120 周年学术研讨会论文集》，2008 年。
16. 杨晓：《对日据时期台湾“殖民地教育论”的再认识》，《台湾研究集刊》2004 年 1 期。
17. 钟清汉：《日据时期台湾之教育与社会》，《割让与回归：台湾光复 60 周年暨海峡两岸关系学术研讨会论文集》，2008 年。
18. 汪婉：《日本殖民统治下的“同化”教育与近代民族国家之认同》，《割让与回归：台湾光复 60 周年暨海峡两岸关系学术研讨会论文集》，2008 年。
19. 蒋宗伟：《日据时期台湾青年赴大陆求学探略》，《台湾研究集刊》2007 年 4 期。
20. 黄新宪：《日据时期台湾学生求学大陆考》，《教育评论》2004 年 2 期。
21. 黄新宪：《伊泽修二与台湾殖民教育的发端》，《东南学术》2005 年 3 期。
22. 计璧瑞：《日据台湾的语言殖民和语言运动》，《中国现代文学研究丛刊》，2004 年 1 月。
23. 刘丽霞：《日据时代台湾私塾教育探析》，《铜仁学院学报》2007 年 5 期。
24. 黄新宪：《日据时期台湾书房探微》，《教育评论》2004 年 5 期。
25. 范忠信：《日据时期台湾法制的殖民属性》，《法学研究》2005 年第四期。
26. 尤沉俊：《民事法制中的“旧惯”与日据时期台湾治理术的变迁（1895 – 1945）》，《北大法律评论》，2006 年。
27. 王积龙、蒋晓丽：《刀光菊影里的中国情根——日本殖民统治下的台湾中文报刊〈台湾民报〉》，《社会科学战线》2006 年 6 期。
28. 叶迎：《日据时期〈台湾民报〉的两岸情根》，《东南传播》2008 年 4 期。
29. 张春英、王超：《日据时期台湾马克思主义知识分子队伍的形成及影响》，《知识分子与近现代中国社会》，2007 年。
30. 张春英：《共产国际与台湾共产党的创立》，《湖北行政学院学报》2007 年 1 期。

31. 宋邦强：《台湾共产党成立之研究》，《台湾研究集刊》2007 年 1 期。
32. 赵书刚：《日据时期台湾同胞的反殖爱国斗争》，《中共中央党校学报》2005 年 1 期。
33. 张明、张家瑜：《台湾同胞 50 年反日斗争述略》，《福建史志》2006 年4 期。
34. 安然：《台胞抗日斗争的特点和意义》，《割让与回归：台湾光复 60 周年暨海峡两岸关系学术研讨会论文集》，2008 年。
35. 陈小冲：《日据时期台湾民族运动中的阶级斗争问题——以台湾民众党为中心之研究》，《台湾研究集刊》2005 年 1 期。
36. 林仁川：《闽台同心 抗击日寇 建设台湾》，《台湾建省与抗日战争研究：纪念抗日战争胜利 60 周年暨台湾建省 120 周年学术研讨会论文集》，2008 年。
37. 黄新宪：《日据时期台湾学生在大陆的爱国运动探略》，《徐州师范大学学报（哲学社会科学版)》2004 年 5 期。
38. 郭上人：《漳籍士民在台湾的反日斗争》，《福建史志》2006 年 6 期。
39. 何池：《台湾同胞在闽南的抗日斗争概述》，《福建党史月刊》2006 年 1 期。
40. 何池：《谈中共闽南特（地）委创建台湾工委的活动》，《福建党史月刊》2007 年 7 期。
41. 左双文：《台胞抗日复台活动在广东》，《割让与回归：台湾光复 60 周年暨海峡两岸关系学术研讨会论文集》，2008 年。
42. 李倩：《日据时期台湾人民与东北人民抗日斗争特点研究》，《黑龙江社会科学》2007 年 6 期。
43. 廖德明：《试述台湾少年团在抗战中的宣传活动》，《西华大学学报（哲学社会科学版)》2006 年 1 期。
44. 田子渝：《从台湾抗日运动诠释台湾民族主义——评介〈台湾民族主义与台湾抗日运动〉》，《中南民族大学学报（人文社会科学版)》2005 年 4 期。
45. 黄新宪：《关于日据时期台湾皇民化运动若干问题的探讨》，《福建论坛（人文社会科学版)》2005 年 5 期。
46. 杨选华：《关于日据时期台湾“皇民化运动”若干问题的探讨》，《福建师范大学学报（哲学社会科学版)》2008 年 2 期。
47. 陈韵：《试析“皇民化”时期日本在台教育方针的转变及影响》，《党史研究与教学》2006 年 1 期。
48. 佟建寅：《日本殖民者的“皇民化”与“台独”的“去中国化”》，《天津成人高等学校联合学报》2005 年 4 期。
49. 陈小冲：《试论日据时期的台籍日本兵——皇民化运动负面影响之再探讨》，《台湾研究集刊》2007 年 1 期。
50. 蒋宗伟:《二战期间“台籍日本兵”参战因素之探讨》,《现代台湾研究》2007 年 4 期。
51. 陈小冲:《1937－1945 年台湾皇民化运到再论——以总督府临时情报部〈部报〉资料为中心》,《台湾研究集刊》2007 年 4 期。
52. 陈小冲:《台湾 1937:皇民化运动与林献堂——以〈灌园先生日记〉资料为中心》,《台湾研究集刊》2008 年 4 期。
53. 陈小冲:《口述史料所见之日据末期台湾“皇民化运动”——以宜兰为中心之个案分析》,《台湾研究》2008 年 2 期。
54. 杨荣庆、刘相平:《台湾“高砂义勇队”考论》,《台湾研究集刊》2006 年 3 期。
55. 杨选华:《日据时期台湾“皇民化运动”之嬗变》,《台湾建省与抗日战争研究:纪念抗日战争胜利 60 周年暨台湾建省 120 周年学术研讨会论文集》,2008 年。
56. 钟兆云:《日据时期台湾“皇民化运动”的遗患和破除》,《福州大学学报(哲学社会科学版)》2006 年 1 期。
57. 钟兆云:《日据时期台湾的“文斗”志士》,《炎黄春秋》2004 年 6 期。
58. 钟兆云:《日据时期台湾的反同化斗争》,《福建党史月刊》2004 年 4 期。
59. 李本义:《孙中山促进台湾回归祖国的实践及其历史影响》,《湖北大学学报(哲学社会科学版)》2007 年 3 期。
60. 吕一燃:《日本殖民统治时期的台湾爱国文人连横》,《抗日战争研究》2005 年 2 期。
61. 谢禾生:《台湾抗日志士蒋渭水》,《福建史志》2006 年 3 期。
62. 钟安西:《蒋渭水和台湾民族运动》,《割让与回归:台湾光复 60 周年暨海峡两岸关系学术研讨会论文集》2008 年。
63. 许铭:《回忆新四军台湾籍外科医生高黎明部长》,《福建党史月刊》2007 年 11 期。
64. 戚乔明:《日据时期台湾绘画的反殖民主义运动》,《南京艺术学院学报(美术与设计版)》2007 年 1 期。
65. 计璧瑞:《殖民地处境与台湾新文学》,《东南学术》2004 年 1 期。
66. 李诠林:《台湾现代文学(1923—1949):“边缘”、“转换”缠绕流动下的中华文化持守》,《福建论坛(人文社会科学版)》2006 年 12 期。
67. 陶德宗:《对日据时期台湾文学文化血统的辨析》,《重庆师范大学学报(哲学社会科学版)》2005 年 4 期。
68. 陶德宗:《中国抗战文学初潮究竟起于何时何地——兼论日据时期台湾新文学在中国抗战文学中的历史地位》,《新疆大学学报(哲学人文社会科学版)》2005 年 4 期。

69. 李诠林：《吕赫若小说文本的文化隐喻功能》，《福建师范大学学报（哲学社会科学版）》2005 年 3 期。
70. 陈美霞：《日据时期旅行文学论述：身份认同与现代性》，《台湾研究集刊》2008 年 4 期。
71. 蒋朗朗：《台湾日据时期小说文本精神内涵的解读——以受难感为例》，《海南师范学院学报（社会科学版）》2005 年 1 期。
72. 萧成：《日据时期台湾女性小说创作风貌》，《世界华文文学论坛》2004 年 4 期。
73. 吴笛：《日据时期台湾女性作家自觉意识管窥》，《世界华文文学论坛》2004 年 3 期。
74. 朱双一、刘红：《日本殖民侵略的自供、掩饰和美化——日据后期在台日本作家长篇小说析论》，《台湾研究集刊》2005 年 4 期。
75. 李诠林：《西川满台湾民俗题材文学中的中华文化》，《安徽教育学院学报》2004 年 2 期。
76. 汪毅夫：《西观楼藏闽南语歌仔册〈台省民主歌〉之研究》，《福州大学学报（哲学社会科学版）》2004 年 3 期。
77. 张仕荣：《解析日本的“台湾情结”——从日本在台湾军国主义殖民史到现实利益诉求的嬗变》，《理论研究》2005 年 4 期。
78. 臧运祜：《台湾与日本南进政策的准备》，《割让与回归：台湾光复 60 周年暨海峡两岸关系学术研讨会论文集》，2008 年。
79. 陈艳云：《日据时期台湾总督府对南洋华侨的调查》，《割让与回归：台湾光复 60 周年暨海峡两岸关系学术研讨会论文集》，2008 年。
80. 陈艳云：《日据时期台湾总督府〈南洋华侨事情〉评析》，《中山大学学报（社会科学版）》2004 年 2 期。
81. 曹大臣：《台湾总督府的外事政策——以领事关系为中心的考察》，《江海学刊》2008 年 4 期。
82. 曹大臣：《日据台湾时期“以华制华”战略的运用》，《江海学刊》2004 年 1 期。
83. 林星：《近代日本人和台湾籍民在厦门的活动》，《台湾建省与抗日战争研究：纪念抗日战争胜利 60 周年暨台湾建省 120 周年学术研讨会论文集》，2008 年。
84. 林星：《日本人和台湾籍民与福建城市的近代化》，《福州大学学报（哲学社会科学版）》2006 年 3 期。
85. 林星：《日据时期台湾籍民社团初探——以厦门台湾公会为例》，《福建论坛（人文社会安定科学版）》2008 年 9 期。
86. 蒋宗伟：《厦门台湾公会组织的成立及其发展》，《福建史志》，2007 年。

87. 向珊：《日籍台民与“台独”意识》，《华商》2008年14期。
88. 连心豪：《抗战前的台湾籍民水客走水》，《台湾建省与抗日战争研究：纪念抗日战争胜利60周年暨台湾建省120周年学术研讨会论文集》，2008年。
89. 罗桂林：《国民政府初期福州的台湾籍民问题》，《台湾研究集刊》2006年2期。
90. 王志平、吴敏霞：《日据初期日本在台湾的宗教调查及其宗教政策——以佛教调查为中心的考察》，《台湾研究集刊》2005年3期。
91. 王晓云、雷阿勇：《无声的圣战：日据时期台湾天主教与新教的竞争与矛盾》，《唐山学院学报》2008年3月。
92. 李乾朗：《日占时期台湾的寺庙》，《福建工程学院学报》2004年1期。
93. 陈后生：《台湾地名中的闽南方言文化要素——兼论日据时期台湾地名的变更》，《现代台湾研究》2008年3期。
94. 陈小冲：《日本国内殖民地台湾史研究述评》，《台湾研究集刊》2004年1期。

光复后台湾历史

1. 褚静涛：《台湾光复与国民政府恢复行使主权》，《中国社会科学院近代史研究所青年学术论坛（2005年卷）》，2006年。
2. 左双文：《关于国民政府与台湾光复的一点补充》，《抗日战争研究》2005年2期。
3. 张文生：《国民政府与台湾光复》，《台湾建省与抗日战争研究：纪念抗日战争胜利60周年暨台湾建省120周年学术研讨会论文集》，2008年。
4. 张豫豫：《抗战后期中国国际地位的提升与台湾光复》，《牢记历史、振兴中华——江苏省纪念抗日战争暨世界反法西斯战争胜利60周年论文集》，2005年。
5. 褚静涛：《论国民政府接收台湾策略》，《江海学刊》2005年2期。
6. 陈小冲：《1945年台湾光复若干史事分析》，《割让与回归：台湾光复60周年暨海峡两岸关系学术研讨会论文集》，2008年。
7. 陈小冲：《1945年的台湾历史变局探析》，《台湾研究》2006年5期。
8. 褚静涛：《从台湾自治到回归祖国——日据后期台籍精英对台湾解放道路的探索》，《台湾研究》2005年5期。
9. 褚静涛：《台籍志士与台湾省制之设计》，《民国档案》2005年4期。
10. 陈在正：《台胞在大陆抗日和台湾光复》，《台湾建省与抗日战争研究：纪念抗日战争胜利60周年暨台湾建省120周年学术研讨会论文集》，2008年。
11. 褚静涛：《台湾革命同盟会与台湾光复》，《台湾建省与抗日战争研究：纪念抗日战争胜利60周年暨台湾建省120周年学术研讨会论文集》，2008年。

12. 王玉国：《厦门大学与台湾光复》，《台湾建省与抗日战争研究：纪念抗日战争胜利60周年暨台湾建省120周年学术研讨会论文集》，2008年。
13. 史全生：《论台湾光复后独特的行政体制与接收措施》，《割让与回归：台湾光复60周年暨海峡两岸关系学术研讨会论文集》，2008年。
14. 古琳晖：《台湾行政长官公署建立与撤销缘由考》，《南京政治学院学报》2004年3期。
15. 王晓华：《台湾光复后的军事接收问题及其后果》，牢记历史、振兴中华——江苏省纪念抗日战争暨世界反法西斯战争胜利60周年论文集》，2005年。
16. 王茹：《台湾光复初期的政治参与——以“省参议会”为例》，《台湾建省与抗日战争研究：纪念抗日战争胜利60周年暨台湾建省120周年学术研讨会论文集》，2008年。
17. 苏小东：《抗战胜利后中国对台澎地区日本海军的接收》，《台湾研究集刊》2006年1期。
18. 林剑华：《从国内报刊的相关报道看光复后台湾的接收》，《福州大学学报（哲学社会科学版）》2007年4期。
19. 李祖基：《台湾光复初期的经济政策与经济问题》，《割让与回归：台湾光复60周年暨海峡两岸关系学术研讨会论文集》，2008年。
20. 白纯：《光复初期台湾的粮食管制政策（1945－1948）》，《南京社会科学》2008年2期。
21. 程朝云：《光复初期台湾农会与合作社分合问题》，《割让与回归：台湾光复60周年暨海峡两岸关系学术研讨会论文集》，2008年。
22. 王键：《光复初期至60年代日台贸易重新启动过程之探析》，《割让与回归：台湾光复60周年暨海峡两岸关系学术研讨会论文集》，2008年。
23. 褚静涛：《台湾光复初期的社会事件》，《闽台文化交流》2006年2期。
24. 褚静涛：《台湾光复初期的贪污问题》，《南京社会科学》2006年2期。
25. 褚静涛：《台湾光复初期的文化冲突》，《现代台湾研究》2008年2期。
26. 崔军伟：《光复初期台湾教育的接收与重建论要》，《湖南工程学院学报（社会科学版）》2007年1期。
27. 贝原：《试论台湾光复初期的师范教育》，《杭州师范学院学报（社会科学版）》2006年2期。
28. 吴仁华：《台湾光复初期教育改造透视》，《教育评论》2005年1期。
29. 鲁国尧：《台湾光复后的国语推行运动和〈国音标准汇编〉》，《语文研究》2004年

4期。
30. 吴仁华:《试析台湾光复初期的学生运动》,《福建农林大学学报(哲学社会科学版)》2006年1期。
31. 黄新宪:《1946-1949年台湾学生求学祖国大陆考》,《河北师范大学学报(哲学社会科学版)》2004年6期。
32. 白纯:《简析抗战时期的台湾调查委员会》,《江海学刊》2005年1期。
33. 褚静涛:《直属台湾党部述评》,《南京社会科学》2005年4期。
34. 吴克泰:《台湾二二八事件真相》,《军事历史》2004年2期。
35. 吴克泰:《台湾二二八事件真相》,《军事历史》2004年3期。
36. 傅玉能:《二二八事件中国民政府派兵问题再探讨》,《史学集刊》2004年1期。
37. 汪朝光:《风潮中的官声与民声——“二二八”事件发生后大陆新闻媒体之所见所论》,《社会科学研究》2006年2期。
38. 褚静涛:《国民党台湾省党部与“二二八”事变》,《南京社会科学》2007年2期。
39. 褚静涛:《二二八事件的宣传与研究》,《现代台湾研究》2006年2期。
40. 褚静涛:《全国媒体对二二八事件的反应》,《南京社会科学》2008年2期。
41. 褚静涛:《美国与二二八事件》,王建朗、栾景河主编:《近代中国、东亚与世界》,社会科学文献出版社,2008年7月。
42. 朱双一:《光复前后台湾民众心态的演变——以詹作舟诗作为例》,《台湾建省与抗日战争研究:纪念抗日战争胜利60周年暨台湾建省120周年学术研讨会论文集》,2008年。
43. 刘登翰:《文学的回归——战后初期关于“建设台湾新文学”的一场论争》,《台湾建省与抗日战争研究:纪念抗日战争胜利60周年暨台湾建省120周年学术研讨会论文集》,2008年。
44. 褚静涛:《陈仪与台湾公营事业的初步建立——兼论台湾发展民营事业的政策取向》,《历史档案》2004年3期。
45. 褚静涛:《陈仪与福建台湾研究》,《南京社会科学》2006年2期。
46. 褚静涛:《白崇禧与二二八事件善后》,《闽台文化交流》2007年2期。
47. 褚静涛:《魏道明与二二八事件善后》,《现代台湾研究》2007年5期。
48. 褚静涛:《丘念台与二二八事件》,《闽台文化交流》2008年1期。
49. 褚静涛:《王添灯与二二八事件》,《闽台文化交流》2008年4期。
50. 魏碧海:《李登辉加入和脱离中共内幕——李登辉入党介绍人吴克泰访谈录》,《军事历史》2004年2期。

51. 汪小平：《美国对台政策制定与美在台情报活动（1945－1949）》，《台湾建省与抗日战争研究：纪念抗日战争胜利60周年暨台湾建省120周年学术研讨会论文集》，2008年。

52. 章慕荣：《台湾光复后日俘处理问题》，《南京社会科学》2005年5期。

台湾少数民族研究

1. 张品瑞：《台湾高山原住民源流考》，《闽台文化研究》，2006年。
2. 周恩典：《台湾原住民分类之界说》，《昆明理工大学学报（社会科学版）》2008年4期。
3. 哈正利、马威：《日本学者在台湾的人类学活动（1895－1945年）》，《中南民族大学学报（人文社会科学版）》2005年4期。
4. 吴春明：《异文化视野下台湾原住民“统称”》，《广西民族研究》2008年4期。
5. 冉小平：《台湾高山族的历史文化》，《教育》2006年22期。
6. 何有基：《大禹治水传说与台湾高山族洪水神话》，《绍兴文理学院学报（哲学社会科学版）》2008年3期。
7. 吴春明：《台湾原住民始祖文化的文化史线索》，《厦门大学学报》2008年6期。
8. 张崇根：《再论越族与台湾少数民族的关系》，《绍兴文理学院学报（哲学社会科学版）》2008年3期。
9. 吴月刚：《台湾地区古代少数民族教育政策发展历程》，《民族论坛》2008年4期。
10. 郝时远：《清代台湾原住民赴大陆贺寿朝觐事迹考》，《中国社会科学》2008年1期。
11. 李颖：《清代台湾原住民教化政策述评》，《闽江学院学报》2004年6期。
12. 刘正刚、刘文霞：《清代台湾少数民族与汉族联姻探析》，《贵州民族研究》2004年1期。
13. 刘正刚：《清代移民开发边疆与少数民族关系——以台湾为例》，《中国边疆史地研究》2005年3期。
14. 周翔鹤：《制度、地方官、“汉番关系”——关于清代台湾“番政”形成的一些考察》，《台湾研究集刊》2004年3期。
15. 罗春寒：《台湾平埔族的分类及“番”称谓的辨析》，《黔南民族师范学院学报》2007年5期。
16. 罗春寒：《历史上台湾平埔族的人口及其增长率滞缓原因试析》，《广东技术师范学院学报》2007年1期。
17. 杨先保：《蓝鼎元对台湾高山族地区开发的贡献》，《中南民族大学学报（人文社会科学版)》2006 年 5 期。
18. 李祖基:《论沈葆祯与清政府治台政策的转变——以大陆移民渡台及“理番”政策为中心》,《沈葆桢生平与思想——沈葆桢巡台 130 周年学术研讨会论文集》,2004 年。
19. 徐立恩:《评沈葆祯“开山抚番”政策》,《沈葆桢生平与思想——沈葆桢巡台 130 周年学术研讨会论文集》,2004 年。
20. 唐正香:《沈葆祯“开山抚番”政策之论述》,《沈葆桢生平与思想——沈葆桢巡台 130 周年学术研讨会论文集》,2004 年。
21. 张振玉:《沈葆祯“开山抚番”政策述略》,《沈葆桢生平与思想——沈葆桢巡台 130 周年学术研讨会论文集》,2004 年。
22. 周翔鹤:《19 世纪后期台湾的山地社会与“开山抚番”》,《台湾研究集刊》2006 年 1 期。
23. 吴月刚:《台湾地区近代少数民族教育政策发展历程》,《民族论坛》2008 年 5 期。
24. 吴月刚:《台湾光复之前高山族教育政策述评》,《成人教育》2008 年 8 期。
25. 刘兴民、郑骊君:《台湾原住民的抗日斗争》,《中国矿业大学学报(社会科学版)》2005 年 3 期。
26. 杨荣庆、刘相平:《台湾“高砂义勇队”考述》,《台湾研究集刊》2006 年 3 期。
27. 叶红旗:《台湾高山族音乐研究述论》,《南京艺术学院学报(音乐与表演版)》2006 年 3 期。
28. 林更生:《高山族及其茶文化习俗》,《茶叶科学技术》2008 年 4 期。
29. 刘正刚、刘强:《清代少数民族酒文化探析》,《贵州民族研究》2005 年 1 期。
30. 姜莉芳:《台湾南岛语民族服饰沿革和形制初探》,《青海民族研究》2008 年 1 期。
31. 王萌:《台湾赛夏族研究综述》,《广西民族大学学报(哲学社会科学版)》2006 年 1 期。
32. 张海国、陈尧峰、沈建甫、赖俊宏:《台湾阿美原住民肤纹学研究》,《中国科学(C 辑:生命科学)》2008 年 3 期。
33. 陈尧峰、张海国、赖俊宏、陆振虞、王铸钢:《台湾原住民噶玛兰人肤纹学研究》,《中国科学(C 辑:生命科学)》2006 年 5 期。
34. 杜世伟:《河南邓州高山族“闽营”背景初探》,《民族研究》2005 年 5 期。
35. 陈建樾:《“台湾村”:一个移民村落的想象、构建与认同——河南邓州高山族村落田野调查报告》,《民族研究》2005 年 5 期。
36. 郝时远:《河南〈邓州台湾土番垦屯陈氏家乘〉考辨》,《民族研究》2005 年 5 期。

跋

厦门大学台湾研究院（台湾研究所）成立30年来，先后在10周年庆典、20周年庆典、25周年庆典和30周年庆典之前出版《台湾研究十年》、《台湾研究论文集》、《台湾研究25年精粹》和《台湾研究新跨越》系列文集，在台湾研究界产生了较好的反响。本书的出版，一方面是为了继续传承厦门大学台湾研究院的团队精神，将研讨会上较具学术创见的研究成果汇总起来，进行集中展示，以进一步了解当前台湾研究的最新成果和思想前沿；另一方面则是希望藉激励全院师生在台湾研究新的学术征程中确立新坐标，找到跨越研究难题新的着力点和方向。

多学科交叉融合是厦门大学台湾研究院相对来说比较明显的优势。2006年12日24日，中共中央政治局常委、全国政协主席贾庆林一行前来视察，在向他做简报时，我谈到了自己在研究中的一点感想："对于我们这些研究台湾问题的学者来说，如果不知道台湾的历史，我们的研究是不会有深度的；如果不知道台湾的文学，我们的研究是缺少人文关怀的；如果不知道台湾的经济，我们的研究是不能说有深度的；如果不知道台湾的政治，我们的研究是很难有高度的。"这段话是个人在对台交流交往和研究工作中比较强烈的感受，对于任何研究者来说，要跨越这么多学科去认识台湾问题实属不易。

1895年清政府被迫割让台湾，进一步激发了中国人变法图强的坚定意志。100多年来，两岸中国人为此不懈努力，经历了无数的挫折，也走了许多弯路。回顾过去的历史，我们可以总结出许多经验和教训，其中知识的偏颇和缺乏系统性的思维可能是值得检讨的众多问题之一。作为政治精英个体，两岸的许多前辈先贤，他们各自都有对国家和民族问题极其深刻的洞察和体会，他们提出的主张也都有一定的合理性。但是，在如何吸纳其他人的观点，在如何采纳其他政党的合理主张方面，我们太需要能够调和鼎鼐、博采众长的精英。学会欣赏对方的优点，真正做到有容乃大，其实并非易事，除了要有高尚的道德精神外，更需要有全面的知识和能力。这一点对于从事台湾研究的专家学者来说同样是适用的，当我们的国家拥有一大批知识渊博且胸怀宽广的两岸关系研究精英群体时，我们就有可能实现100多年来的梦想。

厦门大学台湾研究院有30位研究人员，分别隶属5个研究所和政治、经济、历史、文学、法律、教育6个不同学科。虽然平时有不少机会一起工作和生活，但跨学科知识整合和合作研究的机会仍然很有限。两岸签署ECFA后，民间关系发展更加迅速，涉及两岸人民生活的研究领域已扩展到法律、教育、宗教、社会等学科，进行跨越学科研究已不仅是寻找学术增长点的问题，更是台湾研究工作者无可回避的挑战。期待这一套会议论文集的出版，将进一步促动全体师生研究观念的变革和研究视野的跨越，或许不久的将来，多学科的知识整合将给我们的研究带来新的收获和喜悦。

感谢所有关心厦门大学台湾研究院的朋友们，同时也感谢全院教职工多年不懈的努力和奉献！

厦门大学台湾研究院院长

刘国深